Nina Engele

111 GRÜNDE, ZU HEIRATEN

SCHWARZKOPF & SCHWARZKOPF

Weil wir uns lieben – Weil wir Frauen die Männer eigentlich nicht nerven wollen – Weil unsere Verwandten ständig danach fragen – Weil wir euch Männern nicht Hunderte Male sagen möchten, welcher Ring der richtige wäre – Weil der Ring zu einem Besuch bei Tiffanys einlädt – Weil die blöde Arbeitskollegin sonst irgendwann genau DEN Ring geschenkt bekommt – Weil wir Frauen erst mal Ruhe geben, wenn wir DEN Ring am Finger haben – Weil es ein Grund zum Verreisen ist – Weil der Kennlerntag endlich ersetzt wird – Weil wir sonntags bei Muttern ein neues Gesprächsthema haben – Weil ein Baby unterwegs ist – Weil es so unendlich romantisch ist

Weil wir wissen, es werden auch harte Zeiten kommen – Weil wir endlich all die Kleider anprobieren dürfen – Weil wir endlich all die Hochzeitsmagazine kaufen – Weil wir endlich fragen dürfen, welches Porzellan er toll findet – Weil es eine Geschenkeliste geben wird – Weil wir unseren Haushalt aufmöbeln – Weil die Bräute im Mittelpunkt stehen – Weil sich die Herren mal nicht nur zum Fußballgucken treffen – Weil wir alle blöden Aufgaben abgeben dürfen – Weil Testessen so schnell nicht wiederkommen – Weil alle Chefs Verständnis haben, wenn wir etwas durch den Wind sind – Weil er endlich zur Maniküre geht – Weil wir beim JGA schön die Sau rauslassen – Weil wir richtig viel Geld für Dessous ausgeben

Weil unsere Ehe geschützt wird oder: Rechtszwang gegen ehestörende Dritte, § 823 Abs. 1 BGB – Weil wir füreinander einzustehen haben, § 1353 Abs. 1 BGB – Weil wir tollpatschig sein dürfen, § 1359 BGB – Weil auch unser Ehemann die

Rechnung beim Bäcker zahlen muss, § 1357 BGB – Weil die Anschaffung eines Königspython als neues Haustier der Genehmigung des Ehegatten bedarf, § 1366 Abs. 1 BGB – Weil unser Ehepartner nicht einfach die familiären Tupperdosen vertrödeln darf, § 1369 BGB – Weil uns der Gesetzgeber vor der zweiten und dritten und vierten Ehefrau schützt, § 1306 BGB – Weil die Ehe Überstunden im Übermaß nicht zulässt, § 1356 Abs. 2, S. 2 BGB – Weil Totgeglaubte nicht länger leben müssen, § 1319 BGB

Weil wir uns alle so chic machen – Weil Weinen befreit – Weil die Hochzeitsnacht einmalig ist – Weil das Brautpaar von dem Tag sowieso nichts mitbekommt – Weil hier die Fotos unseres Lebens entstehen – Weil wir danach nie wieder ein Strumpfband tragen werden – Weil sich alle Mühe geben, nett zu sein – Weil sich endlich die gesamte Familie kennenlernt – Weil wir richtig schnulzig und kitschig werden dürfen – Weil wir auch mehrmals »Ja« sagen dürfen

Weil wir im Kopf noch einmal alles durchspielen – Weil nichts unsere gute Laune zerstören kann oder: Die Geschichte vom roten T-Shirt – Weil wir Upgrades und Geschenke lieben – Weil sie anders sind – Weil wir besonders lieb zueinander sind – Weil Sex nicht bloß Sex ist – Weil uns nichts zu teuer ist – Weil unser neues Leben zu Hause auf uns wartet

Weil Amtsgänge nie schöner waren – Wegen Dankeskarten und auch doofen Geschenken – Weil das erste Mal »mein Mann« und »meine Frau« irgendwie sexy ist – Weil die Frage »Und, wie fühlt es sich an?« uns zum Grinsen bringt – Weil wir über den neuen Namen so schön schmunzeln – Weil wir keine Angst vor dem Ehevertrag haben

KAPITEL 11

WEIL WIR TYPISCHE EHELICHE ANSCHAFFUNGEN TÄTIGEN WOLLEN! .. 207

Weil wir ein Haus mit Garten möchten (alternativ die Eigentumswohnung mit Sonnenterrasse) – Weil es ein Gästezimmer geben soll – Weil wir Kinder möchten – Weil die Kinder einen Hund wollen (und die Ehefrau vermutlich auch) – Weil ein neues Hobby Quality time bedeutet – Weil wir uns gute Matratzen und Teppiche mit Wert zulegen – Weil manche Dinge nur zu zweit gehen – Weil wir uns permanente Kosenamen zulegen dürfen

KAPITEL 12

DIE AUFLÖSUNG DER EHE UND ANDERE GEDANKEN 223

Weil wir es besser machen wollen – Weil wir schweigen dürfen – Weil man sich wieder scheiden lassen könnte – Weil man allerdings weiß, dass man die alten Probleme in die nächste Beziehung mitnehmen würde – Weil man sich nicht einfach gehen lässt – Weil wir wissen, was wir aneinander haben – Weil die Ehe kompliziert und dennoch schön ist – Weil ...

Für meine Oma

Heiratet! Um der Liebe willen.

Vorwort

Ich sitze an meinem Schreibtisch, blicke aus dem Fenster und bewundere das leuchtende Gelb des Herbstlaubes. Wenn ein Windhauch durch die von Farben durchtränkten Wipfel der Ahornbäume fährt, flattern diese leuchtenden Blätter wie aufgeregte Kanarienvögel in Richtung Boden. Wie schön sich ein Brautpaar unter diesen Bäumen als Bild gestalten würde. Sie, in einem cremefarbenen, langärmeligen Spitzenkleid, mit langem Schleier und Schleppe, in der Hand einen Herbststrauß aus kupferfarbenen Rosen. Ihr Schleier wird über das goldene Herbstlaub drapiert und ihr frischgebackener Ehemann greift zart nach ihrer rechten Hand, um sich neben sie in das Szenario zu gesellen. Er kann sein Glück noch gar nicht fassen. Er heiratet die Frau seines Lebens! Ihr nussbraunes Haar glänzt in der milden Herbstsonne. Er entdeckt ein paar goldige Strähnen, die sich sanft in ihrem Nacken kringeln. Der Schleier fällt ganz zart darüber. Die Perlohrringe ihrer Großmutter passen perfekt zur Farbe des Kleides. Er erinnert sich noch, wie sehr seine Frau weinen musste, als ihre Großmutter ihr die Perlen vor knapp vier Wochen geschenkt hat. Insgeheim hatte sich seine Frau schon immer gewünscht, die Perlen tragen zu dürfen, das wusste er. Nun schmiegen sie sich elegant an ihr Ohrläppchen. Er bewundert ihren Anmut und sieht bedächtig zu ihr herüber. Er weiß genau, wie angespannt sie jetzt gerade ist. Die Fotos sind ihr unheimlich wichtig, werden diese doch zu ihrer gesamten Familie bis nach Frankreich geschickt. Zu all jenen, die zu diesem besonderen Tag nicht nach Deutschland reisen konnten.

Nach dem Shooting wird sie sicherlich lockerer. Wenn die Fotos geschossen sind und ein erster Schluck Sekt gereicht wurde. Wenn alle Gäste den Weg zur Schlossparkinsel gefunden haben und das Brautpaar die Feier für eröffnet erklären durfte. Dann wird er seine Frau auf den Mund küssen, ihr tief in die Augen sehen und ihr eine atemberaubende Hochzeitsfeier wünschen. Ein Lächeln seiner geliebten Frau. Ein Blick. Ein weiteres Foto. Und ebendieses Foto wird das Paar ab sofort als ihr Lieblingsbild betiteln.

Das Lieblingsbild wird zunächst Jahr für Jahr auf dem Billy-Regal im Wohnzimmer stehen, dann irgendwann auf dem Fensterbrett im Esszimmer, mit Blick in den Garten, und ganz später, wenn das Ehepaar grau und faltig ist, steht das Lieblingsbild auf einem kleinen runden Holztisch, neben der Stehlampe im Wohnzimmer. Die Enkel spielen unter der Stehlampe und finden, sie haben die schönste Oma auf dieser Welt. Und Opa sah auch mal ganz gut aus.

Ich betrachte meinen eigenen Ehering, den ich seit knapp zwei Jahren trage.

Ehe.

Heirat.

Wir.

Mann und Frau.

Seit mein Liebster und ich im Juli vor zwei Jahren geheiratet haben, hat sich nicht viel geändert. Äußerlich sieht man uns die Ehe nicht an. Und in uns, wie sieht es da aus? Ja, es ist anders zu sagen: Mein Mann und ich. Und ja, es begegnen uns strahlende Augen, wenn wir von der Eheschließung berichten. Aufgeregt werden wir über jedes Detail ausgefragt. Und ob es nun anders sei, verheiratet zu sein? Es folgen meist ein Schulterzucken von ihm und ein wohlwollendes Lächeln von mir. Ich verstehe die allgemeine (insbesondere weibliche) Nervosität rund um das Thema Eheschließung.

Aber woher kommt diese Unruhe? Ist die Ehe noch das, was sie vor 100 Jahren etwa war? Warum heiraten wir heute, wenn doch angeblich jede dritte Ehe wieder geschieden wird? Aus Liebe?! Oder, um einmal offiziell »Wir« sagen zu können? Bitte, wir sind doch nicht in den USA! In Deutschland ist das »Wir« doch auch ohne Trauschein anerkannt, ebenso wie das Kinderkriegen und Häusleinbauen. Dennoch tickt sie in vielen von uns, die Heiratsuhr. Und dafür gibt es auch gute Gründe. 111, um genau zu sein. Meine Gesprächspartner und ich präsentieren Ihnen, liebe Leser, in diesem Buch 111 Gründe, zu heiraten. 111 Gründe für ein »Ja!«

Zwar geben die meisten Ehepaare an, aus Liebe geheiratet zu haben. Aber ist die Liebe wirklich der ultimative Heiratsgrund? Die Liebe verlangt doch nicht nach Ehe. Die Ehe ist ein uraltes Konstrukt der Gesellschaft und es soll sogar Frauen geben, die wegen Schuhen heiraten! Nun, das ist vielleicht nicht der romantischste Grund, um »Ja« zu sagen. Auch sind es nicht steuerliche Erwägungen oder die Aussicht auf den Titel »Frau Gräfin von und zu Schnauzelhuber«, die uns die Freudentränen in die Augen schießen lassen. Aber neben der Liebe gibt es sie, diese speziellen Heiratsgründe.

Ebenso wichtig wie der erste Schritt zum »Ja« und nicht zu vernachlässigen, ist selbstverständlich die Phase nach der Trauung. Die Ehe an sich. Die Pflege und der Zusammenhalt dieses sensiblen Gebildes stellt im Laufe der Jahre für viele Paare eine große Herausforderung dar und der ein oder andere mag sich einmal denken: Warum zum Teufel immer diese Diskussion um das Ausräumen des Geschirrspülers? Und weshalb hat sie plötzlich so viel Kontakt zu dem neuen Arbeitskollegen? Und warum findet sie mich plötzlich zu dick? Jetzt, nach 17 Jahren Ehe? Wozu der ganze Sch… Schlamassel? Es gibt unzählige Gründe, verheiratet zu bleiben. Diese darf ich Ihnen, werte Leser, in keinem Falle vorenthalten. Denn den Tag der Hochzeit voll Freude, Taumel und Hochgefühl zu erleben ist nicht schwer. Dafür braucht es bloß eine Handvoll bunt gemischter Gäste, etwas Champagner und gute Musik. Das Eheleben voll Freude und Glücksgefühlen zu erleben ist viel schwerer. Hier dürfte

sich der übermäßige Genuss von Champagner eher nachteilig aus-
wirken – aber das nur am Rande.

Wer sich zunächst dafür interessiert, was es eigentlich rechtlich mit
der Institution der Ehe auf sich hat, der darf sich die nun folgenden
Ausführungen nicht entgehen lassen.* Alle anderen, die bloß die pure,
mal mehr, mal weniger romantische Überzeugungskraft der Heirat
spüren und in sich aufsaugen möchten, blättern bitte weiter zu Kapitel 1. Und all jene, die noch zwischen den Stühlen stehen und einer-
seits total alternativ-hipstermäßig »keinen Trauschein brauchen, um
glücklich zu sein«, es dann aber auch wieder total *vintage* finden,
zu heiraten, diejenigen lesen bitte ganz gründlich jede Seite dieses
Buches. Denn Heiraten ist nicht bloß ein Trend. Und die Ehe sollte
nicht nur das Abhaken einer Lebensstation darstellen.

Die Ehe Ist eine Institution

Die Ehe war irgendwie schon immer da. Klar wissen wir, dass ganz
ursprünglich der Neandertalerpapa der Neandertalermama mit
dem Knüppel auf den Kopf gehauen hat, sie sodann in seine Höhle schleppte und beide fortan eine Gemeinschaft bildeten. Etwas
später wurden dann in bedeutenden Gebäuden alle Ehen vor Gott
geschlossen (kirchliche Trauung) und zwischendurch wurden die
Töchter einer Familie dem Sohn einer anderen Familie versprochen, damit die eine Familie vom Rechtsgeschäft der Eheschlie-

---

* *Jegliche rechtlichen und soziologischen Hinweise und Erwägungen beziehen sich aus
redaktionellen Gründen auf die Rechtslage und gesellschaftliche Strukturen in Deutschland, es sei denn, andere Länder/Ethiken/Gesellschaftsformen werden explizit benannt.
Die folgenden Rechtsausführungen sind unverbindlich, ersetzen in keinem Falle eine
Rechtsberatung für den Einzelfall, eine Haftung der Autorin entsteht für hier getätigte
rechtliche Erläuterungen und Erwägungen nicht. Sollten Sie rechtliche Fragen zur Eheschließung, Namenswahl, Scheidung, zum Ehevertrag etc. haben, suchen Sie bitte einen
Anwalt und/oder Notar Ihres Vertrauens auf.*

ßung überleben konnte. Für die Braut wurde also Geld gezahlt. Punkt. Und obwohl Eheschließungen heute nicht mehr nötig sind, um das Überleben einer Familie zu sichern, ist die Eheschließung nach wie vor ein Rechtsgeschäft. Selten sind Gründe wie Standesansehen oder Erblinienerhaltung ausschlaggebend dafür, wenn Marie-Luise dem Felix ihr Jawort gibt. Rechtsgeschäft? Total unromantisch, oder?

Das Bürgerliche Gesetzbuch (BGB) definiert den Begriff der Ehe nicht.[1] Klar ist aber, »in Anknüpfung an die christlich-abendländische Tradition ist unter Ehe nur die rechtlich verbindliche Lebensgemeinschaft zwischen Frau und Mann zu verstehen«.[2] Das Wort »Ehe« geht außerdem auf das althochdeutsche Wort »ewa« (Gesetz) zurück.[3] Bereits so zeigt sich, dass die Ehe schon seit jüngster Zeit eine vertragliche oder bindende Beziehung zweier Menschen auf der Grundlage eines sittlich anerkannten oder niedergeschriebenen Gesetzes begründet.[4]

Aus soziologischer Sicht ist die Ehe trotz der niedrigen Heiratszahlen und der stetig steigenden Scheidungen eine Institution, dessen Erhalt und Pflege für die meisten Menschen einer Gesellschaft Priorität hat. Die Ehe hat seit jeher eine wichtige gesellschaftliche Rolle gespielt. Partnerschaften, die nicht der moralischen Norm entsprachen, wurden und werden zumeist immer noch von der Gesellschaft in unterschiedlichem Maße diskriminiert und ausgegrenzt. Veranschaulichen lässt sich das beispielsweise an der Verachtung lediger Mütter im Mittelalter oder an der Diskriminierung homosexueller Paare, die bis heute nicht überall rechtlich und gesellschaftlich gleichgestellt sind. Es stellt sich etwa schon die Frage, weshalb die Ehe homosexueller Paare in Deutschland nicht auch als solche betitelt wird? Aber egal, wie sie nun genannt wird, die Ehe ist eine Institution der Sicherheit. Um sie herum wird von den meisten Paaren die Planung einer Familie realisiert. Sie ist insbesondere der Ruhepol des Privatlebens, ein Rückzugsort vor der fordernden und hektischen Arbeitswelt.

Das haben 1949 auch die Macher des Grundgesetzes, der Verfassung von Deutschland, erkannt, indem sie in Artikel 6 Abs. 1 GG normierten: »Ehe und Familie stehen unter dem besonderen Schutze der staatlichen Ordnung.«

Der Schutz der Ehe und Familie wird in Deutschland großgeschrieben. Der Gesetzgeber kann diese Institution nicht einfach abschaffen. Wir Bürger haben ein Recht auf unsere Ehe.

Doch bevor wir uns mit dem Thema näher, insgesamt 111-mal, beschäftigen wollen, seien noch ein, zwei Worte erlaubt, um Ihnen die Autorin dieser 111 Gründe vorzustellen: Mich, Nina Engele.

Dieses Buch liegt mir ganz besonders am Herzen, nicht nur, da ich selbst seit rund zwei Jahren glücklich verheiratet bin. Ich würde mir wünschen, mehr Menschen könnten der Ehe wieder tieferes Vertrauen schenken. Während meines Jurastudiums durfte ich mich erstmals mit der Institution der Ehe auseinandersetzen, rechtlich und soziologisch. Deswegen möchte ich Ihnen natürlich auch einige rechtliche Überlegungen zur Ehe nicht vorenthalten, das hatten Sie sicher schon vermutet. Sie werden allerdings schnell merken: Die Ausführungen hierzu sind bitte mit einem Augenzwinkern zu lesen. Für ernsthafte, rechtliche Fragen, die eine Eheschließung mit sich bringen wird, suchen Sie bitte einen Notar und/oder spezialisierten Anwalt Ihres Vertrauens auf. Fest steht, die Ehe hat in unserer Gesellschaft tiefe Wurzeln fassen können, aber auch Kritik und einen Rückgang der Heiratszahlen erfahren. Wenn man jedoch mit Ehepaaren der älteren Generation spricht, so schwören diese auf die Ehe und bedauern oft die Schnelllebigkeit heutiger Beziehungen – und auch Ehen. Umso mehr muss es heute jedem gestattet sein, das Prinzip Ehe zu hinterfragen, Vor- und Nachteile abzuwägen und auch eigene Erfahrungen in diesen Abwägungsprozess einfließen zu lassen. Das Buch – *111 Gründe, zu heiraten* – soll hierbei Unterstützung leisten. Ich habe mich bemüht, zwischen herzzerreißender Romantik, Tradition, kritischen Fragestellungen, Alltag, ewiger Liebe und tagtäglichen Herausforderungen, denen sich ein Ehepaar gegenübersehen kann, einen Bogen zu spannen. Ansonsten darf ich Ihnen anvertrauen, dass ich in meinem Familien-, Freundes- und beruflichen Kreise zahlreiche Ehescheidungen miterleben durfte, bei denen ich zum größten Teil sicher war, die Paare hätten es schaffen können. Sie hätten ihre Ehe nicht aufgeben müssen. Warum eine Ehe zu Bruch gehen kann und was dagegen zu tun ist, soll jedoch nicht Schwerpunkt dieses Buches sein. Aber natürlich werden auch schwierige Zeiten in einer Ehe vorkommen. Wie gesagt, ich für meinen Teil bin fest davon überzeugt, schwierige Zeiten sollen nicht der Grund sein, um eine Eheschließung auszuschließen oder den Glauben an diese Institution zu verlieren. Deswegen komme ich nicht umhin, mit einem Filmzitat zu beginnen, das romantischer und treffender den Glauben an die Ehe nicht beschreiben kann:

»*Ich garantiere, es werden auch schlimme Zeiten kommen, und ich garantiere, es kommt vor, dass einer von uns oder beide unbedingt aus dieser Sache raus will, aber ich garantiere auch, wenn ich dich nicht um deine Hand bitte, dann bereue ich das für den Rest meines Lebens. Denn ich weiß in meinem Herzen, du bist die Einzige für mich.*« RICHARD GERE in: *Die Braut, die sich nicht traut*

Nun, liebe Leser, lassen Sie sich einfangen von dem Zauber der Ehe und dem, was einer Eheschließung zumeist vorauseilt: einer unendlich romantischen, herzzerreißenden Verlobung.

KAPITEL 1

KENNENLERNEN, LIEBENLERNEN, VERLOBUNG

»Wenn deine Liebe, tugendsam gesinnt,
Vermählung wünscht, so laß mich morgen wissen
Durch jemand, den ich zu dir senden will,
Wo du und wann die Trauung willst vollziehn.«

Julia in Romeo und Julia, William Shakespeare, 2. Aufzug, 2. Szene.

Weil wir uns lieben

Liebe. Liebe. Liebe. Liiiiiiiieeeebeeeeeeeeee! Sie lässt uns erzittern, weinen, dankbar sein, sie ist das Licht in unserem Leben und die Reinheit im menschlichen Miteinander. Liebe kann wehtun, ja. Aber sie ist gleichzeitig so sanft, durchdringt jede Pore unseres Körpers. Sie ist ein Gefühl, ganz tief in uns, ein Gefühl, das auf natürliche Art und Weise ein Licht zwischen uns scheinen lässt. Ein warmes, weiches Sein, wie Geborgenheit und Zuhause. Die Liebe lässt unser Herz zittern, wenn wir an eine gemeinsame Zukunft denken. An zukünftige Reisen, an Streit, gemeinsames Sonntagsmorgenaufwachen, an Kinder und das Altwerden und wir möchten laut hinausschreien: »Liebe, komm! Hol mich ab, hier und jetzt! Ich bin bereit. Ich geb dir alles, was ich hab, nur lass mich lieben, aus ganzem Herzen, mit allem, was ich bin. Liebe, lass mich weinen, lass mich zittern, lass mich lachen. Ich will mich teilen, will mich zerreißen und wie ein Licht scheinen auf den, den ich liebe!« Ein Gefühl, das sich nur schwer erklären lässt. Aber es ist ein Gefühl, das uns niemand nehmen kann, ein Flattern im Herzen und Kribbeln im Bauch, das jetzt, mit dem einen oder der einen so anders ist als bei anderen Partnern zuvor.

Es gibt kein Hadern und kein Zweifeln, selbstverständlich heiraten wir! Das Wir, das sind zwei Seelen, die sich umschlingen und sich küssen, sich gegenseitig aufkratzen können, bis die Seele still vor sich hin weint. Wir haben Macht übereinander, eine Macht, die es uns ermöglicht, das Weinen der Seele zu stillen, sanfte Küsse über die Wunden des anderen zu legen. Ein Miteinander, das so sein muss. Es ist richtig, dass unsere Seelen ineinander verschlungen sind. Ja, es ist eine Herausforderung, diesem Gefühl im tagtäglichen Leben einen Namen zu geben. Die Liebe zu hegen und zu pflegen, sie am Leben zu erhalten. Manchmal fällt es schwer, uns der Klarheit, der puren Magie und Liebe zwischen uns bewusst zu sein. Wir kochen zusammen Spaghetti und streiten, Fingerspitzen gleiten unsere Wirbelsäule entlang, während wir Wäsche aufhängen, und nein, wir können nicht jeden Tag verschlungen ineinander im Bett liegen, um uns unserer Liebe bewusst zu sein.

Also geben wir uns ein Versprechen. Ein Versprechen, das einmal ausgesprochen für alle Momente der Magie zwischen uns stehen soll. Für die Selbstverständlichkeit, mit der unsere Seelen ineinander verwoben sind.

Nein, die Liebe verlangt nicht nach Ehe. Aber die Ehe steht als Symbol für die Ewigkeit unseres gemeinsamen Seins. Sie unterstützt unsere Liebe auch in Phasen, in denen wir es nicht einfach haben miteinander, oder dem Leben. Die Ehe gibt der Liebe Rückendeckung, sie ist ihr stiller Begleiter, durch gute wie durch schlechte Zeiten.

2. GRUND

Weil wir Frauen die Männer
eigentlich nicht nerven wollen

Und wir warten regelrecht auf dieses Gefühl, das uns innerlich zerreißen kann. Wir sind dazu gemacht, zu lieben. Es ist in uns eingepolt. Verankert. Es tickt ganz leise und wird ungefähr ab dem 18. Lebensjahr immer lauter. Und spätestens, wenn unser erster fester Freund über Monate hinweg unsere Hand hält, wir Pläne schmieden, für nach dem Abi und so, spätestens dann streifen wir Frauen im Zeitungsladen ganz unweigerlich mit schamhaften Blicken über Braut- und Hochzeitsmagazine. Und beim Shoppen mit der besten Freundin werfen wir sehnsüchtige Blicke in die Trauringauslagen der Juweliere. Wann nur, wann werden wir endlich sagen dürfen, dass wir verlobt sind? Wir Frauen fragen uns relativ zeitig, wann die große Sause steigen wird. Derjenige, der als Erster mit uns zusammenziehen darf, der hat dann das Nachsehen. Das ist nämlich derjenige, der mit uns gemeinsam die Nase an die Schaufenster der Juweliere drücken darf.

»Rate mal, welchen Ring ich am schönsten finde?«, fragt sie.

»Wieso?«, fragt er zurück.

»Nur so.«

»Keine Ahnung. Den da hinten?« Er zeigt auf einen gelbgoldenen, in sich geschwungenen Ring mit erhabenem, tropfenförmigem Halbedelstein in der Mitte. Wir verziehen kurz den Mund, atmen tief durch und wissen insgeheim, dass er es nicht gerafft hat. Und wir wollen auch nicht nerven, eigentlich sind wir noch viel zu jung zum Heiraten.

Es werden noch drei bis vier Jahre des Zusammenlebens vergehen, ehe der Wir-wagen-den-nächsten-Schritt-Groschen bei ihm gefallen ist. Mittlerweile sind wir mit dem Studium fertig, unsere Wohnung hat echte Möbel, besteht nicht mehr bloß aus Sitzsäcken und Bananenkisten. Gemeinsame Urlaube bestehen wir mit Bravour und der erste feste Job ist auch in Sicht. Und auch jetzt möchten wir euch wirklich nicht drängen, und wir wissen selbst nicht, weshalb es so ist, aber langsam wird der nächste Schritt nötig. Um irgendwie verbindlicher zu sein. Damit wir wissen, dass wir nicht nur Freund und Freundin sind. Wie soll man es erklären? Die Verlobung ist eben eine hochromantische Angelegenheit.

Übrigens:

»*Das Verlöbnis begründet die Verpflichtung zur Eheschließung (…)*«[5] Und ja, »das Verlöbnis ist der Vertrag, durch den sich zwei Personen verschiedenen Geschlechts gegenseitig versprechen, künftig die Ehe miteinander einzugehen«.[6]

Aber die Eheschließung kann in der Praxis, also im echten Leben, heutzutage nicht erzwungen oder eingeklagt werden! Trotz der rechtlichen Grundlagen hierzu ist die Verlobung somit doch wieder romantisch. Natürlich können wir Frauen die Eheschließung und den nächsten Schritt nicht erzwingen. Es ist nur so, und das geben wir gerne zu bedenken, dass eine junge Dame Mitte 20, voller Tatendrang, kaum mehr Jugendliche, auch noch nicht ganz Frau, mit rosigen Wangen und strahlend naiven Augen, in einem weißen A-Linienkleid mit kleiner Schleppe, schulterfrei, dazu passenden, ellbogenhohen Handschuhen und sanft fallendem Gesichtsschleier das Image einer Bilderbuchprinzessin besser verkörpert als das gleiche Modell zehn bis 15 Jahre später. Aber nun, das Leben ist kein Bilderbuch und spielt nicht nach Regeln. Selbstverständlich haben wir auch einen Plan für die »reifere« Hochzeit parat: Würden wir etwa mit Ende 30, Anfang 40 heiraten, so würden wir uns ein hautenges, champagnerfarbenes Kostüm mit tailliertem Gehrock schneidern lassen. Dazu würden wir einen riesigen Hut tragen und wir hätten sicherlich auch die finanziellen Möglichkeiten, um Hochzeitsschuhe von Manolo Blahnik zu kaufen. Wir wären eine Braut, die mitten im Leben steht, stilsicher die perfekten Blumen zu den perfekten Stuhlhussen aussucht und ein Hochzeitsmenü auffahren lässt, von dem ihre Gäste noch jahrelang schwärmen werden. Doch wenn wir ganz ehrlich sind, dann möchten wir wirklich auch gerne die Prinzessin sein, nach der sich unser Liebster die Finger leckt. Mit unserem 25., 28., oder auch 30. Lebensjahr sind wir so weit! Und die gesellschaftlichen Entwicklungen haben euch Männern so viel Zeit verschafft, immerhin müsst ihr eure Verlobte nicht mehr im Teeniealter, mit 14 oder so, erwählen. Wir warten nun schon so lange! Also, lasst uns endlich Verlobung feiern, dann müssen wir nicht mehr nerven.

3. GRUND

Weil unsere Verwandten ständig danach fragen

Diese weibliche Nervosität rund um die Verlobung und die Eheschließung kann (und wird in der Regel) durch Nachfragen der Familie bestärkt und unterstützt werden. Es ist die ewig gleiche Frage, mal direkt gestellt, mal von hinten durch die kalte Küche gereicht. Der Klassiker an Weihnachten oder rund um die Feierlichkeiten zu Silvester, wenn man eigentlich ganz entspannt beim Raclette-Essen mit der Familie zusammensitzt:

»Und, was steht bei euch beiden in diesem Jahr an? Gibt es besondere Pläne?«, fragen da neugierige Verwandte einfach über die Salatschüssel hinweg. Das Paar stutzt zunächst, vielleicht wurde so offensiv bisher noch gar nicht über dieses Thema gesprochen. Oder aber das Paar hat genau deswegen zuletzt vor drei Tagen ordentlich miteinander gestritten. Weil er seit Jahren mit seiner Doktorarbeit nicht fertig wird und immer meint, er habe keinen Kopf für das Thema Hochzeit. Oder weil sie längst noch keine Verbindlichkeiten eingehen mag, vielleicht weil sie Scheidungskind ist und nicht viel von der Ehe hält? Wir wissen es nicht. Trotz anfänglicher Zurückhaltung des Paares zu diesem besonderen Thema wird die Familie, seien Sie gewiss, liebe Leser, nicht müde werden, dieses Thema immer und immer wieder zur Sprache zu bringen. Auch Geburtstage werden gerne zum Anlass genommen, um der Ehefrage auf den Zahn zu fühlen:

»Mensch, herzlichen Glückwunsch, Charlotte! Und, wie fühlt es sich an, 27 zu sein? Erwachsen, oder? Wird es jetzt nicht langsam Zeit für euch beide?«, fragt Cousine Marie, 38, bereits geschieden. Sie zwinkert dabei zweideutig freundlich und schiebt sich ein Stück Käsekuchen in den Mund. Ihr jüngstes Kind zuppelt schreiend an ihrem Rock, sie versucht es so lange wie möglich zu ignorieren.

Er hingegen wird anders auf das Thema gestoßen:

»Meinst du nicht, sie wartet auf den nächsten Schritt? Immerhin seid ihr jetzt seit sechs Jahren zusammen und sie geht auf die 30 zu …«, fragt ihn seine Schwiegermutter in spe, lässt ihn jedoch gar nicht zur Antwort kommen, sondern sucht schnell am Kuchenbuffet das Weite. Ich wage hiermit die These aufzustellen, dass jedes Paar früher oder später von dem Drängen der Familie genervt ist. Selbst die zukünftige Braut, die sich doch eigentlich nichts sehnlicher wünscht, als endlich verkündigen zu können: Ja, wir werden heiraten! Selbst diese Braut brodelt vor Wut über die Selbstgefälligkeit ihrer Cousine und die rüpelhafte Art ihrer Mutter. Dass sich jenes »Nachhaken« von Generation zu Generation fortzusetzen scheint, ist wirklich erstaunlich. Dies insbesondere deshalb, weil das Heiraten heute gesellschaftlich kein Muss mehr ist. Wir Frauen überleben auch ohne Versorger und Ernährer. Und auch unsere Familien schlagen sich tapfer ohne Brautgeld durch. Selbst Kinder dürfen wir heute ohne Trauschein zeugen. Das ständige Drängen der Familie ist ein Überbleibsel aus alten Zeiten. Auch ich kenne die ständigen Fragen der lieben Verwandten.

Mein Liebster und ich, wir lernten uns kennen, als ich zarte 17 Jahre jung war. Natürlich blickten wir in den folgenden Jahren auch einmal nach links und rechts, nach vorne und nach hinten und mussten erst herausfinden, wie besonders unsere Beziehung zueinander ist. Ich zog nach meinem Uniabschluss zu ihm, gab meine eigene Wohnung auf. Ein halbes Jahr gaben uns unsere Verwandten. Dann wurde jedes Familienfest zum Anlass genommen, nach unserer Heirat zu fragen. Jedes Familienfest! Und ich fragte mich immer und immer wieder, warum unsere Verwandtschaft so scharf darauf war, meinen Liebsten und mich heiraten zu sehen? Mein Liebster vertritt nach wie vor die Auffassung, dass die Verwandtschaft einfach nur Bock auf eine riesige Party hat. Denn wann hat man schon Gelegenheit, sich richtig chic zu machen, Geschenke zu kaufen, alle Familienmitglieder unter ein Dach zu bringen, zu essen, zu trinken, zu tanzen? Es sind die wenigen Familienfeste wie Taufen, Jugendweihen, Hochzeiten und große Geburtstage, zu denen ordentlich gefeiert wird. Es kann sein, dass die Feierlaune Grund für das permanente Drängen der Verwandtschaft ist. Vielleicht ist es aber auch das Bedürfnis, Teil von etwas Besonderem zu sein. Zeuge eines intimen Augenblickes. Und die zukünftigen Zeugen dieses besonderen Augenblickes werden so lange keine Ruhe geben, bis die Einladungen im Briefkasten liegen! Aber bevor Sie, liebe Leser, jetzt heiraten, weil die Verwandten ständig danach fragen, seien Sie gewarnt: Sobald die Hochzeitsfeierlichkeiten überstanden sind, werden die Fragen einfach nur umgestellt. Sobald Sie die Dankeskarten für all die tollen Glückwünsche und Geschenke verschickt haben, finden Sie fragende Blicke der Verwandtschaft in Richtung unterer Körperhälfte der frischgebackenen Ehefrau. Die Blicke enden unterhalb des Bauchnabels, aber immer noch deutlich über dem Schambereich. Zeichnet sich da nicht ein kleines Bäuchlein ab? Nein? Ach, doch nur der Flitterwochenspeck? Das Essen in der Karibik muss sehr reichhaltig gewesen sein. Wie schade! Aber sagen Sie mal, wann soll es denn so weit sein, mit dem lieben Nachwuchs?

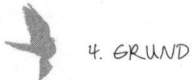 4. GRUND

Weil wir euch Männern nicht Hunderte Male sagen möchten, welcher Ring der richtige wäre

Der Verlobungsring. Ein Schatz. Das Statussymbol einer jeden Frau das sagt: »Schau nur, ich bin in festen Händen. In so festen Händen, die Heirat steht bevor. Und dann das Kinderkriegen. Und das perfekte Familienleben. Kurzum: Ich bin verlobt. Ätsch!«

Verlobungsringe können auf uns Frauen eine ungeheure Macht ausüben. Sie sind Symbole des Versprechens, einander Beistand zu leisten, ein Leben lang. Es ist sein Zeichen an sie, ihr treu ergeben zu sein. Es ist die Symbolik des Kreises, ein nie enden wollendes

Zusammengehören, welches die Frau schon vor der Eheschließung am Finger tragen darf. Zu früheren Zeiten, etwa im Mittelalter, bestätigten die Frauen durch das Tragen des Ringes den Empfang der Mitgift. Heute symbolisiert der Ring Vorfreude auf eine gemeinsame Zukunft und die Festigkeit des Versprechens. Klassischerweise überrascht der Mann die Frau während des Heiratsantrages mit dem Verlobungsring. Dieser ist zumeist in Weißgold oder Platin gehalten, mit hellem Stein als Solitaire (»Einzelgänger«) geschmückt. Der Solitaire steht als einziger Stein am Ring für die besondere Stellung der Frau im Leben ihres Zukünftigen: Sie soll die Auserwählte sein. Neben ihr werden keine anderen Frauen geduldet. Der Diamant als erwählter Stein unterstützt die Symbolik des Kreises, die Ewigkeit. Denn kein Stein ist so unvergänglich wie der Diamant. Der Solitaire wird traditionell mit der 6er Krappenfassung am Ring gehalten, etwas moderner kommen die Spannfassung oder die Zargenfassung um einen Brillanten daher.* Durch die Krappenfassung jedoch kann das Licht seitlich durch den Stein dringen, was ihm eine außergewöhnliche Brillanz verleiht. In jedem Falle sticht ein Verlobungsring dem Betrachter sofort ins Auge. Kaum ein anderer Ring verleiht der Hand einer Frau so viel Anmut, Eleganz und Ausdruck wie ein Solitaire-Verlobungsring mit Diamant in entsprechender Karatzahl. Und um es an dieser Stelle ganz kurz zu machen: An der Größe und Qualität des Steins zu sparen ist Sparen am falschen Ende. Ein hochwertiger Diamant verliert nie an Wert. Er ist die kleine Alters- oder Notfallversorgung jeder Frau und kann auch über Generationen hinweg weitervererbt werden. Beim Kauf des Verlobungsringes sollte der angehende Ehemann deswegen auf den Schliff des Steines, die Reinheit, die Farbe und das

---

*Ein Brillant ist ein Diamant mit besonderem Schliff: ein Schliff mit kreisrunder Rundiste. Die Begriffe »Brillant« und »Diamant« werden häufig synonym verwendet, was so aber nicht richtig ist. Der Brillant zeichnet sich eben durch eine extreme Brillanz, sprich Strahlkraft, aus. Auch andere Steine, etwa der Zirkonia, können im Brillant-Schliff verwendet werden, müssen dann jedoch auch als »Zirkonia im Brillantschliff« bezeichnet werden.

Karatgewicht achten. Denn diese Faktoren gemeinsam bestimmen den Wert eines Steines, nicht allein das Karatgewicht. In den USA ist der Solitaire mit Krappenfassung, also erhabener Krallenfassung, die beliebteste Variante des Verlobungsringes. Ich für meinen Teil kann jeder heiratswilligen Dame nur raten, selbst einmal ganz alleine den einen oder anderen Juwelier aufzusuchen, um verschiedene Verlobungsringe zu testen. Denn der Nachteil der Krappenfassung ist, dass der Ring im Winter gerne mal in Strickpullis, Wollmützen oder Schals hängen bleibt. Trägt Frau den Ring tagtäglich, also im Büro, beim Einkaufen und beim Schnell-mal-eben-Staubwischen, dann ist besondere Vorsicht geboten, da die Gefahr des Anstoßens mit der erhabenen Krappenfassung besteht. Es wäre schade, wenn sich der heiß geliebte Verlobungsring als nicht alltagstauglich entpuppen würde. In der Realität ist es jedoch eh so, dass wir Frauen schon seit Jahren wissen, welchen Verlobungsring wir gerne am Finger tragen möchten. Je nach zukünftigem Ehemann reichen entweder dezente Hinweise, so ganz nebenbei, wenn man nach dem Kino auf dem Weg zum Auto zufällig an einem Juwelier vorbeikommt. Andere Männer hingegen benötigen Werbeprospekte mit Fähnchen dran, damit sie ganz genau wissen: Es soll ein weißgoldener Diamanten-Solitaire in einem Spannring sein. Größe 16. Innen bitte das Verlobungsdatum als Gravur. Überreicht in einem kleinen, türkisfarbenen Schächtelchen, kommt das Ganze natürlich besonders elegant daher.

5. GRUND

Weil der Ring zu einem Besuch bei Tiffanys einladt

Der berühmteste Verlobungsring der Welt ist der Setting aus dem Hause Tiffany. Er wurde vor über 100 Jahren designt und gilt aufgrund seines bestechenden Looks, der zeitlosen Schönheit und Eleganz als »Der Ring der Ringe«. In den USA ist dieser Ring der am meisten verschenkte Verlobungsring und wird durchschnittlich zu einem Preis von 4.000 bis 6.000 Euro erworben, wobei nach oben natürlich keine Grenzen gesetzt sind.

Und auch wenn nicht dieser Ring unser Verlobungsring werden wird, so lädt die Verlobung dennoch zu einem Besuch im ehrwürdigen Hause Tiffany ein. Zum einen erhält das Paar hier eine ausführliche Erklärung zu den wertbestimmenden Faktoren eines Steines. Zum anderen hat die zukünftige Braut die Möglichkeit, die schönsten Schmuckstücke der Welt einmal Probe zu tragen. Schlecht gelauntes Personal, das eher widerwillig die Ringe aus der Anrichte fischt, um nur stichpunktartig die maßgeblichen Kriterien für solch eine Anschaffung zu erklären? Fehlanzeige. Im Hause Tiffany freut sich jeder Mitarbeiter über die Verlobung des Paares, als wäre es die eigene. Und natürlich hat jeder Mitarbeiter Verständnis dafür, wenn sich das Paar freundlich verabschiedet, um sich noch die Ringe der Konkurrenz anzuschauen. Also keine falsche Scham. Wenn nicht die Verlobung zu einem Besuch bei Tiffanys einlädt, welches Ereignis denn dann?[*]

6. GRUND

Weil die blöde Arbeitskollegin sonst irgendwann genau DEN Ring geschenkt bekommt

Hart wird die Sache mit dem Ring natürlich dann, wenn wir nach langem Hin und Her endlich den Ring der Ringe gefunden haben, um dann beim Mittagessen mit der Kollegin festzustellen, dass auch sie genau diesen Ring schon immer als Verlobungsring haben wollte.

---

[*] *Nur der Vollständigkeit halber: Die Eheschließung, Geburt des ersten Kindes, 10. Hochzeitstag, 30., 40., 50., Geburtstag etc.*

Da steigt in uns Frauen ganz langsam, dennoch brodelnd, eine Wut aus der Magengrube gen Speiseröhre empor, die uns das Mittagessen versaut und für kurze Zeit auch jeden weiteren Gedanken an unsere Verlobung. Denn warum muss die doofe Frau Lange denn nun unter 1.000.000 Verlobungsringen auf diesem Planeten genau diesen Ring auch tragen wollen? Das ist doch peinlich. Und ärgerlich. Und irgendwie, und das macht uns wohl besonders betroffen, scheint der Ring plötzlich nichts Besonderes mehr zu sein. Wir wissen, dass er nicht einzigartig ist, ja. Aber er hätte doch zumindest im Büro, in einem Radius von 0,5 Kilometer, einzigartig sein können. Wir haben nur eine Chance, dem Dilemma zu entkommen: Wir müssen die Erste sein, die den Ring trägt. Dann ist er nämlich für die Kollegin nichts Besonderes mehr und sie wird früher oder später auf die Suche nach einem neuen gehen müssen. Ha!

7. GRUND

Weil wir Frauen erst mal Ruhe geben, wenn wir DEN Ring am Finger haben

Und um das ganze Prozedere rund um die Verlobungsromantik zu beschleunigen, legen wir ganz beiläufig den aktuellen Prospekt des Juweliers auf die Anrichte im Wohnzimmer. Nein, liebe Männer, bitte nicht falsch verstehen. Es geht hier nicht nur um den Kampf der Ringe. Es geht auch darum, etwas verbindlicher mit euch sein zu wollen. Die nervende Verwandtschaft hatten wir hier bereits als Argument angeführt und unseren Wunsch nach Beständigkeit ebenfalls. Der Ring ist anschließend die Kirsche auf dem Dessert unserer Liebe. Der krönende Beginn eines neuen Lebensabschnittes. Und wenn dieser erst einmal eingeleitet wurde und wir den Ring, nach dem wir uns seit Jahren schon die Finger lecken, wenn wir diesen einen dann endlich am Finger tragen, dann geben wir für die nächsten Monate auch erst einmal Ruhe. Versprochen.

8. GRUND

Weil es ein Grund zum Verreisen ist

Eine Verlobung ist ein ganz zauberhafter Anlass, um die Koffer zu packen. Natürlich kann auch die besondere Bodenständigkeit eines Heiratsantrages daheim, in den eigenen vier Wänden, zeigen, wie ernst es um die Liebe und die gemeinsame Zukunft steht. Wissenschaftlich erwiesen ist jedoch, dass sich Erlebnisse besonders fest im Gehirn verankern, wenn sie mit neuen, unbekannten Orten, Gerüchen oder Geschmäckern verbunden werden. Nicht alltägliche Erlebnisse werden zumeist mit einer höheren Ausschüttung von Adrenalin begleitet. Es ist somit ganz natürlich, dass wir uns an den perfekten Grillfisch in einem winzigen sardischen Restaurant nahe der Costa Smeralda eher erinnern als an den ebenfalls sehr gelungenen Grillfisch von Muttern ausm letzten Sommer. Die Verlobung ist daher ein idealer Anlass, um besondere Erinnerungen zu erzeugen.

Mein Liebster entführte mich zu unserer Verlobung nach Paris. Ich stand kurz vor meinem Uni-Abschluss, es war November und schrecklich grau und düster in Berlin. Drei Wochen vor unserem Abflug erkundigte er sich nach meinen Vorlesungszeiten und ob denn in nächster Zeit irgendwelche Klausuren anstünden. Ich hatte alle Klausuren geschrieben, meine letzten nötigen Scheine so gut wie in der Tasche und Ende November stand in der Uni nichts Besonderes mehr an. Er bat mich, für das übernächste Wochenende eine kleine Reisetasche (Handgepäck) zu packen, mit warmer, wetterfester Kleidung. Ich schmunzelte über seine Bitte und ahnte ganz leise, aber ohne es mir wirklich eingestehen zu wollen, was er vorhatte. Die Nacht vor dem Abflug verbrachten wir bei ihm in seiner Wohnung, und als ich am Abend zu ihm kam, lag ein großes Geschenk auf seinem Bett. Es entpuppte sich als schwarzes Wollkleid, zu dem ein passender schwarzer Hut gehörte. Er konnte nicht mehr an sich halten und verriet mir unser Reiseziel.

»Ich dachte mir, jetzt kannst du dich vielleicht noch etwas mehr auf die Reise freuen, als wenn du einfach in den Flieger steigst und erst dann erfährst, wo es hingeht.« Ja, ich freute mich riesig! Unseren ersten Tag in Paris verbrachten wir an klassischen Touristenorten. Notre-Dame, Arc de Triomphe, Montmartre und Eiffelturm. Er bestand jedoch darauf, den Eiffelturm erst nach Einbruch der Dunkelheit zu besichtigen. Nach einem langen Tag in dieser faszinierenden Großstadt war es mittlerweile dunkel und auch kühl geworden. Es hatte geregnet und meine superwetterfesten Stiefel waren nass. Auf dem Eiffelturm wehte ein heftiger Wind und Touristen drängten sich aneinander. Ich grübelte. Er wollte mir doch nicht hier, inmitten der fotografierenden Touristen einen Antrag machen? Ich konnte zu diesem Zeitpunkt weder den zauberhaften Ausblick genießen, noch eine möglicherweise aufkeimende Romantik zulassen. Zu sehr quälten mich meine nassen Socken und die Frage danach, ob ich meinen Heiratsantrag tatsächlich auf dem Eiffelturm erhalten wollte. Ich war mir unschlüssig. Es war irgendwie einfach zu kalt, zu touristisch und zu oberflächlich dort oben. Total gebannt und fasziniert starrte ich irgendwohin in die Ferne und fragte komische Sachen, wo wohl das Moulin Rouge zu finden sei und ob er den Nordstern sehen könne. Er machte mir dort oben keinen Antrag und wir stiegen den Eiffelturm wieder hinab. Da uns das Warten auf den Massenfahrstuhl zu lange dauerte, nahmen wir ab einem Zwischenplateau die Treppe. Mit jedem Schritt abwärts quetschte sich das Wasser in meinen Socken zwischen meine Zehen und mir wurde immer kälter. Unten angelangt, entfernten wir uns von dem Eiffelturm und betrachteten von einer Grünfläche aus das Lichterspiel, das zu jeder vollen Stunde den Turm zum Funkeln brachte.

»Wow, er funkelt wie ein Diamant!«, stieß ich hervor, was mein Liebster zum Anlass nahm, vor mir niederzuknien. Mitten in dem feuchten Sand, in einem kleinen Park vor dem Eiffelturm, umhüllte uns die Dunkelheit Paris'. Ich schnappte nach Luft und musste schlucken. Ich zitterte mittlerweile wegen der kalten, nassen Socken, wegen all der Eindrücke, die der Tag mit sich gebracht hatte und weil ich wusste: Verdammte Scheiße, ich bekomme gerade einen Heiratsantrag! Ich bekomme einen Antrag. Diesen Gedanken muss eine Frau erst einmal verarbeiten. Um uns herum war keine Menschenseele zu sehen, und als mein Liebster seine rührenden Worte zu Ende gesprochen hatte, war auch das Lichterspiel am Eiffelturm erloschen. Ich erinnere mich leider an keines der Worte, die mein Liebster gesprochen hatte. Aber es war wohl etwas wie: »Du Frau Leben es wird mir immer klarer perfekt.« Ich starrte wie eine Gestörte auf den Ring und betete inständig, dass er auch passen würde. Der Ring war perfekt. Von absolut klassischer Eleganz und Reinheit. Ein weißgoldener Spannring mit einem lupenreinen Brillanten in der Mitte. Am Abend trug ich den Ring, und den schwarzen Hut zu dem schwarzen Wollkleid.

Ein Heiratsantrag muss nicht, aber er kann zu etwas ganz Besonderem werden. Zu einem Erlebnis, an das sich das Paar auch Jahrzehnte später noch erinnern kann. Wenn ich an meine Verlobung denke, dann ist da nicht nur dieser Moment, in dem er vor mir niederkniete. Ganz Paris steht für mich für unseren ersten Schritt in eine gemeinsame Zukunft. Ja, ich erinnere mich an nasse Socken, klamme Finger, Paris bei Nacht, an einem Baum hingen halb verfaulte Pfirsiche. Ich erinnere mich an den Geschmack meiner ersten Auster, die Montmartre mir schenkte, und an einen Blick über die ganze Stadt, die man während eines einzigen Wochenendes vor Ort längst nicht erfassen kann. Ich weiß nicht, ob ich mich an all die Details unserer Verlobung noch immer erinnern würde, wenn es nicht dieser Ort mit seiner ganz eigenen Besonderheit gewesen wäre. Ich für meinen Teil werde die Stadt nun immer mit dem Entschluss verbinden, auf ewig Teil im Leben meines Liebsten sein zu wollen.

9. GRUND

Weil der Kennlerntag
endlich ersetzt wird

Kennlerntag. Nein, das ist nicht der Tag, an dem aus einem datenden Pärchen ein festes Paar wird. Das ist der Zusammenkommtag. Der Kennlerntag ist der Tag, an dem sich Christian und Irene beim Public Viewing auf der Fanmeile kennengelernt haben. Es ist der Tag, an dem sie ihre Telefonnummern getauscht und beschlossen haben, sich wiederzusehen. Das ist der Kennlerntag. An diesen Tag erinnert immer nur die Frau den Mann. Denn er ist schon froh, dass er sich den Jahrestag, also den Zusammenkommtag, merken kann. Dass es auch noch einen Kennlerntag gibt, wurde für mindestens zwölf Monate der Beziehung gekonnt verdrängt. Der Kennlerntag, neben dem Valentinstag, Geburtstag, Frauentag, Tag des Kusses und dem Jahrestag, bedeutet für viele Männer Stress, denn es ist auch nach vielen Jahren Beziehung noch nicht ganz klar, wie intensiv dieser Kennlerntag denn nun gefeiert werden soll. Reicht ein Blumenstrauß? Muss es eine Einladung zum Essen sein? Schmuck? Diamanten? So ganz klar wird es nie. Deswegen bietet es sich doch an, den Kennlerntag einfach mit dem Verlobungstag zusammenfallen zu lassen. Sprich: Mann macht Frau am Kennlerntag einen Antrag. Sie wird ganz begeistert sein von dieser Aufmerksamkeit, die er dem Tag schenkt, und er muss sich ein Datum weniger merken. Wer es auf die Spitze treiben möchte, heiratet natürlich genau ein Jahr später auch an diesem Tag. Eine Heirat, um den Kennlerntag zu ersetzen.

Weil wir sonntags bei Muttern ein neues Gesprächsthema haben

Ich weiß nicht, wie es Ihnen geht, werte Leser, aber ich für meinen Teil bespreche sonntags bei Muttern nur ungern anstrengende Themen. Denn wenn ich meine Familie nur an einem Tag in der Woche sehe, nämlich sonntags zum Mittagessen, dann möchte ich nicht über den letzten Streit meiner Mutter mit ihrem zweiten Exmann reden. Und wenn meine kleine Schwester mal eine Fünf in Mathe geschrieben und dann auch noch die Schule geschwänzt hat, um bei H&M Unterwäsche kaufen zu gehen, meinetwegen. Solche Gespräche sind Elternsache. Sonntags bei Muttern möchte ich fröhlich und ausgelassen sein. Meine Mutter soll mir gerne erzählen, wie die Pfirsichtarte so saftig geworden ist oder welche Pläne für den Sommerurlaub anstehen. Meine Schwestern sollen mir von ihrem Partyleben berichten, von ihren letzten Shoppingschnäppchen. Und wenn wirklich mal etwas Arges in der Luft liegt, bekomme ich es eh raus. Jedenfalls kann ich mir gut vorstellen, dass es vielen anderen sonntags bei Muttern auch so geht. Bloß keine anstrengenden Gespräche führen. Und schon gar nicht, wenn der Partner mit dabei ist. Da kommt doch so ein Hochzeitsthema wie gerufen. Der letzte Stress der Mutter mit dem Vermieter? Längst vergessen. Die Fünf der kleinen Schwester in Mathe und Physik? Es gibt Wichtigeres. Eine Hochzeit muss schließlich geplant werden! Zunächst dürften die Gespräche drunter und drüber gehen. Jedes Familienmitglied möchte seinen Teil zur Feier beitragen, jeder hat seine Vorstellung von dem perfekten Gastgeschenk oder der schönsten Blumendeko. Braut und Bräutigam können sich in den ersten Gesprächsrunden mit der Familie leicht überrumpelt und überrannt fühlen. Einfacher werden die Gespräche sonntags bei Muttern dann, wenn das Paar seine eigenen Vorstellungen bereits grob skizziert zum Mittagessen präsentieren kann. Die Feinheiten können dann strukturierter miteinander besprochen werden und natürlich ist ein Brainstorming unter mehreren Personen auch hilfreich, um Fehler, die andere Paare gemacht haben, zu vermeiden. Hätten meine Freunde Bea und Till etwa gewusst, dass Wunschlaternen made in Germany nix taugen und schon nach 1,5 Metern Flughöhe brennend gen Erde sausen, dann hätten sie sich vielleicht doch für das Original aus Asien entschieden. Oder für Luftballons. Und hätten Bea und Till gewusst, dass es viele Gäste mit der Kleiderordnung auf einer Hochzeit doch nicht so genau nehmen, dann hätten sie den Begriff *Black Tie* auf den Einladungskarten eventuell erklärt. Es gibt also ab sofort viel zu besprechen mit der Familie. Schöne Themen. Lustige, romantische Ideen, Vorschläge und Varianten für die Hochzeit. Natürlich können auch diese Gespräche an die Substanz gehen. Bestimmen Sie daher unbedingt pro Sonntag ein Thema, das zu besprechen ist, etwa »Blumendeko« an einem Sonntag, »Gastgeschenke« an einem anderen. So bleibt auch noch Zeit für das Mittagessen.

II. GRUND

Weil ein Baby unterwegs ist

Sonntagmorgens, kurz vor zehn Uhr. Wir sitzen im Bett und lassen die Woche endgültig ausklingen. Mein Liebster trägt den Spielstand der Bundesliga in einen Plan ein. Ich trinke meinen Kusmi-Tee mit braunem Zucker und Zitrone, als unsere routinierte Eheidylle durch das Pfeifen seines Handys gestört wird. Wer wagt es, uns zu belästigen, an einem entspannten Sonntagmorgen? Uns unserer Behaglichkeit zu berauben? Wir schauen uns fragend an, ich rühre mich nicht. Er runzelt die Stirn und legt seinen Spielplan beiseite. Ich nehme noch einen Schluck Tee. Als er mit seinem Handy aus dem Wohnzimmer zurückkommt, ist sein Gesichtsausdruck nur schwer zu beschreiben. Irgendwo zwischen Skepsis, Freude, Erstaunen und auch Traurigkeit zucken seine Mundwinkel ganz leicht hin und her und seine Augen starren auf das Handydisplay.

»Krass«, sagt er. Ich ziehe die Augenbrauen hoch als Zeichen, er möge bitte etwas genauer ausführen.

»Ulli heiratet. Seine Freundin ist schwanger.«

Bubs.

Mein Liebster ist mit Ulli schon seit der Grundschule befreundet. Zusammen haben sie die Pubertät verlebt, auch noch die Anfänge der Studienzeit, dann hat sich die Freundschaft etwas gelockert. Nun hören sich die beiden zwei-, dreimal im Jahr. Gesehen haben sie sich schon länger nicht mehr. Wir wissen jedoch, dass Ulli mit seiner Freundin noch gar nicht so lange zusammen ist. Etwas über ein Jahr vielleicht. Umso mehr überrascht uns nun die Erkenntnis, dass sie schwanger ist. Darüber hinaus entbrennt zwischen uns auch eine angeregte Diskussion darüber, weshalb denn nun, im Angesicht der Schwangerschaft, auch geheiratet werden muss. Wir analysieren gemeinsam.

»Das verstehe ich nicht. Dass Ulli ein Baby macht und Vater sein möchte, okay, aber warum heiratet er die Frau, die er noch gar nicht wirklich kennt? Das passt nicht zu ihm«, grübelt mein Liebster.

»Vielleicht haben seine oder ihre Eltern auf die Eheschließung gedrängt. Damit Frau und Kind abgesichert sind, sollte mal was passieren?«, überlege ich laut.

»Dass dafür die Ehe nicht nötig ist, brauche ich dir ja wohl nicht zu erklären«, platzt es aus ihm heraus. Er scheint von dieser Nachricht irgendwie getroffen zu sein. Ich versuche, ihn abzulenken.

»Wie ist denn die Hochzeit geplant? Hat er etwas Genaueres geschrieben?«

»Nein. Sie heiraten nur mit den Eltern und Geschwistern. Keine Freunde. Sie ist auch schon im sechsten Monat!«

»Es gibt viele Paare, die kurz vor der Geburt noch mal schnell einen Termin beim Standesamt machen. Die Gründe sind von Paar zu Paar verschieden. Sei es der Gedanke, dass Mutter, Vater und Kind einen gemeinsamen Ehenamen tragen wollen, sei es, weil der Vater glaubt, ohne Eheschließung hätte er weniger Rechte an dem Kind, oder weil die Schwiegereltern meckern. Ruf ihn an und erkundige dich. Richte liebe Grüße von mir aus.«

»Als ob sich das Paar ohne die Schwangerschaft nicht endgültig hätte füreinander entscheiden können. Für Kinder, ja. Aber für Zweisamkeit über ein Familienleben hinaus nicht», nuschelt er und bringt sein Handy zurück ins Wohnzimmer.

Ich atme tief durch und notiere mir in Gedanken, eine Glückwunschkarte für die beiden zu organisieren.

12. GRUND

Weil es so unendlich romantisch ist

Nimmt sich die zukünftige Ehefrau im Rahmen der Hochzeitsvorbereitungen einmal ein Fremdwörterbuch zur Hand, um das Wort »Romantik« nachzuschlagen, so verspreche ich, werden ihr bei der Lektüre der Herleitung und Übersetzung dieses Wortes unendlich viele Ideen zur Ausgestaltung der eigenen Hochzeit präsentiert. Etwa das Motto für den Polterabend. Ein schönes Zitat für die Einladungskarten. Oder der Stil für die Kleider der Brautjungfern. Denn das Wort »Romantik« beziehungsweise »romantisch« lässt sich übersetzen mit:

»(…) durch eine schwärmerische od. träumerische Idealisierung der Wirklichkeit gekennzeichnete romantische Art (…) fantastisch, gefühlsschwärmerisch, stimmungsvoll, malerisch-reizvoll; geheimnisvoll.«[7]

Heiraten versetzt uns in einen gefühlsschwärmerischen Zustand. Wir träumen von einem idealen Leben, dessen Beginn durch ein stimmungsvolles Heiratsfest eingeleitet wird. Wir machen ein

Geheimnis um das Brautkleid, auch die Größe, Farbe und Geschmacksrichtung der Hochzeitstorte wird nicht verraten. Wir können die Ausgestaltung unserer Einladungskarten an die Epoche der Romantik anlehnen, die Blumendekoration im Sinne der Romantik wählen, unser Haar romantisch, sprich stimmungsvoll und malerisch-reizvoll, frisieren lassen. Moderne? Minimalismus? Gerade Linien, abgespeckte Brautsträuße? Light-Hochzeitstorten? Pft! Die Heirat ist die Gelegenheit, um der verspielten, gefühlsschwärmerischen Präsenz der Romantik vollen Ausdruck zu verleihen. Wir dürfen die verziertesten Torten, die süßesten Blumenmädchen, die opulentesten Blumendekors, die breitesten Kleider und das malerischste Braut-Make-up der Welt präsentieren. Ein Feuerwerk um Mitternacht oder Hunderte Wunschlaternen, die zum Himmel steigen? Schmetterlinge, Tauben, Blumenmädchen, Liebeserklärungen, gestellte Fotos, Schleiertänze, Feuerspucker, Brautstrauß-Werfen, und, und, und. Warum verzichten? Warum sich nicht liebestrunken der reizvollen Magie der Romantik hingeben?

Heutzutage gibt es doch viel zu wenig Gelegenheiten, um mal richtig auf den Putz zu hauen. Früher, als es noch Könige und Kaiser gab, waren opulente Feste nahezu an der Tagesordnung und auch Hochzeiten in nicht-adeligen Kreisen wurden zelebriert, so ausgelassen es eben möglich war. Die Gefühle des Hochzeitspaares und jene der Gäste sollten schwärmerisch sein, die Stimmung ausgelassen, reizüberflutet. Warum weniger, wenn alles geht? Denn alles ist erlaubt, in dieser einen Nacht. Für gerade Linien und abgespeckte Feste gibt es auch später noch Gelegenheit genug.

KAPITEL 2

DIE HOCHZEITS-VORBEREITUNGEN

»Wenn man begriffen hat, dass man den Rest
seines Lebens zusammen verbringen will, dann will man,
dass der Rest des Lebens so schnell wie möglich beginnt.«

Harry Burns (Billy Crystal) in Harry und Sally

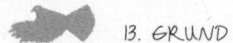 13. GRUND

Weil wir wissen, es werden auch harte Zeiten kommen

Es gibt keinen besseren Zeitpunkt, um sich bereits erwähntes Zitat zu guten und schlechten Zeiten, die auf das Paar zukommen werden, noch einmal in Erinnerung zu rufen, als zum Zeitpunkt der Hochzeitsvorbereitungen.

»Ich garantiere, es werden auch schlimme Zeiten kommen, und ich garantiere, es kommt vor, dass einer von uns oder beide unbedingt aus dieser Sache raus will, aber ich garantiere auch, wenn ich dich nicht um deine Hand bitte, dann bereue ich das für den Rest meines Lebens. Denn ich weiß in meinem Herzen, du bist die Einzige für mich.«

Ich meine, ein Liebesgeständnis kann kaum rationaler oder exakter auf den Punkt getroffen sein als durch diese sehr prägnante Zusammenfassung. Diese wenigen Zeilen spiegeln im Grunde alles wider, was sich ein Paar vor, während und auch nach der Hochzeit immer wieder ins Gedächtnis rufen kann, wenn es sich fragt: »Was tue ich hier nur?«

In der 1999 veröffentlichten Romantikkomödie *Die Braut, die sich nicht traut* trifft das einstige Traumpaar aus *Pretty Woman* wieder aufeinander. Julia Roberts spielt Maggie Carpenter, eine Eisenwarenhändlerin aus einer amerikanischen Kleinstadt, die eines Tages von dem Journalisten Ike Graham, gespielt von Richard Gere, auf Schritt und Tritt verfolgt wird. Der New Yorker Kolumnist hat bereits einen Artikel über »Maggie«, als die Braut, die sich nicht traut, verfasst, der allerdings so schlecht recherchiert war, dass Ike nach einer empörten Beschwerde von Maggie aus dem Verlag geworfen wird. Die Rückkehr in seinen Job soll nur möglich sein, sollte er den Artikel über Maggie überarbeiten und seriös recherchieren, weshalb er in die Kleinstadt aufbricht und versucht, alles über Maggie herauszubekommen. Diese steckt gerade in den Vorbereitungen zu ihrer nächsten Hochzeit. Tatsächlich war

Maggie schon mehrfach verlobt, hat ihre Zukünftigen jedoch am Tag der Hochzeit immer wieder vor dem Traualtar stehen lassen. Zunächst ist Maggie verärgert darüber, dass Ike ihr nachspioniert und sogar ihre Verwandten und Freunde zu Interviews überredet. Dann jedoch schlägt sie Ike einen Deal vor: Er bekommt sein Exklusivinterview mit ihr, wenn er die Kosten für ihr Traumhochzeitskleid übernimmt. Ike willigt ein, und so verbringen die beiden plötzlich mehr Zeit miteinander, als ihnen ursprünglich lieb war. Ike hat mittlerweile erkannt, dass Maggie sich selbst noch nicht gefunden hat. Solange sie sich immer nur ihrem Partner zuliebe anpassen wird, wird sie auch immer vor der Ehe davonlaufen, was er ihr auch direkt ins Gesicht sagt.

Die Situation um die beiden spitzt sich zu, als Ike während Maggies Hochzeitsprobe den Bräutigam spielen soll. Die beiden sollen, damit Maggie den Tag der Hochzeit möglichst realistisch vor sich sieht und sich darauf vorbereiten kann, auch den Kuss proben. Aus dem Probekuss wird ein richtiger Kuss, woraufhin Maggies Verlobter Ike niederschlägt. Mittlerweile ist allen klar, dass sich Ike und Maggie ineinander verguckt haben und dass auch diese Hochzeit von Maggie und ihrem Verlobten nicht stattfinden wird. Stattdessen wollen Ike und Maggie den Hochzeitstermin für sich wahrnehmen. Doch Maggie schafft es wieder nicht bis zum Altar. Sie lässt Ike sitzen. Dieser kehrt ohne sie nach New York zurück. Erst nach einiger Zeit, in der sich Maggie auch beruflich umorientieren konnte, taucht sie bei ihm auf und gesteht ihm ihre Liebe. Sie macht ihm einen Antrag mit oben zitierten Worten. Letztlich heiraten Ike und Maggie.

Die tiefgreifendste Stelle bietet diese flache, dennoch romantische Komödie während des oben stehenden Zitates, der eigentlichen Liebeserklärung des ganzen Filmes. Ja, es werden schwere Zeiten kommen. Ob während der Hochzeitsvorbereitungen oder der Ehe an sich, sei dahingestellt. Je eher sich ein Paar dessen bewusst ist, umso besser wird es in der Lage sein, sich seiner Liebe zu besinnen und auch diese schwierigen Phasen zu umschiffen. Das wollte der Film vermitteln, was er auf einfache Weise und mit zwei äußerst charmanten, hoch talentierten Schauspielern in den Hauptrollen, auch geschafft hat.

14. GRUND

Weil wir endlich all die Kleider anprobieren dürfen

Hochzeitskleider. In Weiß oder Creme, Champagner, Eierschale, Beige oder Blassrosé. Fluffig aufgebauscht, glatt fallend, mit Spitze oder ohne. Schulterfrei? Eine riesige Schleife an der Taille. Dazu goldene Pumps und ein Unterwäscheset, das uns Frauen gurren lässt, wenn wir es Probe tragen. Es ist schwer zu beschreiben, welch Zauber von diesen besonderen Kleidungsstücken ausgeht. Ich arbeite unweit vom Potsdamer Platz in einem Hochhausneubau. In der Gegend reihen sich Büros, Touristenattraktionen, Shoppingmöglichkeiten, Restaurants und Diskotheken aneinander. Direkt gegenüber dem Eingang zu unserem Büro befindet sich außerdem ein Brautmodengeschäft. Es ist eines der bekanntesten in Berlin, mit einer großen Auswahl an Schnitten, Formen, Farben und Designern. Hochpreisig, das ist klar. Im Sommer fahre ich mit dem Fahrrad zur Arbeit. Ich schließe es gegenüber dem Brautmodengeschäft an. Manchmal, wenn ich morgens noch etwas Zeit habe, bewundere ich diese unfassbar zauberhaften Kleider in dem riesigen Schaufenster. Jedes Kleid wird von mir sorgfältig unter die Lupe genommen. Ich begutachte den Schnitt, den Fall des Stoffes. Wie ist die Schulterpartie geschnitten, welche Farbe hat das Kleid? Zu viele Details? Und würde es mir stehen? Den Blick von den aufwendig gestalteten Stücken zu reißen fällt mir schwer. Es ist, weil wir, wie bereits erwähnt, heutzutage zu wenige Gelegenheiten haben, um uns richtig in Schale zu schmeißen. Und wir Deutschen sind ja eh so zurückhaltend. Wann gehen wir auf große Bälle oder opulente Feste? Anders gesagt: Wir nutzen die wenigen Gelegenheiten, die sich uns bieten, auch einfach nicht, um uns richtig chic zu machen. Als ich wusste, ich würde heiraten, wusste ich auch, was zu tun war. Ich vereinbarte einen Anprobetermin bei einem französischen Brautmodenlabel. Der Laden befindet sich am westlichen Ende des Kurfürstendamms. Ich wählte nicht eben besagten Laden gegenüber von meinem Büro, denn auch wenn sie wundervolle Kleider haben, so entsprach das französische Label mehr meinem Stil. Mein Termin war an einem Samstagvormittag, und da mein Liebster und ich alleine heirateten, nahm ich natürlich auch diesen Termin alleine wahr. Die Dame, die mich betreute, war unfassbar freundlich. Zunächst erkundigte sie sich nach meiner Grundidee. Mein Mann mag es gerne sexy, und wir hatten vor, am Strand zu heiraten. Im Internet hatte ich ein Kleid dieses Designers bereits in die engere Auswahl genommen: creme, enge Korsage, weich fallender Tüllrock, vorne kurz, hinten lang. Sie hatte das Kleid da und schlug mir noch drei weitere Modelle vor, die sie mir in die geräumige Kabine brachte. Die nette Dame half mir, die Strümpfe anzuziehen, die sie mir leihweise zur Verfügung stellte, und brachte mir auch gleich zwei Paar Schuhe. Mein Favoritenkleid stand mir leider überhaupt nicht. Der angestufte Tüllrock erinnerte an ein Hexenkleid, solch eines, das Kinder zum Karneval tragen. Nur, dass es eben weiß war. Ich war kurzzeitig enttäuscht, probierte dann ein kurzes Kleid. Die Korsage war mit Spitze besetzt, die sich bis auf den Petticoat des Rockes ergoss. Der Rock endete kurz über dem Knie, eine perfekte Länge für ein Strandhochzeitskleid. Doch insgesamt war das Kleid zu mächtig, obwohl es kurz war. Der Petticoat war derart ausladend, das hätte besser zu einer 60er-Jahre-Rock-'n'-Roll-Hochzeit gepasst. Das nächste Kleid war bodenlang, A-Linie, Spaghettiträger, schneeweiß, es war über und über mit silbernen, vereinzelten Perlen bestickt. Ein tolles Kleid für eine moderne, unkonventionelle Hochzeit, etwa in Vegas oder New York. Aber am Strand? Nein, dafür war das Kleid zu geradlinig, nicht romantisch genug. Ich probierte noch ein kurzes Ballonkleid, mit hohem Kragen, dazu gab es die passenden kurzen Handschuhe. Doch ich wusste, dass ich meinem Liebsten in einem Ballonkleid nicht gefallen würde. Alle anderen Kleider waren zu opulent. Und da ich noch einen Joker in der Hinterhand hatte, verabschiedete ich mich von der äußerst netten Dame und erklärte, dass das Kleid, in dem ich heiraten wollte, einfach noch nicht dabei gewesen sei.

Wieder daheim, atmete ich tief durch und schloss die Schlafzimmertür ab. Mein Liebster war zwar beim Sport, aber ich wollte sichergehen. In der hintersten Ecke meines Kleiderschranks suchte ich nach dem Joker-Kleid. In einer milchigen Kleiderhülle hing es da. Wie eh und je. Die Preisschilder waren noch dran. Vorsichtig legte ich das cremefarbene Neckholderkleid auf das Bett, um es aus der Hülle zu befreien. Es saß, wie vor vier Jahren, als ich es aus purer Lust heraus gekauft hatte. Meine Cousine, meine jüngere Schwester und ich waren damals auf der Suche nach einem Abiballkleid für meine Schwester. Diese stand gerade in einer orangefarbenen Ballrobe, die über und über mit blauen und roten Steinen bestickt war, in der Umkleidekabine eines edlen Kaufhauses. Ich schlenderte durch die Reihen der Kleider, recht gelassen, obwohl sich die Stimmung meiner Schwester aufgrund der »schlechten« Kleiderauswahl immer mehr trübte. Mein Blick fiel auf einen cremefarbenen Stoff, der zwischen einer Reihe weißer Ballroben hing. Vorsichtig zog ich das Kleid heraus und hielt es vor mir in die Luft. Der kurze Rock fiel weich, der geraffte Absatz unter dem Busen versprach, eine schlanke Taille zu formen. Meine Cousine trat von hinten an mich heran.

»Das ist ja süß. Irgendwie das perfekte Kleid, um am Strand zu heiraten!«, lachte sie und stupste mich an. Damals war ich noch mitten im Studium, wohnte in meiner Studentenwohnung in Steglitz, mein Liebster in Charlottenburg. Doch als ich das Kleid in der Kabine neben meiner mittlerweile fluchenden Schwester anprobierte und es wie angegossen saß, da wusste ich, ich konnte es nicht zurücklassen. Der Preis war okay. Also nahm ich es einfach mit.

Und auch an dem Tag, an dem ich es als Hochzeitsjoker anprobierte, saß es perfekt. Der Rock reichte bis über die Knie. Ich beschloss, ihn etwas kürzen zu lassen und eine Vorne-kurz-hintenlang-Variante daraus zu machen. Aus dem restlichen Stoff ließ ich mir Blüten anfertigen, die ich links unter der Brust anbrachte. In den Blüten schimmerten kleine Perlen und nun schrie das Kleid mehr denn je nach Strandhochzeit. Ich probierte in einem weiteren Brautmodenladen noch drei weitere Kleider an. Aber nur, weil ich es durfte. Als angehende Braut.[8]

15. GRUND

Weil wir endlich all die Hochzeitsmagazine kaufen

Interieurmagazine und Stylisher-Wohnen-Zeitungen. Gartenhefte und Wohnen-auf-dem-Lande-Magazine. Reiseführer, Lebenslust-Zeitungen. Alles gute Lektüren, um in der Mittagspause abzuschalten und gaaaanz tief in andere Welten abzutauchen. Wohnmagazine etwa regen meine Sinne unfassbar an. Wandfarben, Teppichmuster, Tischdekors sprechen zu mir in einer ganz anderen Sprache, als es die Schriftsätze tun, an denen ich tagsüber arbeite. In meiner Mittagspause gehe ich gerne auf eine Suppe in eine Suppenbar. Egal, ob es draußen schneit oder die Sonne scheint, für ein hausgemachtes Süppchen bin ich immer zu haben. Die Suppenbar liegt schön versteckt in einem Seitenarm zum Potsdamer Platz, neben wechselndem Suppenangebot verfügt sie außerdem über eine sehr gute Auswahl an Zeitungen und Magazinen. So sitze ich gerne da, mit »Omas Hausgemachter Gemüsesuppe« oder einer »Bio-Karotten-Suppe mit Flädle«, und blättere in Wohnmagazinen. Oder, wenn ich es etwas grüner brauche, in Gartenmagazinen, um meine Synapsen von all den Buchstaben, die ich Stunden über Stunden heruntertippe, auf andere Gedanken zu bringen. Es ist wirklich erstaunlich, was man bei der Bepflanzung seines Gartens, aber auch schon bei der Wahl von Balkonpflanzen, alles falsch machen kann! Die wenigsten Pflanzen die im Gartencenter angeboten werden, sind klimatechnisch für eine Haltung in Deutschland geeignet. Alles Palmenartige braucht viel, viel Feuchtigkeit, eine hohe Luftfeuchtigkeit wohlbemerkt, nicht Wasser von unten. Darüber hinaus können die meisten Pflanzensorten nicht an Standorten mit direkter Sonneneinstrahlung gehalten werden. Schattige Plätze werden gemeinhin bevorzugt. Einige wenige Pflanzen, die mit direkter und stetiger Sonneneinstrahlung zurechtkommen, sind etwa Olivenbäumchen, Hibiskus, Geranien und auch einige Rosenarten. Sobald ich mein Süppchen gelöffelt habe, schlage ich das Heft zu und mache mich auf den Weg zurück ins Büro. Meist fühle ich mich nach dem Abtauchen in ein Garten- oder Wohnmagazin völlig erfrischt und auch belehrt. Der Rest des Tages lässt sich so wesentlich einfacher überstehen. Doch was wesentlich mehr erfrischt, und zum Träumen, Schmunzeln und Tränchenverdrücken anregt als ein Gartenmagazin, ist die Lektüre eines Braut- oder Hochzeitsmagazins. Seite für Seite finden sich hier Romantik und schöne Menschen auf Hochglanz gestylt und gedruckt. Fotos von wunderschön dekorierten Festsälen lassen mich an die nächste große Feier im Familienkreis denken. Blumensträuße und Blumenmädchen wecken mütterliche Gefühle und ach, all die Kleider erst. Eine zukünftige Braut bekommt so natürlich einen perfekten Überblick über die Trends in Sachen Brautstyling.

Übrigens:

Was die großen Designer im Hochzeitsbusiness heute entwerfen, hängt im nächsten Jahr in leicht abgewandelten Formen zu erschwinglicheren Preisen auch im normalen Hochzeitsgeschäft. Denn die Brautmodenlabels orientieren sich natürlich an den Trends, die Größen wie Vera Wang, Oscar de la Renta, Elie Saab, Alexander McQueen, Reem Acra oder Valentino vorgeben. Die

Trends des letzten Jahres lassen sich im eigentlichen Hochzeitsjahr dann mit ganz aktuellen Accessoire-Trends kombinieren, etwa dem aktuellsten Kopfschmuck, farbigen Details oder den trendigsten Blumensträußen.

Und natürlich sind auch die Artikel wichtiger Bestandteil der Brautmagazine. Die angehende Braut merkt natürlich schnell, dass sich die textlichen Beiträge in den verschiedenen Formaten immer und immer wiederholen: Der Sechsmonatsplan, der Zwölfmonatsplan, die SOS-Checkliste, Dos und Don'ts für sie und ihn, Einladungen richtig schreiben, Hochzeitsknigge für die Gäste, rechtliche Hinweise, Anzeigenteil für Locations, Musiker und Brautmodengeschäfte. Auch dieser Teil eines Hochzeitsmagazins ist mehr als nur hilfreich und gibt viele Anregungen, Tipps und Tricks auf dem Weg zur Hochzeit. Ich wusste vor der Lektüre eines solchen Magazins beispielsweise nicht, dass es Reiseboxen für die Mitnahme des Hochzeitskleides für eine Trauung im Ausland gibt. Und ich wusste auch nicht, dass fliegende Wunschlaternen in Deutschland verboten sind. Das Steigenlassen der Wunschlaternen muss zuvor bei der zuständigen Behörde beantragt werden, man braucht hierfür eine Aufstiegserlaubnis. Vor der Lektüre dieser Zeitungen war mir auch nicht bewusst, welch unfassbaren Variantenreichtum an Gastgeschenken die Welt der Hochzeiten offeriert. Ich kannte bis dato nur das Säckchen mit Schokolinsen als Gastgeschenk. Aber es gibt tatsächlich Anbieter, die stellen Lavendelsäckchen, kandierte Äpfel, selbst gemachtes Badesalz oder auch kleine Blumentöpfe mit Wildblumen für die Gäste einer Hochzeit her.

Die Braut kann allein durch die Lektüre jener Hochzeitsmagazine schnell in den Strudel der Überforderung geraten, das möchte ich hier nicht unterschlagen. Wenn einem auf einem 20-Seiten-Special unterschiedliche Papeterie-Varianten, von der *Safe-the-Date*-Karte, über die Tischkärtchen, Einladungen und Dankeskarten präsentiert werden, raucht schnell der Kopf. In solch einem Fall darf sich die Braut bloß nicht stressen lassen! Hochzeitsmagazin am besten für zwei Tage beiseite legen und andere Dinge angehen. Und zur nächsten Mittagspause, bei einem salzigen Süppchen, wenn sich die ersten Ideen und Impressionen setzen konnten, lassen sich Vorschläge viel leichter verwerfen und besondere Seiten mit Eselsohren als Reminder kennzeichnen.

16. GRUND

Weil wir endlich fragen dürfen, welches Porzellan er toll findet

Im Volksgeist bekannt ist wohl der Umstand, dass Frauen gerne shoppen gehen und Männer nicht. Bei mir daheim ist es genau umgekehrt. Mein Liebster verbringt doch ganz gerne mal den einen oder anderen Samstag auf Berlins schönsten Flaniermeilen. Der Kurfürstendamm ist sein bevorzugtes Shoppingrevier. Da geht es um Turnschuhe, Sportbekleidung, einen neuen Lieblingsduft, Chinos in Pastelltönen, Freizeitschuhe, weiße T-Shirts und vieles mehr. Mein Mann kann sich, wenn er will, unfassbar gut kleiden. Ich bin da eher praktisch veranlagt und außerdem ist mir die Modeszene zu anstrengend. Meine Kleidung muss bürotauglich sein, im Sommer muss ich darin außerdem Fahrrad fahren können. Die Schuhe dürfen nicht zu hoch, nicht zu flach, nicht zu sexy, nicht zu bieder sein. Erschwerend kommt meinerseits noch hinzu, dass ich lediglich 160 Zentimeter groß oder klein bin, wie man es nimmt. Ich kann mich folglich sowieso nicht jedem modischen Schrei unterwerfen, der da draußen in Berlin gerade herumtobt. In meiner Freizeit setze ich auf Klassiker: Turnschuhe, knallenge Levis, Poloshirt oder T-Shirt. Wenn ich meinen Liebsten am Samstag zum Shopping begleite, dann nur unter der Voraussetzung, dass er mir ganz genau sagt, in welche Geschäfte wir gehen. Ich muss das vorher für mich verarbeiten, sonst bekomme ich im fünften oder sechsten Geschäft zwischen all den Touristen einen Knall. Heute etwa (es ist ein Samstag, ich nutze die Langschläfrigkeit meines Mannes gerne, um morgens etwas zu schreiben), weiß ich schon, möchte er zu Lacoste, um sich eine Batterie Polohemden zuzulegen. Danach hätte er noch gerne eine neue Bettdecke. So viel ist mir bekannt, und ich verkrafte das. Was mein Mann etwa verkraften musste, als wir wussten, wir würden heiraten, war meine Frage nach dem ehelichen Porzellan. Fragezeichen in seinen Augen, totaler Ernst in meinen.

»Du meinst doch nicht, dass ich die nächsten 100 Jahre unserer Ehe von diesem dicken, schweren, unförmigen Versandhausgeschirr essen möchte, das du dir als Single irgendwann einmal zugelegt hast?«

»Spricht man wirklich über Geschirr, wenn man heiratet?«, fragte er zurück.

»Ja.«

»Warum?«

»Weil ….«, ich geriet ins Stocken. Weil das einfach so ist. »Weil das seit Jahrhunderten so gemacht wird. Entweder, die Frau erhält bei Auszug aus dem elterlichen Hause eine Aussteuer, also klassischerweise Haushaltsgegenstände, die sie mit in die Ehe bringt, oder das Paar wünscht sich zur Hochzeit ein Hochzeitsservice.« Würde sich mein Liebster mit solch einer Antwort zufrieden geben? Er grübelte. »Ach so, deswegen zerschlagen die Gäste beim Polterabend Porzellan, weil das Paar sowieso neues Geschirr bekommt?«, versuchte er zu schlussfolgern. Ich meine, hier gerieten die Traditionen etwas durcheinander, aber es klang nicht ganz fernliegend.

»Genau. Nun, wir haben zwar keinen Polterabend und auch keine offizielle Hochzeit, zu der wir uns Porzellan wünschen könnten. Ich hätte dennoch gerne welches.«

Also stiefelten mein Liebster und ich an einem Samstag zu Villeroy & Boch, um uns über eine Porzellankollektion einig zu werden. Bevor wir den Laden betraten, musste ich meinem Liebsten noch ein paar Fragen beantworten. »Warum gehen wir hierher?

Es gibt viele Geschirrhersteller, Meissen oder so. Warum sehen wir uns nur das an?«, fragte er und ich rollte die Augen. »Weil ich Meissen-Geschirr seit einer gewissen Tätigkeit in Zusammenhang mit einem gewissen Rechtsstreit nicht mehr sehen kann, bei dem ich die ehrenwerte Aufgabe hatte, im Internet echtes Meissen-Geschirr von Plagiaten zu trennen. Ich kann es einfach nicht mehr sehen«, war meine Antwort. Er nickte und wir betraten den Laden. Es gab zum damaligen Zeitpunkt die klassischen Kollektionen, etwa Wildrose, das blau-weiße nordische Design, die Linie »Wave« mit geschwungenen Oberflächen und Interpretationen hiervon. Um es kurz zu machen, wir konnten uns nicht einigen. Im Grunde ist die Linie »Wave« zeitlos, dennoch modern, schlicht und elegant zugleich. Doch aufgrund der ausladenden Formen nimmt ein komplettes 64-teiliges Service extrem viel Platz in Anspruch. Ich hätte eine neue Küche gebraucht, um mir das Set zulegen zu können. Alles andere war irgendwie zu kitschig oder zu kühl, zu schlicht für den Preis oder zu überholt. Man versicherte uns, vor Weihnachten würden in der Regel ein bis zwei neue Kollektionen erscheinen. Ich machte mir eine Notiz in meinem Handy. Die bevorstehende Ehe brachte mir schon zum damaligen Zeitpunkt Gelassenheit bei. Wir mussten nicht an diesem Tag sofort über das Porzellan entscheiden. Schließlich hatten wir noch unser gesamtes gemeinsames Leben vor uns.

17. GRUND

Weil es eine Geschenkeliste geben wird

Viele Paare leben heutzutage schon in einem gemeinsamen Haushalt, wenn sie beschließen, Hochzeit zu feiern. In solch einem Fall macht sich eine Geschenkeliste natürlich gut, denn das Paar braucht vielleicht kein Pfannenset oder die 100. Fotocollage. Aber auch, wenn das Paar noch keinen gemeinsamen Hausstand hat, kann eine Geschenkeliste helfen, das Paar vor bösen Überraschungen zu bewahren. Und dabei müssen sich die Zwei auch nicht schämen, in der Einladung auf eine Geschenkeliste hinzuweisen, ganz im Gegenteil. Viele Gäste sind froh, wenn ihnen die Überlegungen zum perfekten Geschenk abgenommen werden. Geschenkelisten können heute ganz klassisch in großen Warenhäusern hinterlegt werden, viele solcher Warenhäuser stellen sogar noch Hochzeitstische auf. Doch bevor es so weit ist, darf das Paar zunächst die Liste zusammenstellen. Hierfür bekommt es von der Serviceabteilung des Kaufhauses einen Scanner in die Hand gedrückt und marschiert los. Jeder Gegenstand, der irgendwie nützlich, schön und erstrebenswert sein könnte, kann so gescannt werden und wird automatisch der Geschenkeliste zugefügt. Um die Gäste auch an dieser Stelle nicht zu überfordern, ist es sicher sinnvoll, sowohl Geschenke im unteren als auch im mittelpreisigen und höheren Preisbudget auszusuchen.

Das Anlegen einer Geschenkeliste im Internet gestaltet sich ähnlich, die meisten großen Shoppingseiten verfügen über Wunschlisten, die geteilt, verschickt und weitergeleitet werden können.

Wie kleine Kinder im Supermarkt im Kassenbereich vor dem Süßigkeitenregal stehen, so steht das angehende Ehepaar davor, sich seine Geschenkeliste zusammenzustellen. Die Verlockung, nach höchst persönlichen Wünschen zu greifen und auch diese auf die Liste zu setzen, ist natürlich groß. Dennoch schickt es sich nicht, die DVD-Box »Rambo I- unendlich« oder eine Anti-Aging-Creme mit auf die Liste zu setzen. Die erwählten Geschenke sollten irgendwie in Zusammenhang mit der Zukunft des Paares stehen. Super ist es natürlich, wenn mit den Geschenken zur Hochzeit gleich auch der Haushalt mit aufgemöbelt werden kann.

18. GRUND

Weil wir unseren Haushalt aufmöbeln

Vermutlich finden sich in jeder Pärchenwohnung noch Relikte aus dem Singlelebens wieder. Oder auch Gegenstände, die schon längst entsorgt gehören.

Ich denke da etwa an diese unfassbar abartig schlechten Töpfe, die ich seit meiner ersten Singlewohnung weiterhin im Umlauf habe und auch hin und wieder sogar benutze. Im Grunde sind es gar keine Töpfe. Es sind irgendwie dünne Metalldinger, die wie ein Topf geformt sein möchten. Doch ich denke mir, bevor ich mal genau diesen Topf brauche und ihn dann nicht habe, behalte ich ihn lieber. Ebenfalls entsorgt werden könnte auch der Badezimmerteppich meines Liebsten. Er hat ihn damals, als er seine Wohnung eingerichtet hat, über ein bekanntes Warenversandhaus gekauft. Der Teppich hat die Form einer Rose. Er ist auch rot. Und irgendwie ist dieser Teppich einfach da. Es gibt keinen wirklichen Grund, ihn wegzuschmeißen, denn er ist nicht kaputt oder verdreckt. Aber schön ist anders. Anders als schön sind bei vielen Paaren, die irgendwann einmal zusammengezogen sind, auch Trinkgläser und Bestecke. Klar gibt man als Student keine 400 Euro für ein 60-teiliges Markenbesteckset aus. Und das bekannte McDonald's-Cola-Glas findet sich auch in meinem Haushalt wieder, ja. Aber wie gesagt, schön ist anders. Klassische Anschaffungen, die stilvoll und beständig jedes Abendessen aufmotzen können, solche Gegenstände lassen sich super zur Hochzeit wünschen und auch verschenken. Bevor ich auf der nächsten Hochzeit Geld in ein selbst gebasteltes Sparschwein werfe, damit sich das Paar davon in den Flitterwochen die Birne wegknallen kann, bringe ich lieber eine ordentliche Käsereibe mit. Oder einen Badezimmerteppich.

Weil die Bräute im Mittelpunkt stehen

Die goldenen Herbststunden sind vorbei, die Tage sind kurz, sie vergehen wie im Flug und es regnet ununterbrochen. Das einst farbenprächtige Laub liegt zertreten und braun auf den Straßen. Abends zünden wir uns Kerzen an und ja, seit Wochen stehen schon die Lebkuchen in den Regalen der Supermärkte. Ich habe noch keine gekauft, aber um dem Sommer etwas hinterherzutrauern und die dunklen Wintermonate willkommen zu heißen, schaue ich am Abend eine DVD. *Der ganz normale Wahnsinn – Working Mum*, mit Sarah Jessica Parker in der Hauptrolle. Die Geschichte ist schnell erzählt: Eine Mittdreißiger-Fondsmanagerin und Mutter zweier Kinder fühlt sich zwischen Familienleben und ihrem Traumjob hin- und hergerissen. Bringt sie die Kinder zu spät zur Schule, hat sie ein schlechtes Gewissen. Kommt sie zu spät zur Arbeit, hat sie ein schlechtes Gewissen. Verpasst sie den ersten Haarschnitt ihres Sohnes, hat sie ein schlechtes Gewissen, und als ob das nicht schon genug wäre, wird ihr dann auch noch ein Projekt angeboten, das den Höhepunkt ihrer Karriere darstellen könnte. Sie nimmt das Projekt an und die chronisch gestresste arbeitende Mutter wird noch gestresster und sieht ihre Familie noch weniger. Am Ende kommt natürlich alles ins Lot: Das Projekt wird ein wahrer Erfolgsschlager. Mit Beendigung des Projektes beschließt sie allerdings, ihrer Familie zuliebe beruflich kürzerzutreten. Das wiederum verschafft ihr die Anerkennung ihres Ehemannes, der sie am Ende des Films nicht nur als Ehefrau, sondern als Jongleurin zwischen Kindern, Familie, Job und Sexleben zu schätzen weiß. Mal davon abgesehen, dass es der Hauptdarstellerin sicher an organisatorischem Talent und der nötigen Prise Kreativität zur individuellen Situationsbewältigung im Alltag fehlt, ist bei mir trotz der oberflächlichen Darstellung einer arbeitenden Mutter ein gewisser Nachgeschmack des Films hängen geblieben, der mich zumindest im positiven Sinne zum Nachdenken gebracht hat. Denn es ist durchaus bekannt, dass sich viele Frauen im Laufe ihres Lebens zu wenig bewundert oder geschätzt fühlen. Da fallen dann schon mal Sätze wie: »Ich bin doch hier eh nur die Putzfrau« oder »Ich wäre gerne mal wieder Frau, nicht nur Putze, Köchin und Nanny!« Die Leistungen als Hausfrauen und Mütter werden von der Familie nur selten mit Lobgesang gehuldigt. Und das Berufliche, das machen arbeitende Frauen doch irgendwie auch eher nebenbei, denken viele. Im Leben einer Frau gibt es nur wenige Augenblicke, in denen sie die volle, ungeteilte Aufmerksamkeit ihrer Umgebung genießt. Das ist zum einen die Schwangerschaft, aber auch erst dann, wenn ein Babybauch erkennbar ist. Sobald das Baby da ist, steht der kleine Nachwuchs im Mittelpunkt, wird bei Familienfesten an sich gerissen, geküsst und gedrückt. Niemand fragt die Frau Mama, wie es ihren Schwangerschaftsstreifen, ihrem Dammschnitt oder ihren Brustwarzen geht oder ob sie mal einen Tag entspannen und zum Yoga gehen möchte.

Ein wirklich wichtiger Tag, an dem sich Frau der vollen ungeteilten Aufmerksamkeit von Freunden und Familie sicher sein kann, ist daher der Tag der Hochzeit. Die Braut ist der Engel des Festes, eine Prinzessin, die an diesem Tag anrührend empfindsam und glücklich zugleich ist. Man hat das Gefühl, eine Braut an diesem besonderen Tag beschützen zu wollen, jeden Kummer, jeden Umstand von ihr nehmen zu wollen, sodass sie die Feierlichkeit voll und ganz genießen kann. Gleichzeitig wird gemeinsam gelacht und überschwänglich getanzt, getrunken und gefeiert und die Braut wird animiert, noch strahlender und schöner in jede Kamera zu lächeln. Und der Bräutigam, der findet sowieso, dass seine Braut die Schönste ist. Sexy und elegant zugleich, genau so hat er sich seine Prinzessin am schönsten Tag ihres gemeinsamen Lebens immer vorgestellt.

Vielleicht kann man zu den wirklich besonderen Momenten im Leben Folgendes festhalten: Auf die Qualität der ungeteilten Aufmerksamkeit kommt es an, nicht auf die Quantität angeblich besonderer Tage im Leben (man denke etwa an den Frauentag, Muttertag, Valentinstag, Tag des Kusses etc.).

20. GRUND

Weil sich die Herren mal nicht nur zum Fußballgucken treffen

Männer treffen sich aus zwei Gründen: zum Fußballgucken (alternativ Boxen) und Biertrinken. Die einzigen zwei Events, weshalb Männer sich treffen, fallen also beim gemeinsamen Sportgucken zusammen. Gut, ich will mal nicht so sein. Wenn draußen der Sommer brütet, treffen Männer sich auch zum Grillen. Und okay, wenn der Winter sehr lang ist und die Tage grau sind, gehen sie auch gemeinsam zum Fitness oder treffen sich zum »Zocken«. Wir Frauen sind da wesentlich vielseitiger. Wir treffen uns zum Quatschen, Shoppen, Kaffeetrinken, Lebensmitteleinkaufen, zur Kosmetik, Massage, zum Yoga, zum Feiern, zum Vorbereiten auf das Feiern, zum Gemeinsam-auf-dem-Balkon-Sitzen und auch zum Gassigehen. Wir sorgen außerdem dafür, dass vorhandene Kinder im Kinderwagen durch ganz Berlin geschoben werden, wir färben uns gegenseitig die Haare und kochen für die beste Freundin. Wir gehen mit zum Piercer, Tätowierer, zum Frauenarzt und halten Händchen beim Kauf der ersten Louis Vuitton.

Männer bekommen mit der anstehenden Hochzeit einen Grund mehr, um sich zu sehen. Denn in der Regel gehen sie gemeinsam die Anzüge für die Festlichkeit kaufen. Gemeinsam brüten sie dann über Schnitt- und Stoffmustern und finden, sie könnten in Anbetracht der Einmaligkeit solch eines Events doch noch etwas sportlicher daherkommen, weshalb sie sich fortan bis zur Hochzeit regelmäßig zum Wasserball treffen möchten. Ach so, und sie feiern natürlich gemeinsam einen berauschenden JGA. Der Junggesellenabschied (aber dazu mehr in Grund 25). Ansonsten gehen sie nach dem Anzugkauf gemeinsam eine Pizza essen.

21. GRUND

Weil wir alle blöden Aufgaben abgeben dürfen

Jeder schöne Anlass im Leben bringt auch immer weniger schöne Themen mit sich oder sagen wir vielleicht: Themen, deren Priorität nicht ganz oben auf der To-do-Liste zu verorten sind. Man denke hier etwa an das Binden und Verpacken der Gastgeschenke, die Recherche nach den langlebigsten Wasserlaternen, das Zusammenstellen vegetarischer Alternativen zum Menü, das Styling der Schwiegereltern, Sitzplatzanordnungen, das Aufstellen einer Wegbeschreibung zur Location vor Ort, oder auch das Auflisten aller Ämter, Stellen und Behörden, denen dank Hochzeit der anstehende Namenswechsel bekannt zu geben ist.

Klar, auch diese Dinge müssen erledigt werden. Die Frage ist nur von wem. Und da ja jeder gerne »seinen Teil« zur Hochzeit beitragen möchte, ist es nur fair, weniger spannende Punkte auf unserer To-do-Liste einem Helferlein zu übertragen.

Ein kleiner Vorschlag zur Aufgabenverteilung:
- Den Hochzeitsordner anlegen, Reservierungen, Buchungen, Kostenvoranschläge sortieren, das können Tanten und Cousinen übernehmen.
- Musiker, DJs, Unterhaltungsprofis googeln und kontaktieren: Kann die Schwester oder der Bruder der Braut übernehmen. Diese Personen wissen am ehesten, welchen Geschmack des Paares es zu treffen gilt.
- Übernachtungsmöglichkeiten für die Gäste organisieren: Übernimmt die Schwiegermama. Sicher ist es auch in ihrem Interesse,

für die liebe Verwandtschaft besonders schöne Unterkünfte zu organisieren.

- Babysitter/ Unterhaltung für die kleinen Gäste: Hier kann der Schwiegerpapa Kreativität walten lassen. Ob er einen Clown organisiert oder eine Hüpfburg mit Betreuung, liegt in seiner Hand.
- Geschenke für die Trauzeugen und den Zeremonienmeister besorgen: In manchen Kulturen ist es angebracht, diese Personen zu beschenken. Unbedingt ein Budget vorgeben und noch nicht involvierte Geschwister zum Shopping schicken.
- Mit den Brautjungfern die Garderobe abstimmen: beste Freundin!
- Mit Trauzeugen, Brautjungfern, Blumenkindern den Ablauf besprechen und durchgehen: beste Freundin!
- Kostenplan aktualisieren: Ehemann/Bräutigam.
- Ehevertrag aufsetzen lassen: befreundeter Notar oder Anwalt.
- Fahrgemeinschaft für den Weg von der Trauungslocation zur Festlocation planen: bester Freund des Bräutigams.
- Urlaub für die Flitterwochen einreichen: Sekretärin.

Puh, das wäre geschafft! Getauscht werden dürfen die Aufgaben im Übrigen nicht.

22. GRUND

Weil Testessen so schnell nicht wiederkommen

Janine und Marcel, beide 32 Jahre jung, er Marketingmanager, sie Prophylaxeassistentin, haben sich für eine klassische Berliner Maihochzeit mit einem Budget von rund 8.000 Euro entschieden. Weil mittlerweile sehr beliebt, soll es eine Polterhochzeit werden. Das heißt, der Polterabend in der Woche vor der Hochzeit fällt weg, stattdessen darf das gute Porzellan, Kloschüsseln und Co. direkt am Festabend der Hochzeit zertrümmert werden.

Getraut werden Janine und Marcel im Standesamt Charlottenburg, einer äußerst charmanten Location im Westen von Berlin, auch für Nicht-Charlottenburger. Die spätklassizistische Villa aus hellem Sandstein verfügt über zauberhafte Trauräume, mit Holzvertäfelung und mittelalterlich anmutenden Dekors. Die Fenster sind riesig und gleichen denen in einem Schloss. Auf den Stufen vor dem Standesamt laden rote, gelbe und weiße Rosenblätter stets zu Familienfotos ein und ein Leierkastenmann mit einem Stofftieräffchen spielt seit Jahren romantische Lieder, wenn die Familienmitglieder auf den rosenbedeckten Stufen zusammenkommen. Um das Standesamt herum stehen wundervolle Bäume und hinter der Villa gibt es einen kleinen Garten, ein grünes Setting für die Fotos nach der Zeremonie.

Nach der Trauung möchten Janine und Marcel in die Orangerie am Schloss Charlottenburg einladen. Das Essen wird ein Viergangmenü, und es gibt doch nichts Schöneres als das Testessen vor der Trauung. Denn Testessen bedeutet: Wir testen durch und erfreuen uns an ausgewählten Köstlichkeiten wie Jakobsmuscheln auf Fenchelspiegel, Kürbis-Kokos-Suppe, Lammfilet an sauren Äpfeln und geeiste Früchte mit heißer Schokolade zum Nachtisch.

Übrigens:

Die Wahl eines Menüs anstelle von Buffet erleichtert vielen Brautpaaren die Festlichkeit. Denn alle Gäste bekommen ihr Essen zeitgleich. Serviert das Bankett-Team geschult und perfekt, wird das Ambiente so festlicher und edler, als beim Schlangestehen am Buffet. Und auch Vegetarier kommen beim Menü nicht zu kurz, denn diese können und sollen in der Regel vor der Hochzeit bekannt geben, welche Variante sie anstelle von Fleisch oder Fisch wählen möchten. Das Buffet ermöglicht den Gästen zwar, dass sich diese ihre Speisen selbst zusammenstellen können. Schmecken dem einen Gast die Prinzessbohnen nicht, nun gut, dann greift er eben zu einer anderen Beilage. Der Nachteil ist jedoch, dass das Essen vorgekocht und sodann nur noch warm gehalten wird. Oft leiden die Qualität und die Würze der Speisen darunter.

Das Testessen ermöglicht dem Brautpaar nicht nur eine sorgfältige Auslese der Hochzeitsspeisen. Es ermöglicht Paaren wie Janine und Marcel Zweisamkeit während der doch recht stressigen Hochzeitsvorbereitungen. Natürlich wollten zahlreiche Verwandte beim Testessen dabei sein, um mit abzustimmen und abzuschmecken. Doch Janine und Marcel nutzen das Testessen im November für einen romantischen Augenblick zu zweit, beziehungsweise zu dritt, denn ich bin auch mit dabei, allerdings als stiller und heimlicher Beobachter. Die Orangerie wurde bereits weihnachtlich geschmückt und während das Paar über die Möglichkeiten beim Sektempfang berät, versuche ich mir die Location nächstes Jahr im Mai mit Hochzeitsdekoration vorzustellen. Draußen eilen dick eingepackte Touristen an den Fenstern vorbei, um schnell durch den Garten des Schlosses zu huschen, und sich danach einen Glühwein in der Orangerie zu gönnen. Der Caterer reicht den beiden gerade einen süffig roten Aperitif mit essbarer Hibiskusblüte im Glas, als Marcel Janines Hand ergreift und abermals seine Liebe beteuert. Der Caterer stößt einen Seufzer aus und das Paar stößt miteinander auf ihr Hochzeitsmenü an. Der Aperitif ist ein erstes Highlight, es folgen Kaviarhäppchen auf Röstis, Lachs-Spinat-Röllchen, Salatvariationen und blutrote Rinderfilets auf einem Püreebett. Das Paar genießt und schweigt. Der Caterer beteuert, solch ein harmonischer Ablauf eines Testessens sei nicht selbstverständlich. Marcel blickt Janine abermals tief in die Augen. Janine streicht sich über ihren satten Bauch und zwinkert ihrem Liebsten zu. Morgen steht ein weiteres Testessen an. Bei der Konkurrenz dieses Caterers. Vergleichen lohnt sich, findet das Brautpaar. Schließlich kommen Testessen für die eigene Hochzeit so schnell nicht wieder.

Weil alle Chefs Verständnis haben,
wenn wir etwas durch den Wind sind

»Sie macht mich verrückt. Ständig liegen irgendwelche Sitzpläne in der Postmappe. Gestern hat sie über die Lautsprecher im Büro Chill-out music laufen lassen. Das soll angeblich die Begleitmusik während des Sektempfangs sein. Letzte Woche kam sie zwar mit perfekt hochgesteckten Haaren zur Arbeit, dafür aber ohne Make-up. Sie sah aus wie der wandelnde Tod, der eben grad beim Friseur war!«, beschwert sich meine liebste, beste Freundin Ana bei mir. Wir sitzen bei ihrem Bruder in der Küche, sie raucht und wartet mit mir zusammen für ihn auf irgendwelche Handwerker. Und nebenbei erzählt sie mir jedes Detail der anstehenden Hochzeit ihrer Auszubildenden. Die angehende Braut ist zarte 23 Jahre jung, nach einem abgebrochenen BWL-Studium wagt sie sich nun mit einer Ausbildung zur »HoFa« in den Hotelleriebereich. Und da hat sie mit meiner besten Freundin als Vorgesetzte schon kein leichtes Los gezogen. Ana ist wirklich penibel und streng; kopfloses Verhalten kann sie gar nicht leiden und sie erwartet von ihren Mitarbeitern eigenständiges Denken. Das eigenständige und konzentrierte Denken fällt ihrer Mitarbeiterin derzeit jedoch mehr als schwer, sind es doch nur noch sechs Wochen bis zur Hochzeit. Lydia feiert in einem Seehotel im Umland von Berlin. Es gehört zu der Hotelkette, für die die beiden auch in Berlin arbeiten, ihr werden dadurch einige Extras gewährt. Trotz dieser Extras handelt es sich um eine gutbürgerliche Hochzeit, mit überschaubaren 50 Gästen, einem Dreigangmenü und kleinen Showeinlagen, die die Familienmitglieder und Freunde organisieren. Für den einen mag die Organisation einer mittelgroßen Hochzeit keine Herausforderung darstellen. Aber wie das mit dem eigenen Empfinden immer so ist, liegen bei Lydia, laut ihrer Vorgesetzten, schon seit Wochen die Nerven blank.

»Vor drei Wochen saß sie heulend in der Teeküche. Ich habe sie zufällig entdeckt, und gutherzig wie ich bin, habe ich natürlich gefragt, was los ist. Mir war schon klar, dass es irgendwas mit dieser Hochzeit zu tun haben muss, sie spricht ja von nichts anderem. Also habe ich sie beruhigt und gefragt, ob ich ihr irgendwie behilflich sein könne. Sie meinte, sie weiß gar nicht mehr, wo ihr der Kopf steht, was noch alles zu tun sei, sie hatte keinen Durchblick. Keinen. Das bedeutet für mich natürlich, im Veranstaltungsbereich werde ich sie nie einsetzen können, by the way. Ich habe ihr dann so eine Checkliste für Bräute aus dem Internet ausgedruckt. Es gibt Hunderte von Hochzeitsseiten im Internet, wusstest du das? Und es gibt Tausende von Checklisten für Hochzeiten!« Sie fuchtelt mit ihrer Zigarette in der Luft umher. Ich stehe auf und kippe ein Fenster an. Ja, ich kenne diese Checklisten. Es gibt tatsächlich derart viele Checklisten, dass man als angehende Braut allein deswegen schon in Panik geraten könnte. Was, wenn die Checkliste, die man sich ausgedruckt hat, nicht all jene Punkte beinhaltet, die eine andere aber hat? Sollte man sich als Braut also hinsetzen und Checklisten abgleichen? Ich verwerfe den Gedanken. Ana knallt temperamentvoll zwei Coladosen auf den Küchentisch.

»Also haben wir uns hingesetzt und sind gemeinsam eine von diesen 100 Checklisten durchgegangen. Gott sei Dank war nicht besonders viel los, sonst hätte ich ihr die Zeit hinten rangehängt. Du weißt, ich hasse es, wenn Mitarbeiter ihren Privatkram mit auf die Arbeit nehmen. Aber gut, sie heiratet ja nur einmal. Und irgendwie ist es ja auch süß, wie sie völlig fertig über ihren Hochzeitsplänen brütet.« Sie nimmt einen Schluck Cola und lächelt mir zu. Es ist ein Lächeln voller Sarkasmus, in ihren braunen Augen sehe ich kleine Blitze zucken. Sie schmeißt sich ihr dichtes, dunkelbraunes Haar über die Schulter. Ich lache über ihre derzeitige Situation auf der Arbeit.

»Willst du mir jetzt erzählen, du hättest Verständnis?«, frage ich nach.

»Ja. Ich finde es zwar nicht toll, dass sie nahe dem Burn-out steht und ständig irgendwelche Stoffmuster auf ihrem Schreibtisch liegen, die nichts mit der Arbeit zu tun haben. Andererseits sind es ja nur noch wenige Wochen. Und dann ist das Thema abgehakt!« Sie macht mit ihrer Hand eine Bewegung vor ihrem Hals, als würde sie sich selbst köpfen.

»Das ist anders als mit Babys. Wenn die erst mal da sind, ist immer irgendwas. Impftermine, Windpocken, plötzliches Fieber, die Kita ruft an. Das ist für mich als Teamleiterin viel anstrengender als eine Hochzeit, ich sag es dir!«, betont sie.

»Kann ja die Mutter auch nichts für, wenn das Kind krank wird«, versuche ich, sie zu beschwichtigen. Sie zieht eine Augenbraue gen Stirn und blickt mir tief in die Augen.

»Ich auch nicht. Ich bin übrigens zur Hochzeit eingeladen.«

»Das ist doch nett!«, finde ich. »Und, was schenkst du ihr?«

»Eine Checkliste für die Flitterwochen!«, grölt sie los und wir beide lachen uns schlapp, bis die Handwerker an der Tür klingeln.

Übrigens:

Ob Vorgesetzte zur Hochzeit eingeladen werden sollten, ist ein heikles Thema, das das Brautpaar möglichst rechtzeitig besprechen sollte, am besten bevor das Thema Hochzeit im Betrieb die Runde macht und der Chef das Gefühl kriegen könnte, nur aus Pflichtgefühl eingeladen worden zu sein. Ob Vorgesetzte zur Hochzeit eingeladen werden, hängt natürlich stark von der persönlichen Beziehung und der Größe des Betriebes ab.

Ich denke, wenn der Chef seinen Mitarbeitern stets und ständig den Rücken stärkt, auch mal kurzfristig Urlaub gewährt und insgesamt eine vertrauensvolle Zusammenarbeit besteht, spricht nichts dagegen, den Chef zur Hochzeit einzuladen. Wem das zu intim ist, der hat immer noch die Möglichkeit, Arbeitskollegen und Vorgesetzte zum Polterabend oder zur Party nach der Trauung einzuladen.

Weil er endlich zur Maniküre geht

Natürlich hat die Braut schon Wochen vor der Hochzeit das komplette Beautyprogramm einmal durchlaufen. Bis zur eigentlichen Hochzeit müssen Haarfarben, Mani- und Pediküren sowie Körperenthaarungen und das Tanning nur noch aufgefrischt werden. Das gängige Beautyprogramm einer Braut gestaltet sich wie folgt:

Zwei Monate vor der Trauung

Hair & Make-up erster Probetermin: Hier werden das Make-up und die Frisur nach den Wünschen der Braut zum ersten Mal komplett durchgestylt. Ansätze werden gefärbt, Brauen gestylt, Wimpern dauergewellt, Hochsteckfrisuren geprobt.

Übrigens:
Von den Testdurchläufen Hair & Make-up sollte sich die Braut unbedingt Fotos anfertigen. So kann sie ein paar Tage später noch einmal schauen, ob das bisherige Ergebnis wirklich ihren Vorstellungen entspricht oder ob es nicht noch besser geht.

Des Weiteren steht auf dem Programm: eine leichte Bräune zulegen, zur Maniküre gehen und zusammen mit der Nageldesignerin die Brautnägel festlegen, Körperenthaarung und Pediküre, eventuell ein Zahnbleaching.

Ein Monat vor der Trauung

Gleiches Programm, siehe oben. Mit dem Bräunen sollte es die Braut nun nicht mehr übertreiben!

Maniküre, Pediküre, eventuell Haarfarbe oder Strähnen auffrischen. Körperenthaarung.

Die Braut sollte in der Woche der Hochzeit das Sonnenbaden unbedingt vermeiden! Ein Sonnenbrand lässt sich auf Fotos nur sehr schlecht wegretuschieren.

Da wir das Beautyprogramm der Braut nun kennen, stellt sich die Frage: Was ist mit ihm? Auch der Herr sollte nicht nur auf seinen Standard-Friseurtermin zählen. Am Tag der Hochzeit wird auf seine Hände und Finger genauso viel geschaut wie auf die der Braut. Jeder möchte die Eheringe sehen, es werden Fotos hiervon gemacht, wie auch beim Unterschreiben der Heiratsurkunde fotografiert und gefilmt wird. Die Hände des Brautpaares stehen zur Hochzeit im Mittelpunkt. Er tut gut daran, einen oder zwei Tage vor der Hochzeit eine professionelle Maniküre in Anspruch zu nehmen. Nicht nur werden die Nägel hier perfekt in Form gefeilt. Auch unschöne Nagelhaut, abstehende Ecken, eingerissene Nägel und Verfärbungen können korrigiert werden. Sollten sich außerdem doch mehr Haare als nötig auf dem Handrücken des Bräutigams befinden, können diese etwa mit Heißwachs schnell und gründlich entfernt werden. Auch das macht auf Fotos einen eleganteren Eindruck als ein buschiger Männerhandrücken. Und streichelzart werden seine Hände nach dem Peeling und der Handmassage sein. So zart, daran wird er glatt Gefallen finden.

25. GRUND

Weil wir beim JGA schon die Sau rauslassen

Der Junggesellen/innenabschied. Welch Freude, welch Fest. Gefeiert wird der letzte wilde Partyabend der Braut/des Bräutigams in Freiheit, wobei es natürlich mehr als nur ratsam ist, diese Feierlichkeit von der eigentlichen Hochzeitsfeier weit weg zu legen, möglichst zwei bis drei Wochen vor dem Trauungstermin. Zum einen muss das Paar wieder ausnüchtern. Zum anderen ist zumindest die Braut kurz vor der Hochzeit derart angespannt, dass es sich vielleicht nicht gut mit ihr feiern lässt.

Anspannung hin oder her, solch eine Nacht ist zum Feiern da und es sollte möglichst lange und dolle gefeiert werden. Ich rate daher davon ab, der Braut schon um 16 Uhr einen Kaufmannsladen vor den Bauch zu spannen und sie mit Kurzen und Kondomen zum Verkauf über die nächste Einkaufsmeile zu schicken. Bis es dunkel wird und die Truppe einen Club oder ein Restaurant ansteuert, dauert diese Spielerei einfach zu lang und so manch einer Braut vergeht dann um 19 Uhr schon die Lust auf mehr. Gerade in Berlin sehe ich viele JGAs, die Samstagabend, noch vor 20 Uhr total dicht über den Ku'damm schwanken, und ich bin mir jedes Mal ziemlich sicher, dass diese Truppen nicht mehr lange, vor allem aber nicht mehr dolle feiern werden an diesem Abend. Mein perfekter JGA-Vorschlag für die Braut sieht daher wie folgt aus:

Die Mädels der Familie, sprich Schwestern, Cousinen, Tanten und Mütter, treffen sich am frühen Nachmittag in einem Beauty- oder Massagesalon, vielleicht auch in einem Hamam- oder DaySpa, um sich verwöhnen zu lassen. Da es hier zunächst nur um ein geselliges Beisammensein der Frauen der Familie geht, ist gegen die Anwesenheit von Schwiegermüttern noch nichts einzuwenden.

Nach dem Entspannungsprogramm darf dann in einem Restaurant der Wahl eine gute Grundlage für die anstehende Partynacht geschaffen werden. Passend zum vorangegangenen Verwöhnprogramm könnten die Mädels etwa asiatisch, orientalisch oder europäisch essen gehen. Nachdem gemeinsam gegessen und getrunken wurde, dürfen sich Schwiegermütter, Tanten und das generell ältere Publikum meiner Meinung nach gerne verabschieden. Denn welche Braut wird von ihrer zukünftigen Schwiegermutter schon gern dabei beobachtet, wie sie Wodka aus einem Plastikpenis trinkt und wildfremde Männer auf die Wange küsst? Womit wir das nunmehr anstehende Abendprogramm im klassischen JGA-Sinne übrigens bereits umrissen hätten. Dieser Part des Abends sollte jedoch nicht überreizt werden. Für eine Stunde mag es lustig sein, Männer gegen Bezahlung zu küssen oder ihnen Kleinwaren zu verkaufen. Die Stimmung kann jedoch genau an diesem Punkt des Abends schnell umschlagen. Wer gerne feiert, kommt nun voll auf seine Kosten, und um ehrlich zu sein: Männliche Stripper sind nicht jederfraus Sache, aber lustig ist ein Abstecher in einen Strip-club allemal. Und wem das nichts ist, der gönnt sich einfach einen schönen, professionellen weiblichen Lapdance. Zum JGA gibt es keine Regeln. Wichtig ist, dass der Braut dieser Abend für immer in Erinnerung bleibt und sie ihre liebsten Mitmenschen um sich hat. Oben stehende Erwägungen sind unisex und daher auch auf den männlichen JGA übertragbar.

Übrigens:

Hotspots wie die Hamburger Reeperbahn oder die Warschauer Straße in Berlin bieten sich nicht wirklich an, um dort ausgelassen JGA zu feiern, jedenfalls dann nicht, wenn Braut oder Bräutigam zum Verkauf von Schnäpsen und Kondomen über den Platz geschickt werden soll. Denn auf diese Idee kommen zur Hochzeitshochsaison gefühlte eine Million anderer JGAs auch. Wer also nicht mit anderen JGAs um die beste Location, die außergewöhnlichste Kulisse und das kauffreudigste Publikum kämpfen möchte, sollte sich lieber andere Orte hierfür suchen.

Natürlich kann der JGA auch total unkonventionell gefeiert werden. Man kann auch ein Boot mieten und damit Berlins Gewässer befahren. Oder eine Radtour planen. Oder einfach nur nett essen gehen. Manchmal jedoch sind die Klassiker unschlagbar. Man weiß ungefähr, was auf einen zukommt. Und die Vorfreude auf dieses ungefähre Wissen kann hin und wieder viel schöner und intensiver sein als die totale Überraschung mit einem Alternativprogramm. Hier heißt es, Braut und Bräutigam wirklich gut zu kennen. Nicht, dass sie gerne den Lapdance ihres Lebens erlebt hätte, stattdessen einen Kochkurs mit anschließendem Chill-out auf einer Rooftop-Bar geboten bekommt. Und nicht, dass er mit seinen Jungs einfach nur gerne im Garten gegrillt und sich in aller Ruhe die Birne weggeknallt hätte, stattdessen in einem Hasenkostüm verkleidet über die Reeperbahn springen muss. Neben 50 anderen Hasen. Und Tigern. Und Politessen im Krankenschwesternoutfit. Am einfachsten ist es natürlich, wenn die beste Freundin oder der beste Freund mal vorfühlt, etwa so:

»Du heiratest demnächst und du weißt ja insgeheim, wir planen deinen JGA.«

»Stimmt.«

»Möchtest du das volle Programm inklusive peinlicher Verkleidung deinerseits und Sahne von fremden Körpern lecken? Oder möchtest du bei einem Grillwürstchen im Garten sitzen und Martini Bianco trinken?«

»Das volle Programm bitte.«

»Okay.«

26. GRUND

Weil wir richtig viel Geld für Dessous ausgeben

Jede Frau hat ein Set Dessous in ihrer Kommode. Ein Set, das sie nur selten anzieht. Damit es seinen Reiz nicht verliert. Oder weil es so sexy ist, dass es sie jedes Mal eine gehörige Portion Mut kostet, die kostbaren Stücke zu tragen. Oder, weil er sowieso nicht darauf achtet. Deswegen warten Frauen gemeinhin mit der Anschaffung des nächsten, wirklich kostbaren Dessous-Sets bis zu einem wirklich wichtigen Ereignis. Einem Ereignis, zu dem es sich lohnt, den

Wert eines einwöchigen Mallorcaurlaubs für drei Fetzen Stoff auszugeben. Solch ein wichtiges Ereignis markiert in der Regel die
Hochzeitsnacht. Und ja, alle Bekannten und Verwandten behelligen
die Braut mit schlauen Sprüchen wie:

»Du wirst nachts todmüde ins Bett fallen!«, oder

»Also, ich war so betrunken, ich glaube, wir hatten gar keinen
Sex in der Hochzeitsnacht«, oder

»Ach was, das ist eine Nacht wie jede andere auch!«

Nein, nein, nein! Liebe Bräute, hört nicht hin! Die Hochzeitsnacht ist eine besondere Nacht. Egal, ob die Füße schmerzen, das
Kleid kneift, der Bräutigam nicht mehr stehen kann oder eure lieben Verwandten zum Spaß eurer Schlafzimmer verwüstet haben,
als Überraschung, wenn ihr morgens um vier alles tun wollt, nur
nicht Klopapiergirlanden aus dem Bett fischen. Und selbst wenn
eure Kraft nur noch für einen Quickie reicht, eine schnelle Nummer im Stehen oder ein kurzes Gefummel unter der Dusche: Der
Moment, in dem ihr ihn bittet, euch aus dem Kleid zu helfen, der
Moment, in dem er die Seidenbänder in eurem Nacken lockert,
das Kleid zu Boden fällt, mit ihm ein Hauch des Parfums, das ihr
heute Morgen vor der Trauung aufgelegt habt, wenn ihr vor ihm
steht, in einem elfenbeinfarbenen Spitzenset, glänzenden, halter-
losen Strümpfen, mit passendem Strapsgürtel, einem mit Spitze
besetzten Höschen, das zugleich nach Unschuld und Verlangen
schreit – diesen Augenblick wird er niemals vergessen. Er wird
nie vergessen, wie sanft die seidenen Strümpfe von euren Beinen
geglitten sind, wie zwielichtig undurchsichtig der kostbare Stoff
eures BHs eure Nippel bedeckte und er darüber lecken wollte, noch
als ihr angezogen vor ihm standet. Bloß ein zarter Stoff bedeckt
eure Brust, ein Stoff, der sich fast so anfühlt wie eure eigene Haut.
Und nie vergessen werdet ihr, liebe Bräute, den Moment, in dem
ihr eure Strümpfe benutzt habt, um ihm die Augen zu verbinden.
Und während ihr auf ihm hockt, um ihm aus dem Hemd zu helfen,
und er nur noch erahnen kann, ob ihr euer Höschen mittlerwei-

le ausgezogen habt oder nicht, in diesem Moment dankt ihr der Dessousfachverkäuferin, dass sie euch eintausend Sets zum Probieren gegeben hat und nicht müde wurde, den Unterschied zwischen Seide, Satin, Mischgewebe und Spitze zu erklären. Und ihr dankt ihr auch dafür, dass ihr nun wisst, dieses Wäscheset darf nicht mit Weichspüler gewaschen werden!

KAPITEL 3

SPASSIGES AUS RECHTLICHER SICHT

»Ein Blick in das Gesetz schadet nie.
Insbesondere dann nicht, wenn es um so Kleinigkeiten
wie eine lebenslange Bindung geht.«

Nina Engele

Wir heiraten, weil mit der Eheschließung rechtliche Vorteile verbunden sind. Doch um Klassiker wie steuerrechtliche Erwägungen oder die Wahl des Ehenamens soll es hier nicht gehen. Hier geht es eher um eigentümliche rechtliche Vorteile, die eine Eheschließung mit sich bringt. Die hier folgenden Vorteile können zum Beispiel einem zukünftigen Ehepaar schön gerahmt zur Hochzeit geschenkt werden. Oder man pinnt sich die nachstehenden Gesetzesgrundlagen selbst an den heimischen Kühlschrank. Wissenswert sind jene Rechte- und Pflichten für Ehepaare auf jeden Fall.

 27. GRUND

Weil unsere Ehe geschützt wird oder:
Rechtszwang gegen ehestörende Dritte,
§ 823 Abs. 1 BGB

Die Eheschließung führt nicht nur dazu, dass wir Postkarten mit der Anschrift *An die Eheleute Willig* erhalten können, oder dazu, dass wir jährlich den sogenannten Hochzeittag feiern dürfen, nein. Das Institut der Ehe ist, wie eingangs bereits erläutert, uralt und hält auch in rechtlicher Hinsicht einige kleine Schmankerl bereit, über die jedes Ehepaar informiert sein sollte. Natürlich rühren viele unserer gesetzlichen Regelungen im heutigen BGB, dem Bürgerlichen Gesetzbuch, noch aus Zeiten her, zu denen auch Regelungen zum Umgang bei der Vereinigung oder Vermischung von Bienenschwärmen so erforderlich waren, dass der Gesetzgeber dieser Thematik ganze vier Paragrafen gewidmet hat. Eine ähnlich interessante Regelung enthält § 823 BGB, der die Ehe (unter anderem) vor Eingriffen Dritter schützt. Ehestörende Dritte können nach § 823 BGB aus der Wohnung verwiesen werden, etwa die Geliebte des Ehemannes, wenn diese eines Morgens einfach mit am Kaffeetisch sitzt. Wesentlich mehr ist gesetzlich allerdings nicht gegen ehestörende Dritte zu unternehmen. Insbesondere verneint unser Gesetzgeber Schadensersatzansprüche gegen den oder die dritte Person in Fällen des Ehebruchs. Auch sind die Möglichkeiten, gegen den oder die Dritte zu klagen, nicht sehr erfolgversprechend. Das Prozessrecht kennt keine Klage, die da (laienhaft formuliert) lauten könnte: »Es wird beantragt, die Beklagte (die Geliebte Frau Karin Müller) zu verurteilen, es zu unterlassen, mit dem Ehemann der Klägerin weiterhin Geschlechtsverkehr auszuüben.« Der Gesetzgeber hat hier festgelegt, dass solch ein Urteil ja auch mittelbaren Zwang auf den Ehegatten ausüben würde (er hätte ja somit keinen Geschlechtsverkehr mehr mit seiner Geliebten Karin Müller), weshalb eine solche Klage nicht zulässig wäre.

Aber immerhin, es bleibt uns doch das Recht, die Affäre unseres Partners aus den ehelichen Räumlichkeiten zu verbannen. Zumindest das eheliche Frühstück kann so vor Angriffen Dritter geschützt werden.

28. GRUND

Weil wir füreinander einzustehen haben,
§ 1353 Abs. 1 BGB

§ 1353 Abs. 1 BGB lautet: »(1) Die Ehe wird auf Lebenszeit geschlossen. Die Ehegatten sind einander zur ehelichen Lebensgemeinschaft verpflichtet; sie tragen füreinander Verantwortung.«

Aber was nur möchte uns der Dichter dieser Zeilen damit sagen?

Der Gesetzgeber hat hier eine Generalklausel festgelegt, die es erlaubt, im Einzelfall unter Heranziehung dieser »schwammigen« Regelung zum Beispiel im Falle eines Gerichtsprozesses darüber zu entscheiden, ob der vorliegende Einzelfall unter die »Pflicht zur ehelichen Lebensgemeinschaft« zu subsumieren ist, folglich, ob sich aus dieser Norm eine Pflicht des einen oder des anderen zum

Handeln, Dulden oder Unterlassen ergeben kann. Es handelt sich um eine Art »Solidaritätspflicht« unter Ehegatten.

Ein Beispiel: Die Betti ist mit Pascal seit acht Jahren verheiratet. Der Pascal kauft im achten Ehejahr einen brandneuen Entsafter im Wert von knapp 300 Euro. Da Betti im Umgang mit Elektronik nicht sonderlich geschickt ist und schon mehrere Toaster und Wasserkocher lahmgelegt hat, untersagt Pascal der Betti den Umgang mit dem Entsafter. Er stellt den Entsafter auf das höchste Regal in der vier Meter hohen Altbauküche. Betti ist sauer, hatte sie demnächst doch eine Saftdiät geplant.

Kann Betti nach § 1353 BGB die Mitnutzung des Entsafters verlangen? Wohl ja. Die Betti könnte mit ihrem Anliegen Aussicht auf Erfolg haben. Die Rechtsprechung verortet solche Fälle unter das »Gebot der ehelichen Lebensgemeinschaft« und verpflichtet die Ehepaare, einander die Nutzung des ehelichen Hausrates zu gestatten.

Ein anderes Beispiel: Betti und Pascal sind noch immer nicht recht miteinander versöhnt, seit der Streit um den Entsafter sie plagte. Dennoch hat Pascal gewisse körperliche Bedürfnisse. Betti verweigert ihm jedoch seit über zwei Monaten den Sex. Zum einen ärgert sie sich noch immer über die Sache mit dem Entsafter. Zum anderen hatte Pascal versprochen, ihr spätestens im siebten Ehejahr ein Baby zu machen! Jetzt sind die beiden schon acht Jahre verheiratet, Betti wird nächsten Monat 30 Jahre alt und Pascal besteht weiter auf der Verhütung. Was tun?

Kann Betti von Pascal, so wie besprochen, die Zeugung eines Kindes verlangen, § 1353 BGB? Kann Pascal von Betti nach § 1353 BGB ehelichen Sex verlangen?

Beide Fälle könnten unter die »Pflicht zur ehelichen Lebensgemeinschaft« unserer schwammigen Generalklausel fallen. Aber hätten die beiden in einem Rechtsstreit Erfolg mit ihren Anliegen? Die Betti würde hier vor Gericht leer ausgehen. Abreden über die Familienplanung haben heute keine Bindungswirkung mehr. Ebenso wenig folgt heutzutage noch aus der Eheschließung die Pflicht zur Zeugung von Nachwuchs.

Der Pascal hingegen könnte mit seinem Wunsch nach Sex schon mehr Gehör finden. Denn auch nach dem heutigen Verständnis kann die Eingehung der Ehe unter Berücksichtigung des individuellen Verhaltens der Ehepaare, dessen Gesundheitszustand und vielem mehr die Pflicht zur »Geschlechtsgemeinschaft« begründen.

Im Übrigen können folgende lebensnahe Fälle unter die »Pflicht zur ehelichen Lebensgemeinschaft« fallen:

- *Die Wahrung der ehelichen Treue*
- *Die Pflicht zum gegenseitigen Beistandsleisten und zur einvernehmlichen Regelung gemeinsamer Angelegenheiten*
- *Die Pflicht zur Rücksichtnahme auf den Ehepartner*
- *Die Pflicht zur Haushaltsführung, Erwerbstätigkeit oder anderen Beteiligung zum Lebensunterhalt*

Wie weit solche Ansprüche auch tatsächlich einklagbar und letztlich durchsetzbar sind, ist eine andere Frage. Gut zu wissen ist aber doch bereits, dass der Gesetzgeber Möglichkeiten geschaffen hat, um auch vor Gericht über die Nutzung von Haushaltsgeräten zu streiten. Oder über den ehelichen Beischlaf.

29. GRUND

Weil wir tollpatschig sein dürfen,
§ 859 BGB

Ich konnte die Fragen meiner Mitmenschen, ob mein Beruf nicht trocken oder langweilig sei, noch nie verstehen. Klar lernt der Jurist während seiner Ausbildung unfassbar viel. Ohne Sitzfleisch übersteht man das Jurastudium nicht. Aber den Medizinern geht es doch ähnlich. Die werden nie gefragt, ob ihr Job nicht trocken sei. Nur weil sie Wattestäbchen in die Körperöffnungen anderer stecken dürfen. Aber gut, das ist eine andere Frage. Hier beschäftigen wir uns mit folgendem Kuriosum:

»Die Ehegatten haben bei der Erfüllung der sich aus dem ehelichen Verhältnis ergebenden Verpflichtungen einander nur für diejenige Sorgfalt einzustehen, welche sie in eigenen Angelegenheiten anzuwenden pflegen«, spricht § 1359 BGB.

Die Gesetzesnormen, mit denen sich auch zukünftige Ehepaare beschäftigen sollten, mögen an sich vielleicht trocken, langweilig oder wenig lustig sein, wenn man den bloßen Text vor sich hat. Wird dieser Text jedoch mit Leben gefüllt, mit einem echten Fall, dann gewinnt er plötzlich an Farbe, beginnt sich zu bewegen, zu wachsen, dann imponiert uns der Text plötzlich, und wir fragen uns, welche Sonderheiten das Leben zur Anwendung des Gesetzes noch bereithalten mag. Oben stehende Norm ist keinesfalls langweilig. Wir wissen nur mit dem bloßen Text nichts anzufangen. »Sorgfalt?« »Eigene Angelegenheiten?« Alles halb so wild. § 1359 BGB gibt einen Haftungsmaßstab vor. Dieser besagt, dass ein Ehegatte die Angelegenheiten des anderen nicht sorgfältiger zu behandeln braucht als seine eigenen. Abzustellen ist dabei auf das gewöhnliche Verhalten des handelnden Partners. Man stelle sich etwa folgenden Fall vor:

Die Claudi ist schon immer leicht tollpatschig gewesen, ihr Ehemann Rudi hingegen sehr akkurat und sorgsam. Als Claudi eines Samstags die Wohnung putzt und die Regale abstaubt, stößt sie, tollpatschig wie immer, Rudis heiß geliebtes und antikes Goldfischglas herunter. Das Glas zerspringt, der Fisch kann nicht mehr gerettet werden. Muss die arme Claudi für diesen Schaden einstehen?

Da es sich hier um einen Vorfall unter Ehegatten handelt, gilt im Rahmen des Haftungsmaßstabes § 1359 BGB. Diese Erleichterung würde der Claudi hier zugutekommen. Rudi könnte den Schaden nicht von seiner Frau ersetzt verlangen. Die Anwendbarkeit des § 1359 BGB unterliegt jedoch gewissen Voraussetzungen und ist je nach Fall, Gewohnheiten des Handelnden und dem Grad des

Verschuldens unterschiedlich auszulegen. So gilt § 1359 BGB etwa nicht für Verletzungen des Ehegatten bei Verstoß gegen die Regeln des Straßenverkehrs! Ein Ehemann, der den brandneuen Fiat 500 »Gucci-Edition« seiner Frau gegen den Baum fährt und der Ehefrau beim Aufprall das Make-up ruiniert, kann sich nicht mit dem Argument aus der Haftung befreien, er würde doch immer wie eine gesengte Sau fahren.

30. GRUND

Weil auch unser Ehemann die Rechnung
beim Bäcker zahlen muss, § 1357 BGB

Claudi bedauert den Vorfall mit dem Goldfisch doch sehr. Um sich bei ihrem Rudi zu entschuldigen, nimmt sie fünf Euro aus der Haushaltskasse, um davon für das gemeinsame Abendessen zwei Stangen Baguette zu kaufen. Das Baguette ist jedoch teurer, als Claudi dachte. Der Bäcker ist freundlich und schreibt die noch offenen 70 Cent an. Am nächsten Morgen trifft der Bäcker den Rudi und fordert die 70 Cent von diesem ein. Rudi ist überrascht, das Baguette hat doch seine Frau gekauft und nicht er selbst!

Das ist nach § 1357 BGB jedoch wurst. Die sogenannte Schlüsselgewalt bewirkt, dass Geschäfte, die zur Deckung des Lebensbedarfes dienen, für und gegen den anderen Ehegatten wirken. Der Kauf von Baguette für das gemeinsame Abendbrot stellt dies unproblematisch dar. Der Bäcker kann die offenen 70 Cent auch von Rudi einfordern.

Dieser Schlüsselgewalt sind aber auch Grenzen gesetzt, das ahnten wir bereits. Der Kauf eines Flatscreens für 3.000 Euro etwa oder der Abschluss eines Kreditvertrages in Höhe von 350.000 Euro zum Bau eines Einfamilienhauses kann nicht für und wider den anderen Gatten wirken. Dies sind in der Regel keine Geschäfte zur angemessenen Deckung des Lebensbedarfes (obwohl die Richter im Zweifelsfall natürlich den individuellen Lebensstandard jeder Ehe für sich betrachten, aber psssstt. Das braucht ja niemand zu wissen).

 31. GRUND

Weil die Anschaffung eines König-python als neues Haustier der Genehmigung des Ehegatten bedarf, § 866 Abs. 1 BGB

Die Ehe bietet in rechtlicher Sicht, wie bereits dargelegt, sicherlich viele Vorteile. Manche dieser Vorteile stammen aus althergebrachten Zeiten. Andere Vorteile hat der Gesetzgeber nach und nach, im Zuge der Entwicklungen der Ehe im Gesetzbuch verankert. Und dann gibt es solche Vor- oder Nachteile, die lässt der Gesetzgeber in einem sogenannten Schwebezustand. Etwa besondere Verträge, die der eine Ehegatte ohne die erforderliche Einwilligung des anderen Ehegatten schließt, § 1366 Abs. 1 BGB.

Der Ehegatte, der also erst am Abend davon erfährt, dass sein Partner für das Wohnzimmer ein vier Meter langes Schlangenterrarium gekauft hat, welches in den nächsten Tagen samt Inhalt (einem zwei Meter langen Baumpython) geliefert werden soll, hat die Möglichkeit, mit wehenden Fahnen in der Zoohandlung vorbeizuschauen, um den Vertrag entweder zu genehmigen oder um der Zoohandlung samt Baumpython den Vogel zu zeigen und die Einwilligung in den Vertrag zu verweigern.

Aber warum ist das so? Wird dadurch nicht die Vertragsfreiheit der Ehegatten eingeschränkt? Stellt dieses Konstrukt eine Art Bevormundung dar? Nun, auch dies ist eine gesetzliche Regelung, die nicht mehr allzu frisch ist, jedoch folgenden Gedanken in sich birgt: Die Ehe, und insbesondere das eheliche Zusammenleben, soll durch Rücksichtnahme und ein gegenseitiges Aufeinander-eingehen geprägt sein. Dennoch soll jeder die Möglichkeit haben, seine Persönlichkeit im Gebilde der Ehe zu entfalten. Jeder soll in grundlegende Entscheidungen, die beide Ehegatten gleichermaßen tangieren, miteinbezogen werden. Eine Zwei-Meter-Schlange im Wohnzimmer, die Lebendfutter in Form von Ratten und Mäusen erhält, betrifft sicherlich alle im Haushalt lebenden Familienmit-glieder. Eine Person, die diese rechtliche Regelung zu Beginn ihrer ersten Ehe sicher gerne zur Anwendung gebracht hätte, ist meine liebe Mutti.

Als meine Mutter im zarten Alter von 23 Jahren meinen Vater ehelichte, wusste sie zwar bereits, dass er eine Vorliebe für Haus-tiere hatte. Er kaufte meiner Mutter einen Hund, Rocky, einen bildhübschen Collie. Rocky sollte meine Mutter beschützen, wenn diese ohne meinen Vater unterwegs war. Aber da sowohl Mutti als auch Vater voll berufstätig waren, musste Rocky irgendwann ge-hen. Zwischenzeitlich hatte mein Vater zudem im Wohnzimmer ein Süßwasseraquarium angelegt und ein Schlangenbecken mit zwei Ringelnattern als Bewohner installiert. Irgendwann kamen noch ein Seepferdchen im Salzwasseraquarium sowie ein Terrarium mit Königspython hinzu. Meine Mutter ertrug das Hobby meines Vaters mit Fassung, obwohl der Königspython schon kein kleines Schlängchen mehr war. Zudem hatte dieser Python die unangeneh-me Eigenschaft, immer einen Weg aus dem Terrarium zu finden. Und da mittlerweile auch ich, im krabbelfähigen Alter, zusammen mit Mutti, Vater und Königspython in der Wohnung lebte, fand meine Mutter den Gedanken an eine ausgebüxte Würgeschlange mit 1,5 Metern Gesamtlänge nicht mehr sonderlich komisch. Sie fand dann auch, die Zeiten, sich Schlangen, Echsen und Lebend-futter zu halten, müssten langsam ein Ende haben. Fazit: Hätte sie oben zitierte Norm früher schon gekannt, hätte sie nicht erst den Babyjoker zur Abschaffung der Schlangen ziehen müssen. Die aus-gebüxte Schlange fand sich übrigens wieder an. Sie lag unter der

Badewanne. (Ich weiß nicht, ob sie mir tatsächlich etwas hätte zuleide tun können. Ich war ein ziemlich dickes Baby).

32. GRUND

Weil unser Ehepartner nicht einfach
die familiären Tupperdosen vertrödeln darf, § 369 BGB

Nicht nur Frauen unterliegen hin und wieder dem Aufräumwahn, ausgelöst durch einen aktuellen Feng-Shui-Flash, die Frühjahrssonne oder die anstehende Periode. Auch Männer ergreift in seltenen Fällen ein Aufräumruck. Wie aus dem Nichts räumen sie dann den Keller aus oder bauen die Küche um. Das Schöne ist, weder Mann noch Frau brauchen hierbei zu befürchten, der Ehepartner könnte im Rahmen eben erwähnter Aufräumflashs die heiß geliebte Tupperdosensammlung oder andere Gegenstände des Haushaltes verramschen. Sogar seinen eigenen Multifunktionsentsafter, der schon seit drei Jahren ungenutzt auf dem obersten Küchenregal steht, darf der Ehemann nicht einfach weghauen. Denn § 1369 Abs. 1 BGB lautet:

»*(1) Ein Ehegatte kann über ihm gehörende Gegenstände des ehelichen Haushalts nur verfügen und sich zu einer solchen Verfügung auch nur verpflichten, wenn der andere Ehegatte einwilligt.*«

Stark, oder? Gegenstände, die nur zum persönlichen Gebrauch eines Ehegatten dienen, etwa das Epiliergerät der Dame oder der Bierkrug des Herrn, aus dem er jeden Sonntagnachmittag während der *Sportschau* ein kühles Bierchen genießt, gehören nicht zum »ehelichen Haushalt« nach § 1369 Abs. 1 BGB.

Über diese Gegenstände darf der andere Partner gar nicht erst verfügen. In Sachen Tupperdosensammlung zum Beispiel wäre zumindest die Einwilligung des anderen Ehepartners zur Veräußerung nötig.

33. GRUND

Weil uns der Gesetzgeber vor der zweiten und dritten und vierten Ehefrau schützt, § 1306 BGB

Die Doppel- oder gar Vielfachehe ist in Deutschland nicht gestattet. Das kann man nun gut oder schlecht finden. Ich finde diese Regelung doch sehr sinnvoll, denn sie hilft, eine gewisse Übersicht im Privatleben zu wahren. So gibt es etwa in Indien die größte Familie der Welt, sie war schon etliche Male im Fernsehen zu sehen. Dort lebt das Familienoberhaupt Ziona Chana mit 39 Ehefrauen, 94 Kindern und 33 Enkeln zusammen. Das Haus der indischen Großfamilie hat über 100 Zimmer. Täglich wird in einer Großküche gekocht, um am Abend gemeinsam zu essen. Welche Frau zum Oberhaupt ins Bett darf, bestimmt dieser nach Gusto.[9]

Die Ehefrau in Deutschland wird zumindest vom Gesetzgeber vor solch einem Kuddelmuddel geschützt. Denn eine geschlossene Doppelehe ist durch die zuständigen Behörden wieder auflösbar. Selbstverständlich kann die ungewollte Zweitfrau durch die Auflösung einer Doppelehe zur ungewollten Geliebten werden. Aber immerhin: Den Status der Ehefrau (mit etwa zuvor erwähnten Rechten), den hat nur eine. Ehefrau des eigenen Ehemannes zu sein ist hierzulande ein Alleinstellungsmerkmal. Und dafür lohnt es sich doch, zu heiraten. Denn Geliebte kann es ja schließlich viele geben.

34. GRUND

Weil die Ehe Überstunden im Übermaß nicht zulässt, § 1356 Abs. 2, S. 2 BGB

Kolleginnen, die um 14 Uhr den Stift fallen lassen, um fluchtartig das Büro zu verlassen, nutzen den Muttibonus voll und ganz.

Schließlich schimpft der Kindergarten, wenn Kinga nicht pünktlich nach dem Mittagsschlaf abgeholt wird. Alle Nicht-Muttis hingegen haben wenig guten Grund, Überstunden zu meiden beziehungsweise den Stift auch nur eine Minute vor 19 Uhr fallen zu lassen. Sport als Feierabendgrund? Pah, kann man doch auch noch schnell vor der Arbeit machen. So von fünf bis sechs Uhr. Oder am Wochenende. Da wird sich doch sicher noch ein Stündchen finden lassen. Ein Privatleben ohne Kinder taugt gemeinhin nicht als Grund, um pünktlich das Büro zu verlassen. Oder etwa doch? Immerhin heißt es in § 1356 Abs. 2 BGB:

>*(2) Beide Ehegatten sind berechtigt, erwerbstätig zu sein. Bei der Wahl und Ausübung einer Erwerbstätigkeit haben sie auf die Belange des anderen Ehegatten und der Familie die gebotene Rücksicht zu nehmen.*«

Der Ehegatte, auf den trotz eigener Erwerbstätigkeit Rücksicht zu nehmen ist, wird doch im Gesetz ausdrücklich erwähnt! Hier, steht doch da! Das Recht auf Erwerbstätigkeit steht auch zum Schutz des anderen Ehepartners unter dem Gebot der Familienverträglichkeit! Im Rahmen der 15. unbezahlten Überstunde am Anfang eines Monats könnte der Chef somit einfach mal auf die Gesetzeslage hingewiesen werden. Wofür hat man denn sonst geheiratet? Doch nicht etwa, damit der Ehemann Abend für Abend zu Hause verhungert, weil ein gemeinsames Abendessen nicht mehr möglich ist. Also, so hat sich das Eheleben wohl niemand vorgestellt. Selbstverständlich kann dieser Hinweis auch im Geheimen an die Ehefrau des Chefs weitergeleitet werden. Mal schauen, ob dieser dann noch jeden Abend bis 22 Uhr im Büro verbringt. Blöd nur, wenn der eigene Chef auch Anwalt ist. Verdammt, denke ich mir und schaue auf die Uhr auf meinem Telefondisplay. 19:21 Uhr. Bei meinem Chef brennt noch Licht. Bei mir auch. »§ 1356«, flüstere ich mir selbst verschwörerisch zu. Morgen muss die 30-seitige Klageerwiderung endlich fertig sein! Wohl kein guter Zeitpunkt, um eheliche Rechte und Pflichten beim Chef anzusprechen und diesen auf die Gesetzeslage hinzuweisen. Vielleicht ist das doch eher ein »lustiges« Gesprächsthema für die nächste Weihnachtsfeier, überlege ich und knipse meine Schreibtischlampe wieder an.

35. GRUND

Weil Totgeglaubte nicht länger leben müssen, § 1319 BGB

Diese Norm bedarf sicher genauerer Ausführungen. Ein Blick in das Gesetzt schadet auch hier nicht.

»(1) Geht ein Ehegatte, nachdem der andere Ehegatte für tot erklärt worden ist, eine neue Ehe ein, so kann, wenn der für tot erklärte Ehegatte noch lebt, die neue Ehe nur dann wegen Verstoßes gegen § 1306 aufgehoben werden, wenn beide Ehegatten bei der Eheschließung wussten, dass der für tot erklärte Ehegatte im Zeitpunkt der Todeserklärung noch lebte.«

Aus welch ehemaligen Zeiten diese Norm herrührt, dürfte klar sein. Und die Norm hat sich bis heute nicht aus dem Bürgerlichen Gesetzbuch verabschiedet, da auch außerhalb etwaiger Nachkriegsszenarien Folgendes das sittsame Eheleben zerrütten könnte: Der Karl verabschiedet sich von seiner Ehefrau, der Pami, um mal eben Zigaretten kaufen zu gehen. Er kommt nicht wieder heim. Die Pami ist aufgrund seines Verschwindens ganz krank vor Sorge, die Kripo wird alarmiert, SAT.1 in Kenntnis gesetzt, doch alle Versuche, den Karl aufzustöbern, scheitern. Nach drei Jahren Trauer lernt Pami den Lutz kennen. Nach sechs Monaten erster Verliebtheit beschließen die beiden, zu heiraten. Die Pami hat sich bei ihrem Sohn erkundigt, ob das ginge. Der studiert schließlich seit zwei Semestern Jura. Mit dem Freifahrtsschein des Sohnes und der dauerhaften Vermisstenerklärung der Kripo im Gepäck ehelichen Pami und Lutz. Als das frisch getraute Paar aus seinen Flitterwochen vom Scharmützelsee nach Hause zurückkommt, staunt zumindest die

Pami nicht schlecht, als plötzlich der Karl vor der Tür steht. Der wird schnell ganz rot im Gesicht, macht Lutz doch Anstalten, die Pami über die Schwelle seiner Wohnungstür zu tragen. Er reißt dem Lutz die Pami aus den Armen, schubst den Lutz beiseite und trägt seine Ehefrau selbst über die eheliche Schwelle zur Wohnung. Da steht die Pami nun. Mit zwei Männern.

Das Gesetz hilft hier weiter: Die Ehe zwischen Pami und Lutz bleibt in diesem Falle bestehen und wird nicht durch die maßgeblichen Ämter aufgehoben. Denn sowohl Pami als auch Lutz gingen zum Zeitpunkt der Eheschließung davon aus, dass Karl tot sei. Der gute Glaube der beiden ist hier schützenswert, so wie auch die Ehe zwischen Pami und Lutz. Im eherechtlichen Sinne gilt der verstorbene Karl auch weiterhin als »verstorben«. Der für Totgeglaubte lebt nicht länger. Zumindest nicht für die Eheschließung von Pami und Lutz.

DIE HOCHZEITSFEIER

»Ganz in Weiß so gehst du neben mir und
die Liebe lacht aus jedem Blick von dir.«

Roy Black, Ganz in Weiß, 1966

Weil wir uns alle so chic machen

Es gibt Kulturen, in denen tragen Bräute am Tag der Hochzeit bis zu sieben verschiedene Brautkleider. Klar weshalb: Viel zu selten machen wir uns heutzutage noch so richtig chic. Wenn wir ausgehen, stylen wir uns zwar schon noch auf, wobei es ja in Berlin gerade total hipp ist, mit Birkenstocks und Stoffrucksack den Clubbesuch anzugehen.

Erinnert immer mehr an eine Bergsteigersession denn an eine Clubnacht. Aber davon abgesehen gibt es nur noch wenige Ereignisse, um richtige Abendkleider, für die Herren Anzug oder gar Smoking zu tragen. Ich erinnere mich etwa an meinen letzten Musicalbesuch. Für ein Wochenende war ich mit meinen Schwestern und meinem liebsten Ehemann nach Hamburg gereist, um das Musical *Der König der Löwen* zu schauen. Und natürlich, um über die Reeperbahn zu flanieren, aber der Musicalbesuch stand schon hoch oben auf der Liste der Tagesordnungspunkte. Selbstverständlich hatten wir Mädels uns herausgeputzt: feine Hosen, weiße Blusen, ich in schwarzen High Heels, meine Schwestern in schwarzen Ballerinas. Mein Liebster trug sein bestes weißes Hemd mit Stehkragen und ein schwarzes Samtjackett, natürlich auf Hochglanz polierte Lederschuhe. Die Karten waren teuer genug und ein Musicalbesuch ist auch nichts Alltägliches, also war für uns nur logisch, dass wir uns zurechtmachen wollten.

Die Hamburger sahen das offensichtlich etwas anders. Der durchschnittliche Musicalbesucher trug an diesem Abend Bluejeans, einen gemütlichen Pullover, diesen gern auch um die Schultern gelegt, darunter ein T-Shirt, flache, rustikale Schuhe und die Damen zusätzlich eine alltagstaugliche XXL-Bag. Make-up? Unspektakulär. Haarstyling? Nicht vorhanden. Chic gemacht für einen besonderen Abend? Eher nicht.

Jetzt mag man die Sache natürlich so sehen: Für den Hamburger ist ein Musicalbesuch derart selbstverständlich, er sieht keine Notwendigkeit, einfach mal die netteste Oberbekleidung aus dem Schrank zu fischen oder sich ein Abendtäschchen unter die Achsel zu klemmen. Typisch Berliner wieder – feiern einen Abend im Musical wie eine Gala.

Aber andererseits haben wir doch nicht so viele Gelegenheiten, um mal etwas eleganter daherzukommen. Wären da ebenjene Abende im Musical oder in der Oper, der Abiball und Hochzeiten! Für eine Hochzeit macht sich doch jeder Gedanken um sein Outfit. Passt es zum Hochzeitsmotto? Müssen die Frauen Wechselschuhe und ein Jäckchen für den Abend mitnehmen? Können die Frauen in ihren Kleidern und Röcken tanzen? Creme, Weiß, Champagner etc. – am Tag der Hochzeit alle die Farben der Braut! Bloß nicht ins Fettnäpfchen treten. Und hübsch möchte man auch sein, werden die Hochzeitsfotos doch später der ganzen Familie zugeschickt.

Als meine kleine Schwester bei der Ansicht meiner Hochzeitsfotos zu weinen anfing, fragte ich sie, warum genau sie jetzt weinen müsse.

»Weil du alleine geheiratet hast!«, war ihre Antwort. Okay, die war auch vorhersehbar.

»Nur deswegen? Schau doch mal, wie schön es war!«, versuchte ich, sie zu besänftigen. Sie schluchzte und musste schmunzeln.

»Ja, aber ich dachte, wir machen uns alle richtig chic und feiern 'ne fette, fette Party«, brachte sie dann noch hervor, bevor wir beide herzlich anfangen mussten zu lachen. Recht hatte sie. Man heiratet eben auch und lässt heiraten, um sich chic zu machen.

Weil Weinen befreit

Den Winter verbrachten die heiratswilligen Paare mit Testessen, auf Hochzeitsmessen und in Brautmodenläden. Aber nun ist wieder Frühling in Berlin! Die Bienchen summen, die Bäckersfrau lächelt milde, BVG-Kontrolleure erklären Touristen geduldig, wie sie ihre Fahrkarten abstempeln müssen. Meine Fenster sind geputzt und die Hochzeitssaison steht in den Startlöchern. Mein Liebster und ich entscheiden uns, sie am Kleinen Wannsee in Berlin einzuläuten. In einer wundervollen Villa mit Seegrundstück findet zuerst die Trauung statt, danach wird im Garten gegessen, getrunken und gefeiert.

Als sie heirateten, waren Charlotte und ihr Mann Levi bereits seit fünf Jahren ein Paar. Die Autorin und der Bauzeichner waren damals beide Mitte Dreißig und hatten ihre mit vielen Raffinessen ausgestattete Hochzeit rund sechs Monate geplant. Charlotte trug ein pistaziengrünes, bodenlanges Kleid, das um die Brust herum mit Spitze und Perlen bestickt war. Durchsichtige, flatternde Spitzenärmelchen legten sich zart auf ihre Schultern. Der Rock fiel gerade und fließend und flatterte bei jedem Schritt, den sie ging, ganz natürlich um ihre Füße herum. Ihre Schwiegermutter hatte ihr das Kleid auf ihren elfenhaften Körper geschneidert und es saß wie angegossen. In ihrem rabenschwarzen, kinnlangen Haar versteckten sich hier und da kleine Blumen aus Perlen, die ihrer Kette glichen, die sie um den Hals trug. Ihr Bräutigam hatte einen hellgrauen Anzug mit Weste und gestärktem, weißem Hemd gewählt. Ein Pochette in der exakten Farbe von Charlottes Kleid rundete das perfekte Gesamtbild dieses Hippiepärchens an diesem Tage ab. Charlotte war eine wundervoll unkomplizierte Braut. Im Anschluss an die zauberhafte Zeremonie flatterten keine Tauben oder Schmetterlinge durch die Gegend, auch wurden nicht Wunschluftballons in den Himmel entlassen, nein. Nach der Trauung drehte sich Charlotte plötzlich um, warf den Strauß und erklärte das Buffet für eröffnet. Sie meinte, sie habe keine Lust, den Strauß die ganze Zeit zu tragen, und da es mittlerweile 15 Uhr war, war sie sicher, alle Gäste hätten Hunger. Wir mussten herzlich lachen und Charlotte brach zum ersten Mal an diesem Tag in Tränen aus. Natürlich waren es Glückstränen. Aber der Tränenfluss nahm über den Tag hinweg gar kein Ende mehr. Egal, ob ihr Vater eine Ansprache hielt, ein befreundetes Paar einen Tango für die Frischvermählten auf das Parkett legte oder die Hochzeitstorte angeschnitten wurde, Charlotte war durchgängig am Weinen. Ihre Wangen waren irgendwann gerötet, die Wimpern völlig verklebt, das Make-up verschmiert, aber sie hatte keine Lust, sich herzurichten, wie sie mir bei einem kurzen Plausch auf der Damentoilette verriet. Sie atmete tief durch und ließ sich etwas Wasser über die Unterarme laufen.

»Weißt du, wie wahnsinnig wir uns auf diesen Tag gefreut haben? Die Vorfreude auf euch alle und diesen wundervollen Moment war derart groß, ich konnte manchmal tagelang an nichts anderes denken, außer an die Hochzeit. Daran, mit meiner Familie zu speisen und mit euch lustige Spiele zu spielen. Fotos zu machen und …«, wieder kullerten Tränen aus ihren braunen Augen. Ich reichte ihr ein Kosmetiktuch und musste schlucken. Ich klimperte stark mit den Wimpern, irgendwie dachte ich, ich müsste stark sein. Für Charlotte. Als sie das sah, lachte sie in ihr Kosmetiktuch hinein.

»Lass nur, weine ruhig! Das befreit so sehr, das kannst du mir glauben. Ich bin so glücklich, dass alles gut geklappt hat. Dass alle Gäste da sind, niemand krank geworden ist, einfach wunderbar, findest du nicht?« Ich nickte stumm, mit einem dicken Kloß im Hals und feuchten Wimpern. Mir lief eine kleine Träne am linken Augenwinkel entlang und ich wischte sie schnell weg. Wir hielten uns kurz an den Händen, atmeten zusammen tief ein und aus und machten uns auf, in die Nacht am Wannsee.

Weil die Hochzeitsnacht einmalig ist

Anna (33), über ihre Hochzeitsnacht mit Max (40): »Es war für mich mein erstes Mal. Mein erstes Mal als Ehefrau. Mein erstes Mal als jüdische Frau. Mein Mann Max ist Jude. Und dass er mich überhaupt geheiratet hat, ich kann es noch gar nicht fassen. Wir hatten natürlich auch vor der Eheschließung Sex, keine Frage, wir haben ja auch schon zusammen gewohnt. Aber nachdem wir uns das Jawort gegeben und auch nach seinem Glauben Treue und Verbundenheit geschworen haben, war ich gänzlich erfüllt von einem Gefühl, das sich nur schwer beschreiben lässt. Ich habe mich irgendwie verantwortlich gefühlt. Gleichzeitig geborgen und aufgefangen von ihm und seiner durchdringenden Klarheit. Ich wollte, dass unsere Hochzeitsnacht etwas Besonderes werden würde. So viele haben mir gesagt, man könne die Hochzeitsnacht nicht genießen, schließlich sei man hierfür viel zu betrunken. Oder zu kaputt. Oder beides. Ich wollte das nicht. Ich wollte meinen Mann stolz machen. Ihn gleichzeitig um den Verstand bringen und ihm beweisen, dass er die Frau geheiratet hat, die es ihm ordentlich besorgen kann! Deswegen haben wir unsere Hochzeit um Schlag Mitternacht verlassen. Wir hatten eine Suite im Waldorf Astoria in Berlin reserviert, mit einem wundervollen Blick weit über die City West. Natürlich waren wir betrunken, aber nicht völlig breit. Ich weiß, es ist Max schwergefallen, sich auf seiner eigenen Hochzeit immer auch Wasser einzuschenken und es auch zu trinken! Aber es hat ganz gut geklappt. Ich schickte ihn zuerst unter die Dusche und zog mir mein Kleid aus. Darunter trug ich ein klassisches Hochzeitsdessousensemble: weiße Spitze, Strapse, Strapsgürtel. Auf Zehenspitzen schlich ich mich in das riesige Badezimmer, ich konnte fast nichts sehen, der Wasserdampf der Dusche erfüllte den ganzen Raum. Also presste ich mich mit dem Po von außen an die gläserne Duschwand und bewegte mich in leicht tanzenden Bewegungen auf und ab. Oh Gott, ich weiß nicht, ob ich mich das getraut hätte, wenn ich nicht beschwipst gewesen wäre, Danke an den köstlichen Roséchampagner! Na ja, wie dem auch sei. Ich hörte meinen Mann lachen, dann fischte eine warme, nasse Hand nach meinem Arm und zog mich zu sich hinein in die Dusche. Der warme Wasserstrahl traf mich unerwartet hart und ich japste kurz nach Luft. Max presste mich gegen die Fliesen und fing augenblicklich an, meinen Hals, mein Dekolleté und meinen Bauch zu küssen. Ich grub meine Hände in seine rot-braunen Locken und ließ mich fallen. Meine weiße Wäsche klebte an meiner Haut, meine Strümpfe waren eins mit meinen Beinen. Max machte sich den Weg frei und liebte mich in dieser Nacht stolz, sinnlich wie eh und je, irgendwie bedingungslos.

Es war richtig, unsere Hochzeit um Mitternacht verlassen zu haben. Ich bereue es keine Sekunde. Wir lagen stundenlang noch nebeneinander auf dem riesigen Bett, eingekuschelt in dicke, fette Bademäntel, und staunten über das Gefühl, nun für immer »Mann und Frau« zu sein und irgendwie auch darüber Gewissheit zu haben, dass wir mit niemand anderem mehr in unserem Leben schlafen würden. Das war ein gutes Gefühl.«

39. GRUND

 Weil das Brautpaar von dem Tag sowieso nichts mitbekommt

Es ist allgemein anerkannt und gehört unstreitig zur Hochzeit dazu: Das Paar bekommt eigentlich von diesem ganz besonderen Tag nichts mit. Diese Feststellung mutet zunächst komisch an, bereitet sich das Paar doch bis ins Detail auf den großen Moment und die Feierlichkeiten im Anschluss vor. Dennoch äußern viele Paare nach der Feier etwa folgende Worte, wie sie:

»Oh Gott, der Tag verging wie im Fluge. Ich weiß noch, ich habe morgens mein Kleid eingepackt und war beim Friseur, dort habe ich den ersten Sekt getrunken. Meine Schwester hat mir in das Kleid geholfen und ab diesem Zeitpunkt weiß ich nichts mehr. Mir schmerzen nur die Wangen vom ständigen Grinsen, gibt es Muskelkater in den Wangen? Und spät in der Nacht habe ich schrecklichen Hunger bekommen. Habe ich den Tag über überhaupt etwas gegessen? Oh Mann, ich muss meine Mutter fragen, ob das Fleisch schön zart und das Gemüse nicht verkocht war! Sind irgendwelche Katastrophen passiert? Ich weiß es nicht. Ich habe den Brautstrauß geschmissen und dann hat uns der Fotograf schon wieder alle zum Gruppenbild zusammengestellt. Kann es sein, dass wir circa 100 Gruppenbilder an diesem Tag haben machen lassen? Na ja, werde ich ja sehen. Vielleicht kommen die Erinnerungen ja wieder, wenn ich Film und Fotos vor mir habe. Ach so, doch! Eine Sache weiß ich noch! Mir sind gefühlt 500 Leute auf den Schleier getreten. Irgendwann war mir das zu bunt und ich habe ihn rausgenommen aus dem Haar. Ich weiß gar nicht, wo der Schleier abgeblieben ist.«

Und er sagt: »Ich war nervös, vormittags. Ich hatte das Gefühl, ewig auf meine Braut und die Trauung warten zu müssen, die Minuten sind geschlichen. Und dann immer die gleichen Fragen. Hast du den Ring? Hast du die Ausweise? Hast du deinen Kopf, deine Zunge, deinen Mut? Doch dann ging alles ganz schnell, plötzlich stand sie vor mir, wie ein Engel, und mein Kopf war leer. Aber ich konnte meine Gelübde auswendig, oder? Sie hat geweint, wie ein kleines Mädchen, ich habe ihr die Tränen von den Wangen gewischt. Und dann das Konfetti, sie hatte plötzlich Reis im Haar. Vor dem Standesamt ging das Sektgetrinke los und der Tag war gefühlt vorbei. Es war großartig.«

Man kann die Brisanz einer Hochzeit nicht anhalten oder deren Schnelllebigkeit ändern. Natürlich kann das Paar sich für ein oder gar zwei Stunden mit dem Fotografen zur Fotosession zurückziehen, um Luft zu holen und um irgendwie während der Hochzeit auch mal zu zweit zu sein. Doch meist vergeht auch das Fotoshooting wie im Fluge und natürlich will das Paar die Gäste nicht zu lange auf sich warten lassen. Video- oder Fotodokumentationen sowie besondere musikalische Einlagen, die während der Feier abgespielt werden, sind auch eine gute Möglichkeit, um kurz abzuschalten. Es handelt sich hier jedoch um wirklich kurze Verschnaufpausen. Eine Hochzeit wird nun einmal bestimmt durch viele Leute, die gratulieren, viele Arme, Hände und Beine, die mit dem Paar tanzen möchten, und viele feuchte Lippen, die die Wangen des Paares zur Gratulation beküssen. Und vielleicht prägt auch genau diese Schnelllebigkeit den besonderen Charakter einer jeden Hochzeit, sodass es besser ist, hieran nichts zu ändern.

40. GRUND

Weil hier die Fotos unseres Lebens entstehen

Gerade wegen dieser Schnelllebigkeit sind unsere Hochzeitsfotos von besonderem Wert. Hochzeitsfotos kann man sich stundenlang anschauen, egal, ob von der eigenen Hochzeit oder einer anderen. Sie dokumentieren so schön Lust und Leid des Heiratens. Und natürlich unterscheiden sich die gestellten Bilder erheblich von denen, die mal eben so zwischendurch geknipst werden. Die gestellten Bilder sind die Bilder unseres Lebens. Sie hängen bei uns im Flur oder stehen auf dem Kaminsims, bei der Familie eingereiht in die Ahnenchronologie und hin und wieder findet sich unser Hochzeitsbild auch bei Freunden daheim wieder. Wir sehen an diesem Tag alle besonders hübsch aus und feiern besonders wild. Das muss fotografisch festgehalten werden.

Den geeigneten Fotografen für die eigene Hochzeit zu finden, ist nicht ganz einfach. Professionelle Fotografen gibt es wie Sand am Meer, aber nicht jeder ist tatsächlich auf Hochzeitsfotografien spezialisiert. Natürlich kann jeder Fotograf ein Gruppenbild zustande bringen. Und jeder Fotograf wird nette Pärchenbilder und Porträts des Brautpaares erschaffen können. Aber allein diese Standardsituationen machen eine Hochzeit nicht aus. Das Besondere ist hier, die Emotionen, die den gesamten Tag, den Abend und die Nacht begleiten und die sich in den Gesichtern und Bewegungen der Gäste widerspiegeln, einzufangen und auf den Fotos dauerhaft festzuhalten. Das funktioniert nicht nur mit gestellten Bildern. Die Bilder vom Tanzen, Brautstraußwerfen, den Schlangen am Buffet oder während des Abschlussfeuerwerkes sind ebenso wichtig wie die gestellten Bilder. Hier muss der Fotograf Winkel und Sichtweisen finden, die außergewöhnlich sind, die den Fotografen zum Künstler machen.

Übrigens:

Wenn Sie ein Motto für Ihre Hochzeit haben, zum Beispiel Romantik, See, Vintage, Berg & Wiese, Herbst, Wintermärchen etc., können Sie ganz gezielt im Internet nach Fotografen suchen, die solche Mottohochzeiten schon einmal fotografisch begleitet haben. Anhand der Arbeitsproben der Fotografen (die jeder Fotograf im Internet präsentieren sollte) können Sie einen ungefähren Eindruck von dem Blickwinkel des Fotografen erhalten. Ist der Fotograf minimalistisch? Spielt er mit Licht, Blickwinkeln, Accessoires oder hält er einfach nur die Kamera auf eine Szene und drückt ab? Und sollten Sie Ihren Traumfotografen gefunden haben, der allerdings zur Hochzeit anreisen müsste, weil die Hochzeit in Berlin stattfindet, der Fotograf aber in Köln sitzt, überlegen Sie, ob Sie die Investition der Anreise nicht irgendwie einkalkulieren können. Sie ärgern sich im Nachhinein umso mehr, wenn Sie auf einen anderen Fotografen zurückgreifen und dann nicht die Fotos erhalten, die Sie sich gewünscht haben.

Der Hochzeitstag ist nicht wiederholbar. Er ereignet sich ein einziges Mal und die Fotos begleiten ein Ehepaar und die Familien ein Leben lang. Am Fotografen zu sparen ist Sparen am falschen Ende.

Weil wir danach nie wieder
ein Strumpfband tragen werden

So ein kleines, lustiges Ding, das wir Bräute da um unser Bein versteckt unter dem Kleid tragen. Wohl kaum ein Mann hat je in seinem Leben Gedanken an dieses Accessoire verschwendet, jedenfalls nicht im Zusammenhang mit einer Hochzeit. Denn heutzutage braucht es ein Strumpfband einfach nicht mehr, um den Strumpf an Ort und Stelle zu halten. Strumpfhosen und auch halterlose Strümpfe halten dank elastischer Verarbeitung von selbst. Es gibt also im Alltag keinen Grund, um ein Strumpfband zu tragen. Eigentlich. Go-go-Tänzerinnen und Stripperinnen tragen dieses Utensil aus beruflichen Gründen, um sich Geldscheine zustecken zu lassen. Aber das hat nichts mit dem Hochzeitsbrauch Strumpfband zu tun.

Warum genau Bräute das Strumpfband auch heute noch unter dem Kleid verstecken, ist nicht ganz klar. Vermutlich, weil es sexy, aber nicht obszön ist. Und weil sich das Band mit der Farbe Rosa oder Blau verbinden lässt: Ein Strumpfband in Blau verspricht männlichen Nachwuchs, ein Strumpfband in Rosa weiblichen. Während der Hochzeitsfeier gibt es unterschiedliche Bräuche rund um das Band. Zum einen die Strumpfbandversteigerung: Der Bräutigam muss der Braut das Band ausziehen, darf hierbei aber nur den Mund benutzen. Anschließend wird das Band an den Meistbietenden versteigert, das bessert die Haushaltskasse etwas auf.

Beim Strumpfbandwerfen gilt: Der Junggeselle, der es fängt, heiratet als Nächster. Es hat schon einen gewissen Unterhaltungswert, dieses kleine, winzige Stückchen Stoff. Im Internet finden sich übrigens zahlreiche Schneiderinnen, die sich explizit auf die individuelle Gestaltung dieses Accessoires spezialisiert haben. Sonderwünsche, wie das Einnähen von Symbolen etwa, werden gerne erfüllt. Denn immerhin tragen wir dieses winzig kleine Utensil am

wichtigsten Tag in unserem Leben. Da kann es doch kein Strumpfband von der Stange sein!

42. GRUND

Weil sich alle Mühe geben, nett zu sein

An verschiedenen Stellen wurde es bereits erwähnt: Es kann passieren, dass die Hochzeitsvorbereitungen stressig werden. Mütter,
Schwestern, Cousinen und andere weibliche Verwandte können in
einen wahren Wahn verfallen, indem sich irgendwann alles nur noch
um Stuhlhussen, Papeterien und Blumendekors dreht. Hat die Braut
im Rahmen der Hochzeitsvorbereitungen einen kleinen Durchhän-
ger, reicht jedoch oft ein kurzer Blick nach dem Motto »Kann mir
das bitte jemand abnehmen?«, denn gemeinhin findet sich dann ein
hochzeitsfanatisches Helferlein und übernimmt die ein oder andere
Aufgabe gerne. Schließlich möchte jeder seinen Teil zur Hochzeit
beigetragen haben. Es gibt aber auch einen anderen »Blick«, wie
mir meine ehemalige Schulfreundin Lia zuletzt verriet. Lia ist die
einzige Tochter russischer Einwanderer. Als sie sechs war, verließen
ihre Eltern mit ihr gemeinsam Moskau, um in Berlin ein neues Leben zu beginnen. Sie strandeten zunächst in einem Auffanglager in
Berlin-Marienfelde. Doch der Vater konnte in der Berliner Immo-
bilienszene schnell Fuß fassen und erschuf sich und seiner Familie
innerhalb von zehn Jahren ein gut laufendes Geschäft. Lias Mutter
war die Sprachbegabte von ihnen, sie unterstützte ihren Mann bei
allen anfallenden Büroarbeiten. Und als Lia 18 Jahre jung war, ging
sie zum ersten Mal offiziell aus. Und so kam es, dass Deniz sie im
Club Felix praktisch vom Fleck weg heiratete. Na ja, nicht ganz. Aber
als das Paar fünf Jahre später immer noch zusammen war, fanden
Lias Eltern, es wäre an der Zeit, eine multikulturelle Hochzeit zu
feiern. Deniz war Student der Ingenieurswissenschaften und Lia

hatte sich ihrem BWL-Studium verschrieben. So kam es also, dass sich rund drei Monate vor der Hochzeit, im Mai, zwölf Frauen im Berliner Hochzeitshaus nahe dem Potsdamer Platz zusammenfanden, um Lia bei der Kleiderwahl zur Seite zu stehen. Lia hatte keines der weiblichen Familienmitglieder ihrerseits ausschließen wollen, und auch Deniz fand, die Mädels aus seiner Familie müssten den Kleiderkauf begleiten, das sei eine gute Gelegenheit, damit sich die Frauen vor dem Fest etwas besser kennenlernen konnten.

Mitten im Showroom war ein circa zwei Meter langer Laufsteg aufgebaut, Lia war in eine Umkleidekabine hinter dem Laufsteg verschwunden, um sich ihr erstes Kleid, das bereits in der engeren Auswahl war, anzuziehen. Zur rechten Seite des Laufsteges saßen Pinar, Ayse, Tugba, Özlem, Ana und Marya. Zur linken schwatzten Oxana, Maria, Katharina, Ina, Polina und Valentina miteinander. Mit pochendem Herzen betrat Lia die Bühne. Das bodenlange Spitzenkleid zog eine beachtliche Schleppe hinter sich her und war bis zum Hals hochgeschlossen. Das Kleid lag am gesamten Körper eng an, ab dem Knie öffnete sich der Schnitt in einen sogenannten Meerjungfrauenstil. Die russische Verwandtschaft klatschte in die Hände, Polina schossen augenblicklich Tränen in die Augen, als sie Lia in diesem cremefarbenen Traum auf der Bühne stehen sah. Die türkische Verwandtschaft wirkte eher ernüchtert. Irgendwie fehlte ihnen etwas. Vielleicht Strass, oder Perlen? Lia tippelte vorsichtig um ihre eigene Achse und präsentierte den Mädchen dann das eigentliche Highlight des Kleides: Einen Rückenausschnitt, tief bis ins Nirgendwo. Natürlich konnte man Lias Poritze nicht sehen, aber der Rückenausschnitt endete tatsächlich direkt über dem Steiß. Die Spitze kringelte sich leicht auf ihrer goldenen Haut und Lia schaute keck über ihre Schulter hinweg, um die Reaktion ihrer Begleiterinnen abschätzen zu können.

»Gekauft!«, rief Valentina als Erste und Polina schossen wieder die Tränen aus den Augen. Tugba, die älteste Cousine von Deniz, ergriff auf der anderen Seite der Bühne als Erste das Wort:

»Schatz, du siehst traumhaft aus, keine Frage. Aber das geht in unserer Kultur nicht. Das könnte respektlos rüberkommen«, erklärte sie.

Kaum hatte Tugba diese Worte ausgesprochen, konnte Lia förmlich fühlen, wie die Luft im Raum irgendwie schwer wurde. Ihr wurde plötzlich heiß und kalt, ihr Blick wanderte aufgeregt von links nach rechts. Die befürchtete Reaktion ließ nicht lange auf sich warten.

»Was heißt hier ›eure Kultur‹? Trägt sie etwa ein Kopftuch?«, erwiderte Oxana schrill. Stille.

Lias Herz schlug ihr bis zum Hals, und sie wusste, sie musste diese Situation augenblicklich retten, sonst würde es eine Hochzeitsfeier mit verfeindeten Familienclans geben. Natürlich hatte Tugba es nur gut gemeint. Deniz hatte zwar eine äußerst tolerante Familie, die außerdem nicht streng gläubig war. Dennoch gab es in der Familie auch ältere Familienmitglieder, die über solch einen offenherzigen Auftritt erstaunt sein könnten. Und auch Oxanas Worte hatten sich härter angehört, als es gemeint sein sollte. Oxana wollte damit nur darauf hinweisen, dass Lia ja eine eigene Herkunft hatte. Die Rassisten und die Radikalen, dachte Lia sich. Das könnte sie ganz sicher auf die Tischkärtchen schreiben, wenn sie nicht sofort in der Lage wäre, die Situation zu retten. Sie schüttelte ihr gesamtes schauspielerisches Talent aus dem Ärmel und fasste sich an ihre linke Brust.

»Ihr werdet doch wohl nicht wegen meines Kleides streiten? Das ist doch meine Hochzeit, es soll der schönste Tag in meinem Leben werden!«, stammelte sie mit wackeliger Stimme, die zwar Tränen der Angst erahnen ließ, die Beteiligten dennoch zur Vernunft brachte. Da fassten sich die maßgeblichen Damen ähnlich erschrocken an ihr Herz. Oxana schüttelte ihr blondes Haar und stieg zu Lia hinauf auf die Bühne.

»Oh Gott, Schatz, es tut mir so leid, nein, natürlich nicht. Vielleicht finden wir ja ein Kleid mit halbem Rückenausschnitt?« beschwichtigte sie und blickte dabei fragend in Richtung der türkischen Familienmitglieder. Alle nickten zustimmend mit dem Kopf. Lia setzte nachdrücklich ihr Alle-müssen-nett-sein-Gesicht auf und verschwand wieder hinter der Bühne. Ab diesem Zeitpunkt wagte niemand mehr, seine Meinung zu Lias Hochzeit zu äußern, es sei denn, Lia bat explizit darum.

43. GRUND

Weil sich endlich die gesamte Familie kennenlernt

Als Kinga Daniel geheiratet hat, kannten sich die Familien nicht. Beziehungsweise: die Familien konnten sich auch gar nicht kennen. Kingas polnische Familie lebt bis auf Mutter, Vater und zwei Tanten mütterlicherseits, in Polen. Daniel ist zwar in Deutschland geboren und aufgewachsen, seine Familie ist jedoch über das ganze Land verstreut. Da leben seine Brüder in Köln und Düsseldorf. Sein Vater ist mit seiner neuen Freundin nach Bayern gezogen, seine Tanten und Cousins leben seit jeher in der Nähe von Hamburg, während Daniels Mutter nach wie vor in Berlin-Steglitz zu Hause ist.

Entsprechend groß war die Aufregung, als das Paar die Verlobung bekannt gab. Und relativ schnell war auch klar, dass die Hochzeit in Polen stattfinden würde. Daniels Familie könne einfacher rübergebracht werden, hieß es. Einfacher als Kingas Familie nach Deutschland. Denn Kingas Familie bestand zum damaligen Zeitpunkt aus rund 50 Familienmitgliedern.

Als Hochzeitslocation wählte das Paar ein mittelgroßes Waldhotel. Neben einem Haupthaus verfügte dies auch über mehrere kleine Villen, in denen die Familienangehörigen untergebracht wurden.

Neben der eigentlichen Aufregung, Hochzeit zu feiern, kam so für Kinga und Daniel noch die Aufregung hinzu, dass nunmehr ausgerechnet am Tag der Hochzeit der ein oder andere, nennen wir es »ausgefallene«, Charakter, auf wiederum andere, besondere Charaktere treffen würde. Hauptsächlich dachte Kinga da an ihre Tante Anna, eine sehr unterhaltsame, ältere Lady, die das Lästern über alles und jeden, auch im Familienkreis, einfach nie bleiben lassen konnte. Kinga befürchtete, das könnte auf Daniels Familie einen schlechten Eindruck machen, aber was sollte sie tun? Sie konnte ihre Tante ja nicht ändern. Und ausladen auch nicht.

Daniel hingegen hatte mehr Sorge, sein Vater könne sich danebenbenehmen. Wenn dieser ein oder zwei Bierchen zu viel trank, wurde er gerne »kuschelig«. Er neigte dann dazu, seine Gesprächspartner lange zu umarmen, zu lange, wie Daniel fand. Jungen Frauen legte er gerne auch mal eine Hand aufs Knie oder küsste ihnen die Hand. Auch im Beisein seiner eigenen Freundin verhielt er sich so. Und dann war da noch Kingas Schwiegermutter. Die zog sich gerne in ihre Schmollecke zurück, wenn ihr das Gehabe ihres Exmannes einfach zu viel wurde. Und dessen neue Freundin hatte sie sowieso noch nie leiden können.

So sehr Kinga und Daniel sich auf die Feier freuten, umso überforderter waren sie mit dem Umstand, so viele Familienmitglieder inklusive der »besonderen« Charaktere unter einen Hut kriegen zu müssen. Als Kinga und ich nach der Hochzeit miteinander mailten, war ich natürlich umso gespannter, ob sich die Familie zusammengerauft hatte.

»Ach, das hättest du mal sehen müssen: Meine Schwiegermutter habe ich einfach an den Tisch von Lästertante Anna gesetzt. So war sie die ganze Zeit abgelenkt und hat nicht nur meinen Schwiegervater beäugt und beschattet. Zum anderen hat sie ja eh kein Wort von dem verstanden, was Anna von sich gegeben hat. Im Laufe des Abends bin ich einige Male zu den beiden an den Tisch gegangen und habe mich für eine Sekunde (wirklich, mehr Zeit war es nie!) zu ihnen setzen können. Meine Tante hat geplappert und geplappert, natürlich auf Polnisch, und hat aber darauf bestanden, dass alle in ihrer

Nähe ihr zuhören. Inklusive deutschsprachiger Schwiegermutter. Ach und Daniels Vater war total lieb. Klar war der am Ende des Abends so betrunken, meine Cousins haben ihn gestützt und zu seiner Villa gebracht. Aber das kennen wir doch von unseren polnischen Hochzeiten! Niemand ist erschrocken über einen Absturz im Vollsuff. Wir haben uns vorher viel zu viele Gedanken gemacht und Stunden hin und her überlegt, wer mit wem an welchem Tisch sitzt, damit es keine Grüppchenbildung gibt. Am Ende haben alle miteinander getanzt, alle haben sich gedrückt und geküsst und wirklich die ganze Familie hat sich kennengelernt. Darauf kommt es doch an. Und selbst wenn es Knatsch gegeben hätte, wäre das auch egal gewesen. Die sehen sich doch eh alle erst in geraumer Zeit wieder. Vermutlich zur Taufe unseres Kindes ;-) Bis dahin hat jeder die Hochzeit verdaut und die Macken der anderen Familie sind vergessen. Aber dann haben wir dieses erste ›jeder lernt jeden kennen‹ wenigstens vom Tisch, Hochzeit sei Dank.«

44. GRUND

Weil wir richtig schnulzig und kitschig werden dürfen

Weiße Tauben. Schmetterlinge. Fliegende Kerzen, schwimmende Kerzen, Feuerwerk und Fackeln, die die Wege säumen. Herzen als Deko, Herzen auf den Einladungen, Herzen als Brautschmuck, ein Brautstrauß in Herzform. Gesangseinlagen, Liebesgeständnisse, einstudierte Paartänze und ein Eröffnungstango. Sektgläser mit Namensgravur, Gäste spielen selbst komponierte Lieder am Klavier. Die Hochzeitstorte mit fünf Etagen, jede Etage in einer eigenen Geschmacksrichtung. Luftballons mit Wunschkarten, selbst gebackene chinesische Glückskekse als Gastgeschenke. Foto-Diashows, Hochzeitszeitungen und ein Ehegattenquiz.

Es gibt keine andere Gelegenheit im Leben, um das volle Schnulzenprogramm zu fahren. Einen anderen Zeitpunkt, zu dem alles auf einmal erlaubt ist, gibt es nicht. Ich jedenfalls war noch nie auf einem 50. Geburtstag, auf dem Tauben gen Himmel stiegen, eine fünfstöckige Torte angeschnitten wurde und am Abend ein Feuerwerk die Nacht verzauberte. Ich war zwar schon auf Taufen und Konfirmationen, auf denen Luftballons als Dekomittel eingesetzt wurden. Aber es gab zu diesen Anlässen keine Liebeserklärungen und einstudierten Eröffnungstänze; festliche Reden werden stets knapp gehalten, die Stimmung schwingt dem Anlass entsprechend. Und auch auf einem Firmenjubiläum gibt es in der Regel keine Pferdekutschen, Geigenspieler und auch keine Brautentführung. Zu solchen Anlässen kriegt man immer nur Häppchen. Häppchen von dem, was veranstaltungstechnisch eigentlich möglich ist. Also nutzen wir die Hochzeit, um alles an Kitsch und Schnulz rauszulassen.

45. GRUND

Weil wir auch mehrmals »Ja« sagen dürfen

Mehrmals zu heiraten, scheinen viele Paare immer schicker zu finden. Damit ist nicht gemeint, dass sich das Paar zum 25. oder 40. Hochzeitstag noch einmal in Vegas oder Venedig das Jawort gibt, nein. Das wäre eine »Ehe-Auffrischung«. Hier ist gemeint, dass ein Paar innerhalb von zwölf bis 24 Monaten zweimal heiratet. Ein Paar, das ich zu diesem Thema befragt habe, würde diesen Weg immer und immer wieder gehen. Wir nennen es das Pro-Paar.

Susi und Grigori sind bereits verheiratet. Sie ist Anwältin in einem international tätigen Unternehmen. Er ist Atomphysiker – oder etwas in der Art. Ich kenne Susi natürlich aus dem Referendariat und ihren Mann Grigori habe ich zu Susis Geburtstag im Treptower Park kennengelernt. Wir standen damals kurz vor den

Examensprüfungen und nutzten Susis Geburtstag, um ausgiebig russischen Schichtsalat zu essen und Wodka-Ahoi zu trinken, aber das ist eine andere Geschichte. Ihre erste Hochzeit haben die beiden zu zweit gefeiert, im Dezember 2011 in Berlin. Es war eine standesamtliche Hochzeit, die das Zusammengehörigkeitsgefühl der beiden bestärken sollte. Susi findet, dass eine Heirat und die Wahl eines gleichen Nachnamens ein wichtiger Schritt zum Erwachsenwerden sei, und es gehört für sie mit dazu, um eine Familie zu sein. Und was sagt sie dazu, dass sie nun, an einem herrlichen Sommertag im Juni, in einem französischen Kornfeld noch mal heiratet?

»Ja, ist doch toll. Heiraten kann man doch, so oft man möchte!«, findet Susi und grinst dabei über beide Wangen. Wir sitzen zusammen am Savignyplatz und essen jeder eine riesige Pizza. Und natürlich möchte ich alles über die Hochzeitspläne zur zweiten Hochzeit wissen. Susi weiß von meinen 111 Gründen; dass unser Pizzaessen somit also zu einem Interview wird, ist ihr klar. Ich glaube, sie genießt es, so kurz vor ihrer eigenen Hochzeit einmal ein paar Statements zur Ehe an sich abgeben zu können. Ihre schwarzen Haare hat sie zu einem kurzen Pferdeschwanz am Hinterkopf gebunden, ihre mandelförmigen Katzenaugen funkeln verdächtig und sie trägt schon dieses Lächeln im Gesicht, das nach »Braut!« schreit. Und das, obwohl sie schon verheiratet ist! Ich schmunzel mit ihr zusammen und gönne ihr jeden Brautmoment von Herzen, aber zunächst muss sie mir ein paar Fragen beantworten.

»Sag, was ziehst du an?«, frage ich neugierig.

»Sag ich nicht! Du musst zur Hochzeit kommen«, grinst Susi. Ich ziehe einen Flunsch. Mein Liebster und ich, wir sind zwar zur Hochzeit in Frankreich eingeladen, aber ich habe meinen neuen Job erst vor wenigen Monaten angetreten, und ich weiß, dass es beim Chef gar nicht gut kommt, in den ersten sechs Monaten nach Urlaub, geschweige denn nach Brückentagen zu fragen. Susi erkennt meinen Flunsch und verspricht, ein Foto zu schicken.

»Das erste Mal habt ihr allein gefeiert«, hake ich nochmals nach. Susi nickt.

»Heiratet ihr jetzt noch einmal groß, weil eure Verwandtschaft die einsame Hochzeit nach wie vor nicht verkraftet hat? Bereut ihr eure erste Hochzeit?«

»Nö. Ich würde jetzt am liebsten auch nur mit Freunden heiraten, meine Mutter dreht seit Wochen nur am Rad. Aber das würde meine Familie dann wirklich nicht verkraften.«

»Aber warum heiratet ihr denn jetzt zwei Jahre nach der ersten Hochzeit noch mal?«

»Weil wir mit unseren Freunden und auch der Familie feiern möchten. Die Hochzeit in Berlin war auch toll und damals«, sie macht Gänsefüßchen in der Luft, »auch genau das Richtige. Aber jetzt haben wir das Gefühl, die komplette Familie einmal zusammenbringen zu wollen und richtig groß zu feiern.«

Ich nicke und schneide ein Stück meiner Pizza ab. In den USA lebt ein Ehepaar, das heiratet jedes Jahr zum Hochzeitstag aufs Neue. Immer wieder bekräftigt das Paar seinen Wunsch, weiterhin uneingeschränkt miteinander sein und leben zu wollen. Ich finde diesen Gedanken gar nicht schlecht. Denn was nützt ein Eheversprechen, dessen Inhalt und Tragweite man sich eines Tages vielleicht nicht mehr entsinnt? Es ist doch etwas anderes, sich in regelmäßigen Abständen ganz bewusst wieder füreinander zu entscheiden. Ich glaube, auch ich schlage meinem Mann eine erneute Hochzeit vor. Vielleicht so in zehn Jahren? Vielleicht in seinem Heimatdorf auf Sardinien? Oder während eines Vollmondfestes auf Phuket? Wir werden sehen. Die Ehe hält so viele Möglichkeiten bereit.

Doch es gibt auch Paare, die raten dringend davon ab, mehrmals zu heiraten. Hier haben wir es mit einem Contra-Paar zu tun, mit Elke und Fabian. Die beiden sind etwas älter als ich, aber schon seit dem Abitur ein Paar. Sie heirateten zunächst, als beide Mitte 20 waren, standesamtlich. Nach der Trauung ging es mit rund 15 Gästen zum Essen, eine gediegene, gutbürgerliche Feier, ein frohes, jedoch nicht opulentes oder ausschweifendes Fest. Zum damaligen Zeitpunkt wusste das Paar aber bereits, dass die große Feier noch bevorsteht. Von Anfang an war geplant, die kirchliche, große Feier genau zwölf Monate nach der standesamtlichen Trauung starten zu lassen. Zu der späteren kirchlichen Trauung und anschließenden Feier in einem Restaurant am See im Britzer Garten sind neben mir und meinem Liebsten noch rund 50 weitere Gäste eingeladen. Es ist mittlerweile Anfang Juni, die Hochzeitssaison brummt, in meinem Leben dreht sich mehr denn je alles um diesen einen Tag im Leben. Das Wetter ist durchwachsen, aber trocken. Elke und Fabian haben einen guten Tag zum Heiraten erwischt. Milde 24 Grad und ein locker bewölkter Himmel begrüßen uns, als wir an der Location im Park eintreffen. Der Sektempfang findet draußen statt, während sich das Paar nach der kirchlichen Trauung mit dem Fotografen zur Fotosession zurückgezogen hat. Es war ein ausgelassenes Fest, alle Hochzeitsklassikerspiele zur Unterhaltung der Gäste waren dabei, es wurde eine Fotopräsentation vom Junggesellinnenabschied gezeigt, Reden gehalten, ein Musikerpaar spielte Klavier und Geige, ein besonders bewegender Moment. Es war eine romantische Sommerhochzeit, die rundum gelungen war, und wir tanzten bis tief in die Nacht.

Aber als ich die Braut wenige Tage später treffe und frage, ob der Stress der letzten Tage schon etwas nachgelassen habe, schnauft sie tief durch und stöhnt lange und aufrichtig:

»Stress der letzten Tage? Ich bin seit 24 Monaten nur in Hochzeitsvorbereitungen. Kaum war die standesamtliche Hochzeit rum, fingen die Pläne für die kirchliche an. Ich hab das Gefühl, die letzten Jahre meines Lebens nur mit diesen Hochzeiten zugebracht zu haben«, klagt sie. Dennoch zeigte ihr strahlendes Gesicht, dass sie die Aufmerksamkeit und auch den positiven Stress rund um die Feierlichkeiten genossen hat.

»Und nun? Würdest du es noch einmal so machen?«, frage ich gespannt, und ich weiß, ich werde eine aufrichtige Antwort erhalten. Das ist mit Bräuten nicht immer ganz einfach. Viele Damen wollen sich den Stress der Hochzeitsvorbereitungen nicht eingestehen, aus Angst, ihr Fest damit in ein anderes Licht zu rücken. Viele mögen auch einfach nicht darüber nachdenken, ob das Kleid nicht vielleicht doch zu eng, die Torte zu groß oder klein oder der Schwiegervater zu betrunken war. Umso dankbarer bin ich Elke für ihre ehrliche Auskunft.

»Nein, ich würde es nicht genau so noch einmal machen. Ich würde zwischen standesamtlicher und kirchlicher Trauung 24 Stunden Luft lassen, nicht zwölf Monate. Das frisst einfach zu viel Zeit und Nerven. Dann noch der Polterabend, der JGA, jetzt kommen die Flitterwochen. Es waren tolle Feste, aber ich bin platt«, sagt sie und kramt in ihrer Handtasche. Ich nippe an meinem Tee, wir sitzen in einem Café in der Wilmersdorfer Straße. Sie schiebt mir einen Briefumschlag zu. Ich öffne ihn gespannt. Darin sehe ich die Dankeskarten an ihre Gäste, vorne auf der Karte ein Foto des Brautpaares.

»Du hast schon Dankeskarten, vier Tage nach der Hochzeit?«, frage ich erstaunt. Sie zuckt mit den Schultern.

»Ich sage doch, ich bin völlig platt« und fängt laut an zu lachen.

DIE FLITTERWOCHEN

»Denk daran, dass eine gute Ehe
von zwei Dingen abhängt:
erstens, den richtigen Menschen zu finden,
und zweitens, der richtige Mensch zu sein.«

Jackson H. Brown

Weil wir im Kopf noch einmal alles durchspielen

Ein Tipp gleich vorneweg: Flitterwochen sind dann echte Flitter-wochen, wenn das Brautpaar spätestens zwei Tage nach der Heirat das Weite sucht. In den USA ist folgendes Vorgehen sehr beliebt: Das Paar zieht sich bereits während der Party, also nach der Trau-ung, um, verabschiedet sich nach und nach von seinen Gästen und startet dann direkt in die Flitterwochen. Die Gäste dürfen entspannt weiterfeiern und das Paar muss sich um nichts weiter kümmern als um die Flitterwochen.

Ich mag diesen Gedanken. Einfach abhauen, bevor die ersten Gäste die Fete verlassen. Die Koffer stehen schon gepackt bereit, die Geschenke werden von den Trauzeugen in die eheliche Woh-nung transportiert und das Trinkgeld für die Crew übernimmt der Schwiegervater. Und im Flugzeug heißt es dann: Abschalten! Während eines zwölfstündigen Fluges nach Südafrika oder auf die Malediven können wir in Gedanken, mit einem sanften Lächeln auf den Lippen, jeden einzelnen Moment noch einmal durchgehen. Wir können uns richtig viel Zeit dafür nehmen, die so schnell ver-flogenen Stunden unserer Hochzeit erneut Revue passieren zu lassen. Wir setzen unsere Kopfhörer auf und streicheln mit dem Daumen sanft das Knie unseres Liebsten, der sich auf die nächs-ten zwölf Stunden mit einer geballten Ladung Actionfilme freut. Wir schauen aus dem Flugzeugfenster, die Sonne geht hinter den Wolken unter und unser Herz durchzieht ein freudiges Stechen, als wir vor unserem inneren Auge das »Ja, ich will« immer und immer wieder abspielen. Sanfte Loungemusik begleitet unsere Gedanken. Wir sehen unsere Familie strahlen, während Reis und Rosenblätter auf uns geworfen werden. Wir steigen zusammen durch ein aus-geschnittenes Bettlaken, zersägen einen Baumstamm (ach, daher stammt die kleine Schwiele unter dem rechten Mittelfinger), wir umarmen und küssen unzählige Gäste. Das Dauergrinsen steht uns wunderbar, schmerzt irgendwann ganz sanft nahe den Ohren. Wir essen einen Happen, trinken schlückchenweise Sekt, schneiden eine Torte an (warum weinen plötzlich alle wieder?), wir tanzen unseren Tanz (noch mehr Tränen) und lieben das Blitzlichtgewitter des Fotografen. Zwischendurch müssen auch Bräute auf die Toilette und wir lieben unser Kleid mit jedem Blick, den wir in den Spiegel über dem Waschbecken werfen. Was für ein Traum! Oje, die Zeit rinnt dahin, ist es tatsächlich schon an der Zeit, den Brautstrauß zu werfen? Die Mädels warten sicher schon auf die Braut. Noch einen Schluck Sekt. Der Fotograf steht bereit, die unverheirateten Mädels auch. Es folgen wieder zahlreiche Umarmungen. Aber da war doch noch etwas? Ach ja, die zauberhafte Diashow des Junggesellinnen-abschiedes; Fotos, die der Liebste doch eigentlich nie zu Gesicht bekommen sollte. Die Mädels kreischen laut auf, als ein Foto der Braut erscheint, auf dem sie aus einem penisförmigen Glas eine cremige Flüssigkeit schlürft. Ach, was soll's. Die Gäste hatten ihren Spaß damit. Was für ein traumhafter Abend. Mittlerweile ist es dunkel geworden, hinter den Wolken. Das Kabinenlicht wurde ge-dimmt, unser Liebster lacht über eine Szene in seinem Film, den er schaut. Wir kuscheln uns in eine Ecke des Flugzeugsitzes, schließen wieder die Augen und genießen die letzten Tänze, Umarmungen, Fotoshootings und Dankesreden unserer Hochzeit.

47. GRUND

Weil nichts unsere gute Laune zerstören kann oder:
Die Geschichte vom roten T-Shirt

Vor Ort angekommen sind wir erschöpft und glücklich. Die Male-diven empfangen uns mit einer süßen, warmen, von Feuchtigkeit durchtränkten Luft. Im Empfangsbereich wird uns eine erfrischende

Kompresse gereicht, ein Glas Orangensaft mit Schirmchen ebenfalls zum Erfrischen. Wir erwähnen beim Check-in so beiläufig wie möglich unser Honeymoon und strahlen bei einem »Oh really? Let me check out our most beautiful room for you!« mit der Rezeptionistin um die Wette. Wir warten dann doch etwas länger als gewünscht auf unsere Zimmerschlüssel, aber hey, was soll's! Es sind doch Flitterwochen. Im Bungalow angekommen, genießen wir unsere erste gemeinsame Dusche als Ehepaar unter freiem Himmel, unter der ganz privaten und vor neugierigen Blicken abgeschirmten Gartendusche. Wir küssen uns leidenschaftlich, seifen uns gegenseitig ein und blicken hoch in den dunklen Nachthimmel des Süd-Malé-Atolls. War das gerade eine riesige Fledermaus, die über uns hinwegflog? Wahnsinn!

Die nächsten Tage verbringen wir am Strand, wir entspannen, bis es nichts mehr zum Entspannen gibt. Wir kehren von einem Schnorchelausflug zurück in unseren Bungalow und freuen uns darüber, wie tadellos das Bett gemacht wurde. Doch, was hat denn unser Liebster? Er durchwühlt das Bett, rupft alles auseinander, geht schnurstracks auf den Schrank zu, blickt hektisch in den Koffer. Wir runzeln die Stirn und hoffen auf eine Erklärung für diesen plötzlichen Stressausbruch.

»Es ist weg!«, erklärt er plötzlich. Wir stutzen. »Mein rotes Schlafshirt. Es ist nicht mehr da. Es lag die letzten Nächte immer hier, unter dem Kopfkissen. Jetzt ist es weg.« Wir lächeln sanft und wohlwollend, können in dieser Sekunde noch nicht richtig erfassen, was es mit dem Shirt nun auf sich hat. Wir versuchen, die Situation als Belanglosigkeit dastehen zu lassen und unserem Ehemann dennoch die Aufmerksamkeit zukommen zu lassen, die er verdient.

»Liegt es draußen auf der Terrasse?«

»Nein.«

»Im Bad?« Kopfschütteln.

»Bestimmt hat das Zimmermädchen es mitgenommen.«

»Aus Versehen meinst du.«

»Was weiß ich.«

»Schmollst du jetzt deswegen?« Achselzucken. Wir atmen tief durch. Kein Grund, schlechte Stimmung aufkeimen zu lassen. Sicher gibt es eine Lösung. Denn hey, das sind unsere Flitterwochen!

»Okay, ich rufe an der Rezeption an und bitte das Housekeeping, die Wäsche einmal durchzuschauen, ja? Ein rotes T-Shirt wird unter weißer Bettwäsche schon auffallen.« Er brabbelt etwas vor sich hin und setzt sich vor dem Bungalow in einen Liegestuhl. Das Housekeeping kann nicht weiterhelfen. Es wurde nichts gefunden. Wir setzen unser Lächeln wieder auf, als wir vor den Bungalow treten.

»Magst du einen Eistee? Du, leider wurde das Shirt nicht gefunden, aber wenn du magst, kaufe ich dir morgen im Souvenirshop ein neues?!«

»Schon okay«, antwortet er unerwartet freundlich. Erstaunen. Was kommt jetzt?

»Hey, es sind unsere Flitterwochen. Und du hast ja auch mal Urlaub«, meint er. Will heißen: Wir müssen nicht jetzt ein Beschwerdeschreiben an unsere Reiseleitung aufsetzen. Flitterwochen sei Dank. Das machen wir erst, wenn wir wieder zu Hause sind.

Übrigens:
Ob Sie es glauben möchten oder nicht, liebe Leser. Der Reiseveranstalter ließ sich doch tatsächlich dazu herab, einen ansehnlichen Entschuldigungs-Scheck auszustellen, weil während der Flitterwochen ein rotes T-Shirt abhandengekommen war. Bräute dürfen eben auch nach der Hochzeit noch mal auf die Tränendrüsen drücken!

48. GRUND

Weil wir Upgrades und Geschenke lieben

Wie an anderer Stelle bereits erwähnt, heirateten mein Liebster und ich allein, im Juli, am Strand von Miami Beach. Da ich eigentlich nicht gerne fliege, hatte ich mit dieser Aktion zwei Fliegen mit einer Klappe geschlagen: Hochzeit am Strand und Flitterwochen in einem. Nach der einstündigen Trauung in einer kleinen Bucht am Strand fiel die Aufregung ganz plötzlich von uns ab, wir konnten wieder durchatmen, denn so eine Zeremonie ist viel anstrengender, als die meisten annehmen mögen. Um uns nach all dem Stress für die unmittelbar anstehenden Flitterwochen zu stärken, gönnten wir uns ein Mittagsessen in einer Strandbar. Mein Hochzeitskleid hing bereits wieder im Hotelzimmer, ich hatte mich wegen der 38 Grad dann doch für ein locker-leichtes, strahlend gelbes Strand-kleid, Flip-Flops und Strohhut entschieden. Auch mein Liebster hatte seinen Anzug abgelegt und saß mir strahlend in Shorts und T-Shirt als mein Ehemann gegenüber.

Die Kellnerin war äußerst freundlich, als sie erfuhr, dass wir uns vor nur wenigen Minuten das Jawort gegeben hatten, stellte sodann aber erstaunt fest, dass mein Liebster keinen Ehering trägt. Wir erklärten ihr, dass er generell keinen Schmuck mag und mein Ring dafür umso teurer war. Sie fand, das hätte ich geschickt eingefädelt, und außerdem sei es ganz gut, als Ehemann in den USA ohne Ring unterwegs zu sein. Denn die amerikanischen Frauen seien nahe-zu besessen davon, verheiratete Männer aufzugabeln. Das verleihe ihnen wohl ein hohes Selbstwertgefühl. Ich bedankte mich für diese kulturelle Insiderinformation und bestellte eine Tortilla mit gegrill-tem Fisch und Kartoffelecken. Zum Nachtisch bekamen wir ein dickes Stück Original Florida Lime Cake mit frischer Schlagsahne vom Restaurant geschenkt. Unsere Hochzeitstorte sozusagen.

Am Abend begrüßte uns das Hotel mit eisgekühltem Sekt und extra vielen Duschgelen, Seifen und Bodylotions auf dem Hotel-zimmer. Das Deluxe-Zimmer mit Whirlpoolwanne und Erste-Reihe-Blick auf das Meer hatten wir natürlich von Deutschland aus schon angefragt. Und natürlich war ich vor unserer Anreise (per E-Mail) und auch beim Check-in nicht müde geworden zu betonen, dass dies unsere Flitterwochen sind und das Hotel uns sicher das schönste Zimmer mit dem wundervollsten Ausblick zur Verfügung stellen mag, über das es verfügt. Ich denke, morgens im Bett zu liegen und mit direktem, freiem Blick aus dem 20. Stock auf das Meer aufzuwachen, ist ein Upgrade, das sich genießen lässt. Von der Whirlpoolwanne mal ganz zu schweigen.

Übrigens:

Aus eigener Erfahrung darf ich verraten, dass es nicht klug ist, den Whirlpool schon anzustellen, wenn die Luftdüsen erst zur Hälfte mit Wasser bedeckt sind. Das bringt eine riesige Schweinerei und Seife gehört natürlich auch nicht mit hinein!

49. GRUND

Weil sie anders sind

Urlaube sind doch immer etwas Besonderes. Wochen zuvor gehen wir Reiserouten durch, erkundigen uns nach dem Wetter vor Ort, installieren Reise-Apps und fragen Bekannte, die bereits dort waren, nach Insidertipps. Wir lassen den Alltag hinter uns, atmen auf und atmen durch. Flitterwochen setzen dem Ganzen noch ein Krönchen auf. Beschwingt und betrunken voll Freude über die Hochzeitsfeier, kann das Abenteuer Ehe endlich starten. Jedes Foto wird in dem Bewusstsein geschossen, dass es sich hierbei um ein Foto aus den Flitterwochen handelt. Wir halten beim Abendessen in diesem kleinen Fischrestaurant stundenlang Händchen, während am Horizont die Sonne dick und schwer wie eine saftige Blutorange im Meer versinkt. Wir streicheln unsere Finger und meinen, ein Zischen zu hören, als die Sonne ihre letzten Strahlen dieses Tages über das Meer gleiten lässt. Das Dauergrinsen bringt unsere Augen mehr denn je zum Strahlen und wir finden: Ja, so kann es für immer weitergehen mit uns beiden. Du und ich. Sonne, ein gut gegrillter Fisch, Sand an unseren Füßen und eine rosarote Wolke über unseren Köpfen. Jedes Lächeln, jeder Kuss, jede Sehenswürdigkeit wird besonders wahrgenommen und tief im Bewusstsein abgespeichert. Und wir nehmen uns heute schon vor, dass wir in 40 oder 50 Jahren gemeinsam wieder hier sein werden. In diesem kleinen Fischrestaurant. Zum Sonnenuntergang.

50. GRUND

Weil wir besonders lieb zueinander sind

Das Besondere an den Flitterwochen ist wohl auch, dass wir besonders nett, liebevoll und verständnisvoll miteinander sind. Im Normalfall regt es uns vielleicht auf, wenn er seine Socken einfach auszieht und im Bad liegen lässt. In den Flitterwochen würden wir es nie wagen, hieraus einen Streit entstehen zu lassen. Und ihn ekelt es für üblich an, unseren Nassrasierer in der Dusche liegen zu sehen. In den Flitterwochen hingegen ist der Ladyshaver ein Indiz für samtweiche Haut an ganz besonderen Stellen. Im echten Leben mögen wir es nicht, wenn er uns Essen vom Teller pikt? In unseren Flitterwochen füttern wir uns gegenseitig mit all den Köstlichkeiten, die das fremde Land zu bieten hat. Er findet es zu Hause schade, wenn sie ungeschminkt durch die Gegend läuft und keine Zeit findet, um sich die Finger- und Fußnägel zu lackieren? In den Flitterwochen sind ihre ungeschminkten Augen echte Juwelen, die durch ihre zart gebräunte Haut noch schöner strahlen. Und eines Abends, das Paar genießt gerade das Rauschen des Meeres auf dem Balkon ihrer Flitterwochen-Suite, greift er selbst zum Fläschchen und lackiert seiner Liebsten die Fußnägel. Ganz akkurat trägt er die rote Farbe auf und achtet darauf, dass sein Kunstwerk nirgendwo anstößt. Flitterwochen sollten vielleicht auch in dem Bewusstsein erlebt werden, dem frisch angetrauten Ehepartner nur die besten

Seiten von sich zu zeigen. Denn der Alltag, wie etwa unrasierte Beine und schmutzige Socken im Badezimmer, der holt das Paar sowieso ein.

Ich selbst erinnere mich sehr gut an eine Szene während meiner Flitterwochen, während der ich mir immer wieder gut zugeredet habe: »Reg dich nicht auf, das sind deine Flitterwochen. Ein Streit könnte jetzt alles versauen.« Folgendes hatte sich zugetragen: Mein Liebster und ich fuhren im gemieteten Jeep circa 100 Kilometer von Miami Beach in Floridas Landesinnere, um eines der größten Outlet-Center der USA zu besuchen, die Sawgrass Mills. Unser Mietwagen hatte kein Navi, allerdings hatte ich schon von Deutschland aus über Google Maps die Route zum Ziel ausgedruckt. Wir fuhren zwar geschlagene zehn Kilometer weiter als nötig, weil wir einfach an der Mall vorbeigefahren sind, aber das war noch nicht mein Reizpunkt des Tages. Auf dem Rückweg, wir waren gerade auf dem Highway angelangt und hatten circa 1,5 Stunden Fahrweg vor uns, ereilte das Land plötzlich und ganz typisch für Florida ein unfassbar schwerer Regenfall. Es fing wie aus dem Nichts derart heftig zu regnen an, die Sichtweite betrug gleich null Meter. Das an sich ist auch noch nichts, was mich aus der Fassung bringen könnte. Ich war bereits vor meinen Flitterwochen in Florida gewesen und kenne die Wassermengen, die da plötzlich vom Himmel fallen können. Was ich zu diesem Zeitpunkt jedoch noch nicht wusste, war, dass mein heiß geliebter Ehemann es fertigbringt, in einem fremden Land, mit Mietwagen unterm Hintern, null Metern Sichtweite und schleppendem Verkehr inklusive unsicherer Straßenverkehrsteilnehmer, dem Vordermann derart dich aufzufahren, sodass ich jeden Augenblick dachte, jetzt knallts. Und dann stell dich mal hin mit deinem Unfallpartner. Mitten auf dem Highway im Starkregen, um einen Unfall für die Versicherung aufnehmen zu lassen. Ein Szenario, das ich um jeden Preis vermeiden wollte. Um meiner Flitterwochen willen biss ich mir jedoch auf die Zunge. Immer wieder, auch wenn das Bremslicht unseres Vordermannes schon aufleuchtete und mein Liebster dennoch der Meinung war, selbst nicht bremsen zu müssen, spannte sich mein Unterkiefer an. Ich fragte zwischenzeitlich mal nach, ob es einen Grund habe, weshalb er keinen Abstand halten wolle. Er erklärte, dass unser Hintermann uns selbst so dicht auffuhr. Ich warf einen Blick in den Rückspiegel und erblickte einen weißen Ford-Lieferwagen. In ihm ein schmieriger, schwitzender Typ im Karohemd. Ich schaltete die Warnblinkanlage ein. Mein Liebster schaltete sie wieder aus. Ich warf ihm einen fragenden Blick zu.

»Möchtest du fahren?«, fragte er noch. Über uns zuckte ein Blitz durch den schwarzen Himmel Floridas. Irgendwo in der Ferne konnte ich jedoch erahnen, dass das Gewitter abzog. Und da mein Liebster tatsächlich bis heute noch nie einen Autounfall hatte, biss ich mir wieder auf die Zunge und ging zur Ablenkung und Beruhigung im Kopf ein Mantra zu meinen neu erworbenen Kleidungsstücken durch. Schwarze Guess Wedges. Ein pinkfarbener Ralph-Lauren-Pullover. Calvin-Klein-Unterwäsche. Schwarze Guess Wedges. Manchmal tut Frau gut daran, sich auf die Zunge zu beißen und an Schuhe zu denken. Insbesondere dann, wenn es um den weiteren Verlauf der Flitterwochen geht.

51. GRUND

Weil Sex nicht bloß Sex ist

Natürlich plant die Braut nicht nur die Festlichkeiten daheim bis ins kleinste Detail. Auch unsere Flitterwochen und insbesondere der Sexfaktor während dieser besonderen Zeit werden akribisch vorbereitet. Wir verbringen Stunden in den feinsten Wäscheabteilungen unserer Stadt, lassen uns Vor- und Nachteile von Korsagen, Stumpfhaltern, Hemdchen, Seide, Baumwolle und Spitze erklären. Vom Balconette-BH, über die Triangelform, alles wird anprobiert, bis wir ein paar besonders schöne Stücke beisammen haben. Da gibt es etwa das Wäsche-Set, das wir in der ersten Nacht vor Ort tragen möchten. Zum Abendessen haben wir es natürlich auch schon an, durch unser schwarzes, bodenlanges Sommerkleid zeichnet sich ganz zart die feine Spitze der knallroten Wäsche ab. Nach dem Essen zurück in unserer Suite, müssen wir das schwarze Kleid nur fallen lassen und – BOOOM! Stehen wir da. In roter Spitze. An unserem BH baumelt eine kleine Feder, die für neckische Spielchen abgenommen und im Bett zum Einsatz gebracht werden kann. Und auch unsere »normale« Nachtwäsche strahlt in neuem Glanz. Das leichte Seidenhemdchen mit passendem Schlüppi schmiegt sich wunderbar an und kann von ihm nach Belieben rauf und runter geschoben werden, je nachdem, nach welcher Körperstelle er unter der Bettdecke fasst. Um diesen besonderen Nächten Ehre zu erweisen, wird er sicher seinen nötigen Teil dazu beitragen. Auch, damit das Paar eindeutig mehr Sex hat als daheim. Ob unter der Dusche, in der Whirlpoolwanne, vor dem Bett, hinter einer Palme oder im Mietwagen, in den Flitterwochen ist irgendwie alles wurscht und alles erlaubt.

Übrigens:
Sex am Strand (also in der Öffentlichkeit) mag noch so romantisch und in den Flitterwochen irgendwie selbstverständlich sein, in den meisten Ländern dieser Welt ist das Lustspiel außerhalb der eigenen vier Wände verboten und wird mit hohen Strafen geahndet.

Florida

Es gibt im Sunshine State nur sehr wenige Oben-ohne-Strände, zum Beispiel in Miami Beach oder Key West. Ansonsten müssen 80 Prozent von Po und Busen mit Badebekleidung verdeckt sein. Dass Sex am Strand mit einer Nacht auf der Polizeistation und einer satten Geldstrafe enden kann, dürfte sich demnach von selbst erklären.

Malediven & Dubai

Die Malediven sind ein islamischer Inselstaat. Die lebenslange Haftstrafe sowie Prügelstrafe stehen hier auf dem Programm, wenn beim Sex die Öffentlichkeit zusehen darf. In Dubai gelten Küsse und Berührungen in der Öffentlichkeit bereits als absoluter Tabubruch. Zwischen gleichgeschlechtlichen Paaren können solche Handlungen sogar mit einer Nacht im Gefängnis enden.

Jamaika & Bulgarien

Lässt es beim Sex am Strand mit einer Verwarnung bleiben, was allerdings nicht für homosexuelle Handlungen gilt. Auch in Bulgarien gibt es lediglich eine Verwarnung. [10]

Deutschland

Bei uns daheim fällt Sex am Strand unter »Erregung öffentlichen Ärgernisses«, was in § 183a StGB normiert ist, und wird mit Freiheitsstrafe bis zu einem Jahr oder mit Geldstrafe geahndet. Voraussetzung hierfür ist jedoch, dass jemand oder mehrere Personen sexuelle Handlungen vornehmen und dadurch absichtlich oder wissentlich das Ärgernis anderer Menschen erregen. Es reicht auch schon aus, wenn sich nur eine Person durch das Verhalten gestört fühlt. Wenn ein Paar in Deutschland sich also am Strand, in einer sonst menschenleeren Gegend, hinter einer Düne versteckt oder sich hinter einer Strandmuschel verschanzt, darf man wohl davon ausgehen, dass das Paar eigentlich nicht gesehen werden wollte. Eine Strafbarkeit würde demnach bei guter Argumentation ausscheiden. Ist das Paar hingegen der Meinung, am helllichten Tag in einem bekannten, gut besuchten Sylter Strandrestaurant einander am oder unter dem Tisch begrabbeln zu müssen, dann ist das Paar vermutlich ganz bewusst das Risiko eingegangen, Zuschauer für die Grabbelaktion zu finden. Eine Strafbarkeit wäre anzunehmen.

Sollten wir als Fazit hier etwa festhalten: Lieber Sex hinter einer Strandmuschel in den Ostseedünen als Zungenküsse in Dubai austauschen, die mit Gefängnis enden können? Die Wahl der richtigen Flitterlocation hängt offensichtlich auch damit zusammen, wie offen sich ein Paar zeigen und seine Gefühle in der Öffentlichkeit darstellen mag. Wer keinerlei solch exhibitionistischer Tendenzen hegt, hat es mit der Ortswahl etwas leichter und kann rund um den Globus flittern.

Sex während der Flitterwochen ist besonders lustvoll und romantisch und noch dazu befreit er vom Alltag. Nicht zu vernachlässigen ist natürlich auch die Erwägung, in den Flitterwochen ein Baby zu zeugen. Das Ehepaar kann dann wieder daheim nicht nur spannende Fotos von Unterwasserschildkröten oder dem Schiefen Turm von Pisa präsentieren, sondern auch das erste Ultraschallbild vom Würmchen. Oder Pünktchen. Wenn das kein Grund zum Bumsen ist!

52. GRUND

Weil uns nichts zu teuer ist

Ein Cocktail für 20 Dollar, nur um direkt am Ocean Drive zu sitzen, mit schönem Blick auf das Getümmel vor Ort? Kein Problem! Eine Schnorcheltour für lächerliche 95 Dollar pro Person, obwohl er gar nicht schnorchelt und nur seiner Frau zuliebe mit zum Ausflug fährt? Natürlich! Pancakes und Obstsalat dank Zimmerservice auf dem Balkon genießen? Na klar, kostet doch nur 35 Dollar für drei winzige, bei Ankunft kalte Pancakes und einen Miniobstsalat. Das sind die Flitterwochen. In den Flitterwochen kann es äußerst befreiend sein, einfach mal nicht an das Kreditkartenlimit denken zu müssen. Denn hey, was macht es schon, ob nun 35 Dollar mehr oder weniger auf der Hotelrechnung stehen? Nicht besonders viel. Aber es macht sehr wohl etwas aus, ob wir einen romantischen Abend auf dem Balkon bei einer Flasche bestem Weißwein genießen, oder ohne. Und es macht etwas aus, ob wir uns zwei Wochen lang von Pommes und Burgern ernähren, nur um Geld zu sparen, oder ob wir neben Fast Food auch die landestypische Küche des Reiseziеles kennenlernen. Und es macht etwas aus, ob wir unseren Cappuccino direkt am Markusplatz im weltberühmten Caffè Florian trinken oder etwa in einer dunklen Seitengasse. Während eines regulären Sommerurlaubs lässt sich die eine oder andere Ausgabe noch einmal überdenken, klar. Brauchen wir wirklich das hundertste Strandlaken aus Malle? Müssen wir gefälschte Portemonnaies aus der Türkei mitbringen? Vermutlich nicht. Aber ein Strandlaken aus den Flitterwochen ist ein Must-have! Und eine gefälschte Uhr aus den Flitterwochen in Thailand ein lustiges Mitbringsel für den Brautvater. Es gibt unzählige Gründe, um in den Flitterwochen Geld auszugeben. Selbst wenn wir unsere Flitterwochen auf einer einsamen Berghütte im tiefsten Kärnten auf einer Alm verbrächten, selbst dann wäre es eine Berghütte mit Wasserbett, offenem Kamin und beheizbarem Holzwhirlpool vor der Hütte. Versprochen.

53. GRUND

Weil unser neues Leben zu Hause auf uns wartet

Die Flitterwochen neigen sich dem Ende. Unwillkürlich durchfährt das flitternde Paar bei dem Gedanken an die Heimreise ein Kribbeln durch den ganzen Körper. Wir denken daran, wie wundervoll die Fotos wohl geworden sind. Ob noch mehr Glückwunschkarten zu Hause auf uns warten? Vielleicht sollten wir ein Foto aus den

Flitterwochen für das Bild auf den Dankeskarten verwenden? Wir freuen uns auf die Heimreise, auch wenn wir natürlich noch viel, viel länger in den Flitterwochen hätten bleiben können. Zu Hause wartet nun viel mehr auf uns als das bloße Alltagsleben. Dort wartet eine Ehe darauf, im Alltag zu bestehen. Unsere Verwandten freuen sich auf unsere Berichterstattung und die Kolleginnen wollen auch endlich ihre Neugierde befriedigt wissen. Wie war die Trauung? Und das Kleid? Und wo ist der Ring? Und wie war das Wetter?

Im Flugzeug nach Hause haben wir noch genügend Zeit, um jeden Tag der Flitterwochen in Gedanken noch einmal durchzugehen. Die Tagesausflüge, das gute Essen, die Nacht unter dem Sternenhimmel. Wir schwammen im Regen, als plötzlich ein Gewitter über uns hereinbrach, während wir im Pool unsere Runden drehten. Wir bestellten uns Pizza aufs Zimmer und jeden Morgen erwachten wir mit einem Blick direkt auf den Atlantik. Wir kuscheln uns in den Sitz des Flugzeugs und genießen die sanfte Loungemusik, die unsere Gedanken begleitet. Unser Liebster streichelt unsere Hand und freut sich wieder über eine Zwölf-Stunden-Session mit allen Actionfilmen dieses Planeten.

Zu Hause angekommen, erwarten uns ein wundervoll geschmücktes Wohnzimmer, Dankeskarten mit den besten Glückwünschen und ein Jetlag vom Feinsten. Wir schlafen aus und tauschen das alte Klingelschild gegen das neue mit unserem Ehenamen darauf aus.

KAPITEL 6

DIE ERSTEN WOCHEN FRISCH GETRAUT

Heirat ist nicht das Happy End,
sondern immer erst ein Anfang

Federico Fellini

54. GRUND

Weil Amtsgänge nie schöner waren

Wieder daheim stellt die frischgebackene Ehefrau fest, dass nach dem Geschenkeauspacken und Dankeskartenversenden auch noch der ein oder andere Amtsgang auf dem Programm steht. Gemeinsam sitzt das Ehepaar sodann beim Bürgeramt, erstaunt darüber, dass die Schlange für die Wartenummern schon 1,5 Stunden vor Eröffnung der Ausgabeschalter bis hinaus auf die Straße reicht. Das Ehepaar hat Glück, um 7:50 Uhr ergattert es eine der letzten Wartenummern, bevor um 8:15 Uhr die Ausgabe für diesen Tag wieder geschlossen wird. Gemeinsam im Wartebereich zu sitzen ist weniger deprimierend als allein, und immerhin geht es hier ja um die gemeinsame Zukunft des Paares. Nicht bloß um die Beantragung eines Führungszeugnisses oder eine Adressummeldung.

Übrigens:
Das Recht zum Ehenamen ist in § 1355 BGB normiert, indem es im ersten Absatz heißt:

»(1) Die Ehegatten sollen einen gemeinsamen Familiennamen (Ehenamen) bestimmen. Die Ehegatten führen den von ihnen bestimmten Ehenamen. Bestimmen die Ehegatten keinen Ehenamen, so führen sie ihren zur Zeit der Eheschließung geführten Namen auch nach der Eheschließung.«

Soll ein gemeinsamer Ehename her, muss das Paar dies während der standesamtlichen Trauung erklären. Meist hat der Standesbeamte in einem Vorgespräch mit dem Paar über die unterschiedlichen Variationsmöglichkeiten aufgeklärt und auch darüber, dass es in Deutschland keine Pflicht gibt, einen Ehenamen zu tragen.

Nachdem die Namenswahl getroffen wurde, geht es nun darum, alle erforderlichen Dokumente auf diesen neuen Namen umschreiben zu lassen und daheim alle wichtigen Versicherungen, Arbeitgeber, die Hausverwaltung, Handyvertragspartner, Banken, Fitnesscenter und Co. über den neuen Namen zu informieren. Im besten Falle legt sich das Ehepaar hierfür eine Liste an, die mit einem Wiedervorlagedatum versehen und sukzessiv abgearbeitet wird (so die Empfehlung meines Mannes zum damaligen Zeitpunkt an mich). Auch der Steuerberater sollte alsbald über die Heirat informiert werden. Mein Steuerberater weiß mittlerweile, dass ich verheiratet bin. Aber irgendwie glaube ich mich zu erinnern, dass vor einiger Zeit ein Schreiben an mich, adressiert mit meinem Mädchennamen, bei uns einging. Verdammt, war das ein Bonuskartenpartner? Eine Versicherung? Wo ist nur diese Liste?

55. GRUND

Wegen Dankeskarten
und auch doofen Geschenken

Dankeskarten zu versenden stellt für viele Paare den Abschluss des Heiratsmarathons dar. Mit der Karte wird in der Regel auch das offizielle Hochzeitsfoto verschickt, nach dem ohnehin alle fragen. Und nach dem Versenden der Karten darf sich das Paar vollends zurücklehnen. In der Regel wird ihm und ihr dann erst bewusst, welch schöne und teilweise auch kuriosen Geschenke dem Paar vermacht wurden. Klar, auf Nummer sicher ist gegangen, wer auf der Hochzeitsfeier einfach ein großes Sparschwein aufgestellt hat. Vielen Paaren ist dies jedoch zu unpersönlich, sie greifen daher auf die klassische Geschenkeliste in großen Warenhäusern oder im Internet zurück, diese wurden ja bereits erwähnt. In den Einladungen hieß es dann etwa:

»Da wir schon einen gemeinsamen Haushalt unser Eigen nennen, haben wir hier eine kleine Liste zusammengestellt, die euch inspirieren dürfte: www.unserehochzeitsliste.org.«

Oder: »Unser Haushalt ist bereits komplett, doch eine Reise auf die Malediven, das wäre nett. Unser Sparschwein Trudi steht deshalb im Restaurant Weiße Lilie für euch bereit, um gefüttert zu werden.«

Trotz dieser Bemühungen des Paares, bloß nicht den 500. Bilderrahmen, die zehnte Pfeffermühle oder das dritte Kochbuch geschenkt zu bekommen, ist der ein oder andere Hochzeitsgast doch sicherlich beratungsresistent gewesen und hat Geschenke, wie etwa die folgenden, gemacht:

- *Hölzerne Eulen als Bücherstützen*
- *Glasspieße für Erdbeerbowle*
- *Die komplette erste Staffel von Eine schrecklich nette Familie*
- *Klopapier mit 100-Euro-Scheinen als Aufdruck*
- *Ein Miniatur Zengarten für den Schreibtisch*
- *Das Sexgewürz von Alfons Schuhbeck*
- *Sektgläser mit Blumengravur*
- *Gehäkelte Tischläufer*
- *Eine Fotocollage in der Größe einer Wohnungstür*
- *24er-Set Steakmesser*
- *Weiße Stoffservietten mit Initialenbestickung*

Wohin damit? Ab in den Keller? Oder dem nächsten heiratenden Paar schenken? Hölzerne Eulen als Bücherstützen passen doch irgendwie in jedes andere Wohnzimmer.

56. GRUND

Weil das erste Mal »mein Mann« und »meine Frau« irgendwie sexy ist

Mein Mann. Meine Frau. Klingt erwachsen. Klingt wie früher bei Mama und Papa, wenn diese sich gegenseitig vorgestellt haben. So ist nun auch das neue Ehepaar »mein Mann« und »meine Frau«. Ich finde es nach wie vor lustig und irgendwie nicht greifbar, meinen Mann als »mein Mann« vorzustellen oder anzusprechen. Vielleicht liegt es daran, dass wir uns schon so lange kennen und die Heirat zwar einen neuen Lebensabschnitt markiert, aber nicht in unser Leben eingegriffen hat? Vielleicht liegt es daran, dass ich mich mit meinen 28 Jahren in der heutigen Zeit als eher junge Ehefrau empfinde und mich mit der Tragweite dieses viel bedeutenden Begriffes noch nicht wirklich identifizieren kann? Immerhin weiß ich eines: Meinen Mann sagen zu hören »meine Frau«, ist irgendwie sexy. Ich höre in dem Klang seiner Stimme Verbindlichkeit, Ehrlichkeit, Wehmut, Liebe und auch Bedingungslosigkeit. Es erfüllt mich mit Stolz, den Worten aus seinem Mund, die der Tiefe seines Herzens entspringen, zu folgen, um zu schauen, welch überraschten Gesichtsausdruck sie beim Gegenüber erzeugen. Es kribbelt mir in den Fingern, ihn die Beschreibungen unserer Eheschließung erzählen zu hören, und wieder schwingt dieser Stolz in seiner Stimme mit, der ihn zum Niederknien sexy macht. Er lässt mich näher an sich rücken, seine Hand ertasten, mich an ihn schmiegen und darüber sinnieren, welche Freude ich »meinem Mann« heute Nacht im Bett bereiten könnte. Als Dankeschön für seinen Wehmut. Seinen Stolz. Seine Ehrlichkeit. Seine Bedingungslosigkeit.

57. GRUND

Weil die Frage »Und, wie fühlt es sich an?« uns zum Grinsen bringt

»Und, wie fühlt es sich an?« ist wohl die Frage aller Fragen, sobald das Paar einander das Jawort gegeben hat. Sie strahlt bis über beide Wangen, er auch, denkt sich insgeheim aber vielleicht, dass er nach wie vor keine super Antwort auf die Frage parat hat. Sie übernimmt das Beantworten jener Frage doch nur zu gerne.

»Super. Genau, wie wir es uns gewünscht haben. Schmetterlinge im Bauch, Aufregung wegen des neuen Lebensabschnittes. Nicht wahr?«, fragt sie hin und wieder in seine Richtung und stupst ihn in die Seite. Er grinst weiter. Sie grinst mit.

»Toll! Na dann wünsche ich der jungen Ehe weiterhin alles Gute«, antwortet der Gesprächspartner und hakt für sich das Gratulieren damit ab. Das Brautpaar jedoch grinst weiter vor sich hin. Freut sich noch Stunden länger über die Aufmerksamkeit und das Kribbeln im Bauch, das während des kurzen Gespräches immer und immer wieder emporschoss. Und, wie fühlt es sich an? Es ist anders. Intensiv. Aufregend. Kribbelnd. Unheimlich. Optimistisch. Sexy und unaufhaltsam – dieses Gefühl, verheiratet zu sein.

58. GRUND

Weil wir über den neuen Namen so schön schmunzeln

Gabi, 28, über ihren neuen Ehenamen: »Ich empfand kein Hadern und auch kein schlechtes Gewissen meiner Familie gegenüber, meinen Mädchennamen abzulegen. Und die ersten Tage mit meinem neuen Namen waren wie ein Bad in einem klaren, kalten Bergbach. Ich fühlte mich jedes Mal, wenn ich mit meinem neuen Namen angesprochen wurde, durchlüftet mit neuem Leben, neuer Inspiration. Noch etwas wackelig auf den Beinen ging ich mit meinem neuen Namen die ersten zwei, drei Tage durch die Welt. Doch der Stolz über den Beginn dieses neuen Lebensabschnittes und die Frische, die mich umhüllte, stärkten mich immer mehr, und nach wenigen Wochen war es für mich völlig alltäglich, meinen Namen laut und deutlich auszusprechen.«

Der neue Name löst noch immer, auch Monate nach der Trauung, ein Lächeln auf den Lippen der frischgebackenen Ehefrau aus. Er lässt das Paar in den ersten Wochen nach der Trauung enger zusammenrücken. Er zollt ihr seinen Respekt für den Mut, den Mädchennamen abgelegt zu haben. Und irgendwann hat sich auch ihre Familie daran gewöhnt, das weiß auch Gabi:

»Ich weiß nicht, ob es für meinen Vater komisch war, als ich den Namen abgelegt hatte. Ich bin sein einziges Kind, auch sonst gibt es nur Mädchen in unserer Familie. Ein bisschen komisch ist es für ihn sicherlich, es ist ja auch der Name seines Vaters, der nun nicht mehr weitergegeben wird. Aber wie gesagt, ich habe kein schlechtes Gewissen. Ich liebe meinen neuen Namen, es ist der Name meines Mannes und es wird der Name unserer Familie sein, ein unwirklicher Gedanke.«

59. GRUND

Weil wir keine Angst vor dem Ehevertrag haben

Paare treten mit der Trauung automatisch in den Güterstand der »Zugewinngemeinschaft« ein, der auch als gesetzlicher Güterstand bezeichnet wird. Bei der Zugewinngemeinschaft bleibt grundsätzlich jeder Gatte alleiniger Eigentümer des Vermögens, das er/sie in die Ehe eingebracht hat, und verwaltet auch sein hinzukommendes Vermögen während der Ehe in eigener Regie. Im Falle einer Scheidung oder bei Tod eines Ehegatten wird jedoch ein Ausgleich über das durchgeführt, was während der Ehe »hinzugewonnen« wurde. Die Regelungen zum Güterstand in der Ehe stammen aus einer Zeit, in der eine klassische Rollenverteilung vorherrschte. Der Mann war zumeist berufstätig und einziger Ernährer der Familie. Die Frau kümmerte sich um den Haushalt und die Kinder. Im Falle des Scheiterns der Ehe sollte die Frau nicht vor einem plötzlichen finanziellen Ruin stehen. Die Zugewinngemeinschaft stellte sie somit im Falle der Ehescheidung finanziell besser, als ihre Vermögenssituation vor der Ehe vermutlich war. Ein wenig sollte mit dieser

Regelung auch der Mutterrolle gehuldigt und gedankt werden. Für viele Paare sind das Modell der Zugewinngemeinschaft und der moralische Gedanke dahinter nicht mehr zeitgemäß. Die meisten Paare sind voll berufstätig. Selbst wenn schon Kinder geboren wurden, gehen Frauen heutzutage zurück in den Job. Insbesondere, wenn einer der Partner ersichtlich mehr verdient als der andere, ist das Modell der Zugewinngemeinschaft zu überdenken. Gerade, wenn beide Partner finanziell abgesichert sind, möchte sich der eine im Falle der Scheidung eventuell nicht an dem beruflichen Erfolg des anderen laben.

In solchen Fällen ist es sinnvoll, den Güterstand, der während der Ehe herrschen soll, im Rahmen eines Ehevertrages zu vereinbaren. Der gesetzliche Güterstand der Zugewinngemeinschaft kann also mittels Ehevertrag außer Kraft gesetzt werden. Ein Besuch beim Fachanwalt für Familien- und Eherecht beziehungsweise einem erfahrenen Notar wird helfen, die richtige Entscheidung in Sachen Finanzen zu treffen. Und da das Paar eben frei in der Gestaltung des Vertrages ist und wir keine Nachkriegsmodelle mehr zu berücksichtigen brauchen, ist die Angst vor dem Ehevertrag völlig unbegründet.

Übrigens:

Der Ehevertrag kann auch noch nach der Trauung, während der laufenden Ehe, geschlossen werden. Er muss nicht zwischen Blumenwahl, Probeessen, Kleiderkauf und Zusammenstellung der Playlist für den schönsten Tag des Lebens gequetscht werden. Auch das spricht wiederum für das gruselige Etwas namens Ehevertrag, der im Falle einer Scheidung viel Ärger um nichts ersparen kann.

KAPITEL 7

DAS EHELEBEN IN DEN EIGENEN VIER WÄNDEN

»Ehe ist Forderung und Hingabe in einem,
wenn sie aber blühen soll, so muss der Selbstlosigkeit
ein breiter Raum gegönnt werden.«

Th.v. Scheffer, Philosophie der Ehe

Weil wir auf einer anderen Ebene streiten

Im Laufe dieses Projektes habe ich mittlerweile mit vielen, vielen, vielen Ehepaaren, Ex-Ehepaaren und auch Witwen gesprochen. In Sachen Ehestreit waren die Meinungen recht eindeutig: Ein Ehestreit ist ein anderer Streit als solch einer zwischen Lebensabschnittsgefährten, auch Partner genannt. Ein unverheiratetes Paar streitet häufig mit einem gewissen Unterton, der da Grenzen abstecken und den eigenen Kopf durchsetzen möchte. Oft werden solche Streitereien, bei denen es natürlich auch darum geht, sich als Paar gegenseitig kennenzulernen, mit erhobener Stimme, Tränenvergießen, Türenknallen, Einschließen im Badezimmer oder einem Rückzug in die eigene, noch vorhandene Singlewohnung begleitet. Ein unverheiratetes Paar, das streitet, überlegt während des Streits wohl noch: Kann ich mit diesem und jenem Verhalten meines Partners in der Zukunft umgehen? Möchte ich in Zukunft eine Frau an meiner Seite, die sich stundenlang im Bad einschließt und ihrer Mutter brühwarm den neuesten Beziehungsstreit mitteilt? Und sie fragt sich vielleicht: Möchte ich einen Mann an meiner Seite, der die Türen knallt, rot anläuft und nach dem Streit drei Tage nicht mit mir redet? Möchte ich mit jemandem mein Leben teilen, der im Streit unfair wird und unter die Gürtellinie schlägt? (Letzteres berichteten übrigens insbesondere Frauen, die mit Skorpion-Männern liiert sind oder waren.)[11] Lebensabschnittsgefährten haben immer noch die Möglichkeit, abzuwägen. Sie können oben stehende Fragen mit »Ja, ich kann und werde in Zukunft lernen, damit umzugehen« oder mit »Nein, das tue ich mir doch nicht für den Rest meines Lebens an!« beantworten.

Das bereits vermählte Paar hingegen hat einen Lebensweg eingeschlagen, bei welchem es dem System der Ehe wohl entsprechen dürfte, oben aufgeworfene Fragen mit »Ja!« zu beantworten. Ja, ich ertrage das. Ja, ich höre erst einmal zu, dann wird sie/er sich schon beruhigen. Ja, ich weiß, ich sollte den Klodeckel schließen. Aus einem Ehestreit wird noch keine Scheidung. Und Fetzereien rund um Themen wie: Wer räumt den Geschirrspüler aus? Warum verbringt er mehr Zeit beim Fitness als zu Hause? Wieso geht der nächste Familienurlaub schon wieder an die raue Küste Dänemarks? Muss sie 35 Euro für Bodylotion ausgeben? etc. werden begleitet von einer leisen Stimme im Hinterkopf, die ihr etwa zuflüstert: »Bleibe ruhig, es geht hier doch nur um einen Geschirrspüler. Räume ihn ein und aus, wahre den Ehefrieden, um einen schönen Abend mit deinem Mann zu haben. Und was schadet schon der vierte Dänemarkurlaub in Folge? Wir haben doch noch unser ganzes Leben Zeit, um miteinander zu verreisen. Auf den Malediven können wir uns auch im nächsten Jahr die Sonne auf den Bauch scheinen lassen. Es ist ihm wichtig, bei zugigen 15 Grad auf einem Surfbrett die Küste auf und ab zu fahren. Du hast deinen Standpunkt vertreten, aber ein Urlaub ist doch keine Ehekrise wert!« Die Stimme flüstert ihm: »Atme ein, atme aus! Sie verdient doch ihr eigenes Geld. Sie gibt ihre eigenen 35 Euro für Bodylotion aus. Und der neue Lippenstift für 50 Euro steht ihr doch ausgezeichnet. Sie ist deine Frau. Du möchtest doch eine Ehefrau mit weicher Haut und roten Lippen.« Diese Gedanken beschwichtigen erhitzte Gemüter in lebhaften Diskussionen. Nicht, dass eine Ehe etwa ohne dergleichen auskäme, nein. Doch das Ehepaar selbst beschwichtigt sich eher in einem Streit, findet danach wieder schneller zur Ruhe und geht nach einem Streit auch schneller wieder aufeinander zu, um Frieden im Haus zu haben. In einem B.Z.-Interview beantwortet das Ehepaar Schönbohm die Frage nach dem Erfolgsrezept ihrer nunmehr 54-jährigen Ehe wie folgt:

B.Z.: *Was ist das Erfolgsrezept Ihrer Ehe?*

Er: *Dass wir uns nie streiten.*

Sie: *Ich kann Streit nicht leiden. Es geht höchstens mal um so etwas wie Spargel oder nicht.*

B.Z.: *Sonst keine Kontroversen?*

Er: *Ich würde gern noch eine Schiffsreise machen. Meine Frau nicht.*

Sie: *Mir ist das zu eng auf einem Schiff. Außerdem werde ich schnell seekrank.*

Er: *Wir machen das ja auch nicht. In den wichtigen Dingen waren wir uns jedenfalls einig. Etwa als wir 1994 dieses Haus gefunden haben. Oder bei den vielen Umzügen, die mein Beruf als Soldat mit sich brachte.*

Sie: *Das hatte er mir gleich gesagt, dass mir das blühen würde. Und das habe ich akzeptiert. Umgekehrt habe ich ihm erklärt, dass ich kein Heimchen am Herd bin. Nach meinem Pädagogik-Studium war ich fast durchgängig berufstätig, meistens als Grundschullehrerin. (…)*

Er: *Das ist der Maßstab unserer Ehe. Zu fragen: Was brauchst du für dein Glück?*[12]

Der ehemalige CDU-Politiker und Berliner Innensenator Jörg Schönbohm und seine Frau reduzieren ihre Kontroversen folglich auf das Minimum, wie etwa auf Diskussionen um das anstehende Mittagessen. Wie vielen anderen Paaren auch ist es ihnen wichtig, in den wesentlichen Fragen des Lebens einer Meinung zu sein. Bei Ehepaaren lässt sich insbesondere in Sachen Streit wohl folgender Grundsatz festhalten: Gleich und Gleich gesellt sich gern. Das bringt schneller wieder Ruhe rein. Bei kurzen Beziehungen ist es wohl eher das »Gegensätze ziehen sich an«, das die Würze und das Temperament in überschaubaren Lebensabschnittsbeziehungen bereithält.

Weil Spaziergänge im Wald nicht mehr verspottet werden dürfen

Die Sonne scheint, der Sommer küsst die Stadt ganz zaghaft warm, der Wetterdienst hat die tropischen Temperaturen, die uns bald ereilen werden, jedoch schon angekündigt. Heute duftet es nach Laub, nach Erdboden und feuchtem Holz am Wegesrand. Die Sonne glitzert durch das Blätterdach des Waldes und Enten tauchen im See nach Algen. Ich kann es kaum abwarten, endlich meine Füße in das kühle Nass zu tauchen. Ein Jack Russel flitzt an uns vorbei, ihm folgen zwei Jungs auf ihren Mountainbikes. Ich greife nach der Hand meines Liebsten und atme die Waldluft tief ein. Herrlich! In circa zwanzig Minuten sind wir einmal herum, um die Krumme Lanke. Das liebe ich an Berlin: Mitten in der Stadt finden sich riesige Seen, Wälder, Hundeauslaufgebiete, Nacktbadestrände, Kletterbäume und Waldrestaurants. An den Sonn- und Feiertagen tummeln sich natürlich zahlreiche Familien an den Seen, drehen ihre Runden, Jogger weichen Hunden aus und an den Liegewiesen findet sich kaum noch Platz für ein Handtuch. Aber heute ist es nicht richtig warm und auch nicht richtig kalt. Wir haben Juli, die Temperaturen liegen bei gerade einmal knapp 23 Grad, die Schafskälte ist gerade erst vorüber. Die Luft ist klar und fühlt sich sauber an. Dicke Wolken schieben sich immer vor die Sonne, sie könnten Regen bringen. Statt einen Spaziergang zu machen, könnte man den Sonntag ebenso gut daheim beim Hausputz verbringen. Oder bei der Familie am Kaffeetisch.

»Wie war euer Vormittag, was habt ihr Schönes gemacht?«, fragt meine Mutter und schenkt mir Kaffee ein. Bei meiner Mutter gibt es noch guten, traditionellen Filterkaffee mit Kaffeesahne. Der Kaffee steht in einer Villeroy-&-Boch-Porzellankanne auf dem Tisch, das restliche Service ist passend eingedeckt. Meine kleine Schwester hat

Kuchen gebacken und trägt diesen vorsichtig ins Wohnzimmer. Ich gieße mir etwas Kaffeesahne zum Kaffee und halte die Nase über den Pott.

»Wir waren an der Krummen Lanke. Spazieren«, antworte ich in Richtung Kaffeebecher.

»Oh mein Gott, seid ihr schon 100 oder was?«, ätzt meine andere Schwester, die zweitälteste. Sie setzt sich mit frisch gewaschenen, nassen Haaren zu uns an den Kaffeetisch und beäugt skeptisch die Backkünste unserer jüngsten Schwester.

»Füße bitte runter und das Handy vom Tisch«, korrigiert meine Mutter ihr Benehmen und setzt sich nun endlich auch.

»Wieso 100? Bei so schönem Wetter darf man nicht spazieren gehen oder wie?«, frage ich nach. Sie schüttelt ihr nasses Haar und stopft sich Kuchen in den Mund.

»Na ja, doch schon. Aber ist das nicht was für Rentner?«

Ich rolle mit den Augen und mein Liebster enthält sich schmunzelnd der Diskussion.

»Warum? Ich sitze die ganze Woche auf meinem Hintern, um mich herum Büroluft, Klimaanlage, draußen der Stadtsmog. Es gibt doch nichts Schöneres als einen Spaziergang im Wald«, versuche ich zu rechtfertigen.

»Ja, außerdem sind sie doch jetzt verheiratet!«, wirft meine Mutter lachend ein. Ich bin verwirrt. Meine Mutter ist doch die Erste, die mit ihren Nordic-Walking-Stöcken um den See hastet. »Jetzt dürfen sie sich doch benehmen wie ein altes Ehepaar!«, setzt sie nach.

Alle lachen. Ich auch. Mein Liebster greift nach meiner rechten Hand und streicht über meinen Ehering. Ich schmunzele und zucke nur mit den Schultern.

»Was hättest du denn heute Vormittag mit deinem Freund gemacht, wenn du nicht bis 13 Uhr ausgeschlafen hättest?«, frage ich unsere Zweitälteste. Sie mümmelt ihren Kuchen auf und blickt vorsichtig auf ihr Handy, das sie zwar vom Tisch herunter, dafür allerdings auf ihren Schoß gelegt hat.

»Also ich wäre, wenn ich nicht erst um sechs Uhr früh nach Hause gekommen wäre, mit ihm auf ein Open-Air-Festival auf dem Tempelhofer Feld gegangen. Geile Musik, coole Leute, unsere Freunde wären auch dorthin gekommen. So was ist doch cool. Aber nein, ihr latscht ja lieber zu zweit durch den Wald.«

»Pft«, mache ich nur. Meine Schwester ist lächerliche vier Jahre jünger als ich und tut so, als hätte sie die Jugend mit Löffeln gefressen.

»Tja, hört sich ja ganz lustig an. Solche Dinge habe ich zur Genüge hinter mir. Ich war in fast jedem Club in dieser Stadt, auf Konzerten, Open Airs, in Biergärten, Lounges, Cafés, Pop-up-Locations, Stripclubs und Shisha-Bars. Jetzt bin ich verheiratet. Jetzt freue ich mich auf die zwei Stunden Zweisamkeit mit meinem Ehemann am See«, beende ich meine Predigt und unsere Jüngste lächelt mir aufmunternd zu. Meine Mutter gießt noch Kaffee nach. Ich finde, ich brauche auch endlich Villeroy-&-Boch-Geschirr.

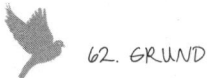

62. GRUND

Weil Rituale ihre absolute Daseinsberechtigung erhalten

Rituale sind wohl einer der wichtigsten Mechanismen, um eine Beziehung, gar eine Ehe, am Laufen zu halten. Viele Menschen hegen die Befürchtung, Rituale deuten auf Langeweile, festgefahrene Strukturen oder überholte Lebensweisen hin. Ich jedoch meine, dass es die Rituale eines jeden Paares sind, die über Ewigkeit oder Trennung entscheiden können.

Wir leben in einer Welt der Überangebote, der Schnelllebigkeit, der Widerrufs- und Kündigungsmöglichkeiten. Ständig heißt es in den Medien, jede zweite Ehe würde wieder geschieden. Frauen leben selbstständig, Kinder werden auch ohne Väter groß. Menschen ziehen zwischen Städten und Ländern hin und her. Unsere Reize werden permanent angesprochen und durchkitzelt. Auch, was die Optionen in Sachen Partnerwahl angeht. Wir sind heute nicht mehr auf nur eine Möglichkeit im Leben angewiesen. Wir wissen, wie leicht es einem gemacht wird, sich von Dingen und Menschen zu trennen. In der Ehe läuft es vielleicht gerade nicht so gut und der Papa von Kristin lächelt im Kindergarten immer so süß, wenn er die Kleine abholt. Er lässt sich gerade scheiden und wer weiß ?

Der Gedanke, neue Verbindungen einzugehen, ist uns nicht mehr unheimlich und fremd. So wie es normal ist, seinen Handytarif zu wechseln, so normal scheint es für manche Menschen zu sein, die Partnerschaft zu wechseln. Gefestigte Rituale können hingegen dazu führen, dass sich das Paar in einer Stabilität wiederfindet, die es zu schätzen gilt.

»Ja, wir haben solch ein Ritual«, verrät mir meine Studienfreundin Amelie bei einem Eisbecher am Potsdamer Platz. Wir treffen uns in unserer Mittagspause, ungefähr einmal im Monat. Sie arbeitet in der Nähe, ich auch. Das passt ganz gut und ermöglicht uns, trotz Job, Sport, Ehemännern und Co. in Kontakt zu bleiben. Amelie ist mit Marcel seit fast sieben Jahren verheiratet, er hat sie direkt nach dem Abi vom Fleck weg geheiratet. Die beiden sind allerdings erst während ihres Studiums zusammengezogen, und ich weiß, dass sie nach drei bis vier Ehejahren eine schwere Phase miteinander hatten. Amelie befand sich wie ich mitten im Studium, neben der Lernerei lockten Campuspartys und Studienreisen. Marcel hatte schon mit 18 Jahren eine Ausbildung begonnen und war in seinem Job zum Versicherungskaufmann längst angekommen. Diese Zeit war für die beiden nicht leicht. Amelie erlebte jeden Tag etwas Neues und entwickelte ihre Persönlichkeit während des Studiums immer mehr. Marcel war verunsichert und wusste nicht, ob er ihr gerecht werden könnte. Doch die beiden haben es bis heute geschafft, zueinanderzustehen. Wir halten an den künstlich angelegten Wasserbecken direkt hinter der Diskothek Adagio und setzen uns auf einen kleinen Steinvorsprung. Würde man die Hochhauskulisse und das Lärmen des Verkehrs rund um uns herum abstellen, könnte man meinen, wir säßen irgendwo in einem Park. Touristen werfen Weißbrot in die flachen Teiche, dicke, graue Kois schnappen danach. Mir tropft etwas Eis von der Lippe, als Amelie mich aus meinen Gedanken reißt.

»Jedes Jahr machen wir mindestens eine Städtereise. Zusätzlich zu dem klassischen Sommerurlaub am Strand. Wir möchten gemeinsam neue Kulturen kennenlernen, Städte auskundschaften und verschiedenste Sprachen hören. Die Erinnerungen an diese Kurztrips können in schwierigen Zeiten wahre Wunder bewirken«, strahlt sie und kratzt in ihrem Eisbecher. Sie trägt ein unfassbar schönes Kostüm in Dunkelblau. Es ist nicht zu sexy für unseren Job und dennoch nur halb so spießig, wie viele unserer Kolleginnen herumlaufen. Die Jacke ist kurz und tailliert geschnitten, mit einer kleinen Schleife im Rücken. Der Rock schwingt ganz leicht um ihre Knie, die Bluse liegt eng an, perfekt gebügelt mit Stehkragen. Sie pufft mich in die Seite: »Wenn wir uns manchmal kaum sehen, weil ich bis 21 Uhr in der Kanzlei bin und er morgens um sechs Uhr das Haus verlässt, dann wechsel ich manchmal die Fotos auf unserer Anrichte aus. Er freut sich, wenn er nach Hause kommt und plötzlich Bilder aus unserem Venedigurlaub von vor drei Jahren sieht, an die er sich schon nicht mehr erinnert hatte«, gluckst sie fröhlich. Sie streicht sich ihr strohblondes Haar hinter die Ohren, ihre Wangen sind von unserem Spaziergang in der Mittagssonne sanft gerötet.

»Ja, das ist süß«, finde ich und lecke weiter gedankenverloren an meinem Eis.

»Ach so, und wir gehen jeden Sonntagnachmittag gemeinsam zum Iron Work.«

»Zum Sport?«, hake ich nach. Sie nickt und sucht in ihrer Handtasche nach einem Taschentuch.

»Ja, das ist ein Kurs mit Langhanteltraining. Eigentlich war das nie so mein Ding. Aber irgendwann fand ich es langweilig, allein auf dem Laufband zu schwitzen, und Marcel hat von dem Kurs immer so geschwärmt. Irgendwann bin ich einfach mal mitgegangen. Jetzt freue ich mich jeden Sonntag auf diesen Kurs. Mittags mache ich uns immer einen Eiweißshake mit Joghurt, Früchten, Honig und Zimt und dann geht's ab! Macht total Spaß und wir spornen uns gegenseitig an.«

Ich nicke wieder und schmunzele in mich hinein. Mein Liebster und ich, wir haben auch so unsere Rituale. Jeden Sonntag gibt es Frühstück ans Bett. Mit frisch gekochten Eiern, Buttertoast und einer großen Tasse Kusmi-Tee. Wir lieben unsere Spaziergänge im Wald, und im Winter können wir ganze Wochenenden damit verbringen, Reportagen im Fernsehen zu verfolgen. Reiseberichte etwa. Ich kann mir nicht vorstellen, diese Stunden mit einem anderen Partner an meiner Seite zu erleben. Und ich möchte keines unserer Rituale missen. Ich freue mich darauf, sonntags aufzustehen und meinem Mann seine Eier ans Bett zu bringen. (Ich lache laut, nachdem ich diese Zeilen nochmals überlese.) Draußen tobt die Stadt, Singles wissen nicht wohin mit sich, die Geschiedenen bekommen irgendwann Torschlusspanik, und meine Schwester kann sich auch nicht teilen, um jedes Open Air dieser Stadt zu besuchen. Da bleibe ich lieber im Bett, bei meinem Mann und unseren Eiern.

 63. GRUND

Weil der Kommentar »Wie ein altes Ehepaar«
ein Kompliment ist

Unsere Spaziergänge im Wald werden mittlerweile nur noch in sehr seltenen Fällen von meinen Schwestern belächelt. Denn nicht zuletzt hat uns meine Mutter darauf hingewiesen, dass die Bezeichnung »Wie ein altes Ehepaar« doch bitte als Kompliment zu bewerten sei. Denn auch sie hatte sich damals nicht vorgestellt, zweimal geschieden werden zu müssen. Sie ging bei jedem ihrer zwei Ehemänner davon aus, dass sie mit (zumindest) einem davon, alt werden würde.

Darüber hinaus weiß ich auch, dass meine Oma mit meinem Opa in jedem Falle noch verheiratet wäre, wäre er nicht so früh verstorben. Ich weiß nicht viel über die Ehe meiner Großeltern. Ich weiß nur, wenn ich an die Ehe denke, habe ich das Bild von Oma und Opa vor Augen. Es ist ein sehr stabiles Bild. Vielleicht nicht immer glücklich, nicht immer ohne Herausforderungen oder Schicksalsschläge. Aber es ist ein Bild voller Respekt und Fürsorge. Meine Oma spricht über meinen Opa, das ist für sie kein Problem. Aber das Thema Ehe ist ein anderes. Als ich meine Oma nach dem Geheimnis ihrer Ehe frage, lacht sie nur kurz und glaubt, mir dazu nicht viel sagen zu können. Das sei halt damals alles so gewesen, dass man zusammenblieb, egal was war, lautet ihre knappe Antwort zu diesem Thema.

»Ja, aber was würdest du heute sagen, was macht deiner Meinung nach eine gute Ehe aus?«, hake ich noch einmal nach, denn ich bin mir so sicher, dass meine Oma hierzu eine Meinung hat, die sie sich nur vielleicht nicht traut, zu sagen.

»Na ja, weißt du, Kleene, der Opa hat immer alles für uns in die Hand genommen und gemacht. Und wenn es mal Zank gab, dann haben wir darüber gesprochen. Und wir waren immer respektvoll miteinander. Immer. Es gab keine Ausdrücke und Beschimpfungen, wie man das heute aus dem Fernsehen kennt. Wir waren immer höflich zueinander und haben uns zugehört. Und alles andere war damals einfach so. Man hat sich nicht verlassen. Man ist zusammen durch dick und dünn gegangen.«

Ich traue mich nicht, noch weiter nachzufassen, denn ich weiß, wie schwer es meiner Oma fällt, über ihre Ehe zu sprechen. Aber ich weiß, dass jedes Ehepaar sich nur gelobt fühlen kann, wenn es viele Jahre gemeinsam miteinander erlebt und durchlebt. Wenn sich das Paar nicht von unserer Schnelllebigkeit, den unzähligen Möglichkeiten und der Einfachheit der Selbstständigkeit überrennen lässt.

Sich zu trennen ist leicht. Miteinander alt zu werden viel schwerer. Wer immer den leichten Weg nimmt, wird in seinem Leben nicht über sich hinauswachsen. Auch nicht in einer Partnerschaft.

64. GRUND

Weil wir uns um kulinarische Vielfalt bemühen

Meine Singlewohnung. Gerne denke ich an diese vier Jahre in meinem Steglitzer 40-Quadratmeter-Apartment zurück. Damals gab es noch keine Nespresso-Kapselmaschine, schmunzele ich und lege eine Kapsel ein. Es ist ein Freitagabend und ich bin pünktlich zu Hause, sogar vor meinem Liebsten. Ich stehe für das Wochenende in den Startlöchern, meine Bürokluft liegt neben dem Wäschekorb, ich trage ein bodenlanges gelbes Sommerkleid und weiße Espadrilles. Mein Espresso soll mich wachrütteln, während ich in Erinnerungen schwelge und mich frage, was wir heute Abend kochen sollen. In meiner Studentenwohnung hatte ich einen kleinen Mokkakocher und Milchmädchen aus der Tube. Es gab am Abend kein Abendessen mit Salat oder Suppe als Vorspeise, gefolgt von frischer Pasta mit gehobeltem Parmesan. Es gab asiatische Instantnudelsuppe, Gurkenscheiben mit Salz und Wasser aus dem Wasserhahn. Außerdem fanden sich als Notfallrationen wie in jeder Singlewohnung auch Knäckebrot, Butter und Wasser aus dem Wasserhahn in der meinigen. Es waren gute Zeiten. Es war okay, sich von gesalzenen Gurkenscheiben zu ernähren, *Biss zum Morgengrauen* bis weit nach Mitternacht zum 1000. Mal zu lesen und sich zwischendurch die Fingernägel zu lackieren.

Nun, diese Zeiten sind vorbei. Die Ehe verlangt nicht nur danach, dass man sich den Popo nicht mehr mit Taschentüchern abwischt, sondern mit Toilettenpapier, sondern auch danach, dass der Ehegatte spät am Abend, wenn er sich erschöpft von der Arbeit durch die Wohnungstür schleppt, nicht lediglich mit Instantsuppe und Knäckebrot abgefertigt wird. Mit der Eheschließung wird automatisch ein Schalter im Hirn der Ehefrau umgelegt. Es ist wie ein pawlowscher Reflex: Ehering am Finger = Frau muss kochen. Frisch kochen. Nahrhaft. Vielfältig. Gesund. Mit Vorspeise, Hauptgang, Nachspeise. Und wir tun es gerne, wir Ehefrauen. Es macht uns plötzlich Spaß, nach der Arbeit, kurz vor Ladenschluss noch schnell im Supermarkt herumzuspringen, Trennkost von Bioware, Hartweizennudeln gegen Vollkornnudeln abzuwägen. Wann hatten wir zuletzt Würzspinat mit Lachsfilet und Rosmarinkartoffeln? Vor zwei Wochen? Dann geht das nicht schon wieder. Tortellini mit Ricottafüllung? Und vorneweg einen Rucolasalat mit Kirschtomaten? Lässt sich hören.

Ich schließe den Kühlschrank und nippe an meinem Nespresso. Essen zubereiten. Für den Ehemann und das gemeinsame Abendessen. Allein der Gedanke daran fühlt sich irgendwie gut an. Es fühlt sich bedeutungsvoller an, ein gemeinsames Mahl zu bereiten, jetzt, da wir verheiratet sind. Es muss gesundes Essen sein, denn immerhin möchte ich, dass es meinem Ehemann möglichst lange körperlich und seelisch gut geht. Sind das Muttergefühle, frage ich mich und stelle die Espressotasse ab. Ja, eine Art von Beschützerinstinkt bahnt sich in mir durch, als ich darüber nachdenke, welche Speisen ich uns beiden zubereiten könnte. Chickenwings mit Pommes? Nie im Leben! Fertigpizza? Höchstens einmal im Monat. Weißbrot, Remoulade, künstliche Fette? Himmel, wer soll den Mann denn pflegen, wenn er nach Herzinfarkt oder Schlaganfall nicht mehr ganz beieinander ist? Die Ehefrau natürlich! Dem lässt sich durch eine sorgfältige Auswahl erlesener Nahrungsmittel entgegenwirken. Mein Mann ist Italiener. Klar, bei uns kommt nur bestes Olivenöl auf den Tisch, und wenn ich das sage, dann meine ich, dass meine Schwiegermutter das Öl extra aus der Toscana einfliegen lässt. Ich hoffe, das gute Olivenöl gleicht den Cola-Konsum meines Liebsten wieder aus.

»Cannelloni mit Lachs- und Schafskäse-Füllung auf Blattspinat«, sage ich laut zu mir selbst und mache mich auf den Weg zum Supermarkt.

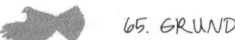 65. GRUND

Wegen Liebe, Sex und Zärtlichkeit

Die Ehe ist sanft. So sanft wie Sex am Sonntagmorgen. Das Licht schimmert zaghaft durch das Schlafzimmerfenster. Wir blinzeln dem Licht entgegen, erahnen eine Uhrzeit, es könnte so gegen 9:30 Uhr sein. Aufstehen? Oder doch lieber den ganzen Tag verschlafen? Wir brummen sanft in uns hinein und horchen nach einer Antwort. Noch kurz kuscheln. Nur ganz kurz. Als hätte er unsere Gedanken gehört, schmiegt sich plötzlich seine warme, leicht kratzige Scham an unseren nackten Hintern. Unsere Häute erkennen sich. Sie lieben sich schon seit Jahren. Seine Scham und unser Hintern. BFF. Das Sich-Anschmiegen machen Scham und Hintern immer, bevor es feucht und klebrig wird. Sein Atem streift unseren Nacken. Nein, morgens wird nicht geknutscht. Morgendliches Knutschen existiert nur in Hollywoodstreifen, wie *Dirty Dancing, Pretty Woman* oder *Independence Day*. Im wahren Leben wird morgens nicht geknutscht. Aber dafür reibt sich seine Scham noch enger an unseren Po. Seine freie Hand greift von hinten über uns hinweg, streift sanft, kaum merklich unsere Brustwarzen. Diese reagieren sofort, werden hart und möchten gedrückt werden. Doch seine warme Hand hat ein ganz anderes Ziel. Gezielt fasst sie nach unserer Perle. Nach all den Jahren weiß er genau, welche Knöpfe zu drücken sind, damit wir schnell in Fahrt kommen. Ganz leicht heben wir unser oberes Bein, geben ihm mehr Platz, um uns sanft zu reiben, zu zupfen, um einzudippen, in unsere morgendliche Feuchte. Er stöhnt seinen warmen Atem in unseren Rücken, drückt seine Erektion mehr als nur auffordernd gegen besagten Popo. Wir sind fast so weit, halb zwischen Schlaf, Wachsein, noch ganz im Taumel des Morgens überzeugt uns unser Ehemann, das Bein noch weiter zu heben, um ihm von hinten die Möglichkeit zu lassen, uns zu lieben. Während er uns liebt, sorgen wir uns selbst um unsere Brustwarzen und zwirbeln diese langsam und genüsslich, bis es zu schmerzen beginnt. Forsch dreht er uns um, stützt sich auf uns, blickt uns tief in die Augen. Seine verwuschelten Haare stehen ihm wirr vom Kopf ab. Ist das eine graue Strähne? Wir bäumen uns auf, wollen ihn noch tiefer in uns, noch verbundener mit ihm sein, diesen Sonntagmorgen noch einen Zeitschlag länger genießen. Er greift unter unseren Rücken, drückt unsere Scham noch enger an sich, dann sackt er zusammen. Wir lachen zeitgleich auf.

Das Lachen heißt: »Hey Baby. Liebster Ehemann. Liebste Ehefrau. Hast du gut geschlafen? Danke, dass ich dich jeden Sonntagmorgen ficken darf. Wann ich will. Wie ich will. Bis auf immer und ewig.«

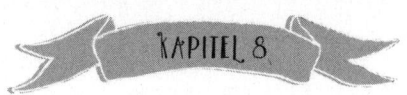

KAPITEL 8

KLASSISCH, UNROMANTISCH UND UNKONVENTIONELL

»Es ist eine allgemein anerkannte Wahrheit,
daß ein Junggeselle im Besitz eines schönen Vermögens
nichts dringender braucht als eine Frau«

Jane Austen, Stolz und Vorurteil

66. GRUND

Weil es um Schuhe ging

Veronika war 18 Jahre jung, als sie mit ihrem ersten Sohn schwanger wurde. Das war 1982. Es war nicht so, als wäre die dunkelhaarige Litauerin abhängig von Männern gewesen oder überfordert mit dem Baby, das in ihr heranwuchs. Und obwohl es damals wenig gab in der Sowjetunion, sagte Veronika nicht wegen Geld »Ja« zu ihrem ersten Mann. Es ging um Schuhe.

In der Sowjetunion gab es eine besondere Zugabe für heiratswillige Paare. Einen besonderen Shop, zu dem nur Brautpaare Zugang erhielten. Veronika ging eines Tages an solch einem Shop vorbei und entdeckte im Schaufenster diese halbhohen, blutroten Pumps. Österreichische Schuhe, wie Veronika betont. Wie es in den 80ern üblich war, zierten die Pumps ein fünf Zentimeter hoher Absatz und eine farblich abgesetzte Schuhspitze.

Einkaufen in diesem Geschäft war aber lediglich Brautpaaren vorbehalten und solch wundervolle Schuhe gab es in den üblichen Geschäften, die Veronika sonst besuchte, nicht. Auch hätte sie sich solche Schuhe gar nicht leisten können. Sie kosteten 60 Rubel, heute circa 1,30 Euro. 60 Rubel verdiente in der Sowjetunion damals eine Kindererzieherin im Monat.

Es kam Veronika daher sehr gelegen, dass ihr damaliger Freund ihr wenige Tage nach Veronikas Windowshopping einen Heiratsantrag machte. Veronika war nicht scharf aufs Heiraten. Und ihre Mutter versicherte ihr, sie würden das Kind auch ohne diesen Mann aus einfachen Verhältnissen groß kriegen. Aber es gab doch diese Schuhe in dem Brautmodengeschäft! Veronika überlegte. Würde sie je wieder in ihrem Leben die Möglichkeit haben, solch feine Schuhe erstehen zu können? Sie waren doch schon zum Greifen nahe. Österreichische Pumps mit abgesetzter Spitze, seufzte sie in sich hinein.

Nachdem Veronika und ihr Zukünftiger die Verlobung beim Amt bestätigt hatten, erhielt Veronika den Zugangsschein zum Brautshopping. Ihre Zugangsberechtigung zu den blutroten Pumps. Veronikas Plan war klar: Sie wollte die Schuhe möglichst lange vor der Heirat kaufen, um sie nicht nur zu diesem Anlass tragen zu können. Sie wollte die Schuhe ausführen, jeden Tag, so als gäbe es keine Hochzeit. Als hätte sie sich diese Schuhe einfach leisten können. Der Plan ging nicht ganz auf. Der Schein, der den Verlobten den Zutritt zum Geschäft gewährte, galt nur am Tag der Hochzeit.

Einen Tag nach der Hochzeit legte Veronika ihrem frischgebackenen Ehemann zum Frühstück den Ring auf den Tisch, entschuldigte sich bei Verwandten und Bekannten für die Umstände und war versucht, ihren Mann zu verlassen. Sie war am Morgen nach der Hochzeit mit einem ganz unsicheren Gefühl aufgestanden und hatte die Schuhe, durchtanzt von der langen Feierlichkeit, neben ihrem Bett stehen sehen. Verdiente sie diesen Ehemann? Verdiente das Kind in ihr einen Vater? Verdienten sie alle drei den Versuch einer Ehe? Die Schuhe würden ihr nun nicht mehr davonlaufen. Ihr Mann vielleicht schon, würde sie ihn nun derart vor den Kopf stoßen. Sie war sich nicht sicher, warum sie der Hochzeit zugestimmt hatte. Waren wirklich die Schuhe der Grund für das Jawort? Veronika wurde weich, ihr Mann deutete ihr Verhalten als jugendliche Unsicherheit, als Hormonirrsinn. Er fiel abermals vor ihr auf die Knie, versicherte ihr seine Liebe, seine Zuneigung und eine wundervolle Zukunft und steckte ihr den Ring wieder an. Die Ehe hielt letztlich fünf Jahre und brachte zwei nunmehr erwachsene Kinder hervor.

67. GRUND

Weil es logisch war

Ich sitze mit meiner liebsten, besten Freundin bei mir auf dem Balkon. Sie raucht eine Zigarette, ich nippe an einem komisch rosafarbenen Trendgetränk aus der Dose, das uns Abkühlung verschaffen soll. Schmeckt irgendwie nach Himbeere und Zitrone. Es sind circa 32 Grad im Schatten, uns läuft der Schweiß in kleinen Perlen den Nacken entlang. Der Sommer konnte es kurzfristig einrichten und hat sich mit voller Wucht über die Stadt gelegt, wie ein dicker, warmer Lappen. Wir überlegen im Fieber des Sommers, was meine liebste beste Freundin denn nun anziehen soll, zur Hochzeit ihrer Bekannten. Es wird eine jüdische Hochzeit, ein drei Tage andauerndes Fest. Zunächst heiratet das Paar im kleinen Familienkreis, also mit rund 20 Personen, standesamtlich.

»Irgendwo hier in Berlin, keine Ahnung«, sagt meine Liebste und wischt sich den Schweiß von der Stirn. Sie ist jetzt schon genervt, weil die Hochzeit bis ins Detail geplant ist und sie noch nicht einmal ein Kleid hat. Dabei braucht sie für dieses Hochzeitsspektakel wenigstens drei davon.

»Also, darf ich das noch mal zusammenfassen?«, frage ich und wedel mir die warme Luft zu. »Ihr fahrt an einem Samstagvormittag hinaus aufs Land, werdet dann im Hotel abgeladen, am Nachmittag steigt die jüdische Zeremonie und die anschließende Feier? Sie nickt bestätigend. »Am nächsten Morgen gibt es dann Brunch und ihr werdet mit dem Bus wieder nach Hause gefahren? Wozu brauchst du dann drei Kleider? Eines für den Samstag und eines für den Sonntag?«

»Nein, nein, so läuft das nicht. Dalia hat mir alles ganz genau erklärt, zur Zeremonie kann ich angeblich nicht das Gleiche tragen wie abends zum Fest. Und weißt du, was das Schlimmste ist? Wo und wann soll ich denn zum Friseur gehen, wenn der Reisebus schon vormittags um elf Uhr Berlin verlässt? Ich werde völlig zerzottelt und verschwitzt dort ankommen. Alle anderen werden perfekt aussehen, mit ihren riesigen Kleidern und Hüten und ihrem fetten Schmuck und ich sehe sicher aus wie der letzte Mensch. Und das alles nur, weil Dalia es logisch findet, Maxxim zu heiraten.«

»Sie findet es logisch?«, frage ich nach und spitze die Öhrchen. Es stimmt wohl, dass die Hochzeit zwischen Dalia und Maxxim sehr überraschend kam. Immerhin ist Dalia schon über 30 und hat uns ihren Liebsten, den sie angeblich schon aus Kindertagen kennt, erst vor circa einem Jahr vorgestellt. Bis dato hat sie ein recht feierfreudiges, man könnte meinen umtriebiges, Leben geführt.

»Ja. Sie meint, sie kennt ihn nun schon so lange. Und die Familien kennen sich auch. Und sie gehören beide zur gleichen Gemeinde. Und er sei bodenständig und habe ihr geholfen, etwas ruhiger zu werden«, erläutert sie und streicht sich dabei vielsagend mit dem Zeigefinger unter der Nase entlang. Ich forme ein O mit meinem Mund und lausche weiter.

»Jedenfalls meint sie, und ihre Familie meint wohl auch, es wäre nun einfach an der Zeit, zu heiraten, und ihn zu heiraten wäre logisch. Und wer weiß, vielleicht ist aus der Logik mittlerweile einfach Liebe geworden?« Sie nimmt einen Schluck von ihrem Mischgetränk und fängt wieder an, über das Kleiderschlamassel zu jammern.

Kann aus Logik Liebe werden?, frage ich mich etwas später am Abend, als ich die Küche aufräume. Das hört sich ja fast nach einer versprochenen Ehe an. Vielleicht war es aber auch so, dass die Liebe schon immer da war und sich das Paar der Verbindlichkeit einer Ehe noch nicht alsbald unterwerfen wollte. Vielleicht haben sie es geschickt eingefädelt und sich seit Jahren schon geliebt, sich gegenseitig aber den Freiraum des Singledaseins gegönnt? Das wird es wohl sein, beschließe ich. Das Paar hatte einen wohldurchdachten Plan und startete nach dem dreitägigen Hochzeitsmarathon ganz sicher in eine umso stabilere Ehe. Gott, was bin ich tief im Herzen nur für eine Romantikerin!

Weil wir an Traditionen glauben

Tradition. Tradition. Während meiner Recherchen zu diesem Buch sprachen erstaunlich viele junge Leute, etwa aus den Jahrgängen 1980–1990, in Zusammenhang mit der Ehe von »Tradition«. Weil sie traditionell seien, würden sie heiraten. Oder um eine Tradition zu wahren. Aber auch, weil sie an Traditionen glauben würden, verriet mir nicht zuletzt erst gestern Nacht eine Bekannte, die sich kurz nach dieser Offenbarung auf der harmlosen Einweihungsparty einer 3er-WG in Schöneberg eine Prise Koks aufs Zahnfleisch schmierte. Es ist mir tatsächlich erst jetzt bewusst geworden, dass dies (die Tradition) offensichtlich eine wichtige Rolle im Leben vieler Menschen spielt. Und ich unterstelle allen meinen Gesprächspartnern, dass sie wissen, was sie selbst unter Tradition zu verstehen haben. Jetzt, in einer tropisch warmen Sommernacht, einer der wärmsten seit Beginn der Wetteraufzeichnungen, wird mir jedoch bewusst, dass ich mit diesem Begriff nichts anzufangen vermag. Der Ventilator läuft, an Durchzug und Abkühlung ist dennoch nicht zu denken. Meine Haut glänzt, es ist weit nach Mitternacht, ich nehme einen Schlummertrunk und frage mich: Was zum Geier sind denn Traditionen? Und vor allem: Was zum Geier sind denn bitte Traditionen im Geiste junger, unabhängiger Berliner, die sicher schon mehr vom untraditionellen Leben dieser Stadt gesehen haben, als manch einem wirklich traditionellen Menschen lieb sein könnte. Ich schlage nach. In einem Fremdwörterlexikon. Tradition: »a) Überlieferung, Herkommen; b) Brauch, Gewohnheit, Gepflogenheit (…)«[13]

Ich rümpfe die Nase und nehme noch einen Schluck Averna. »Gewohnheit«, plappere ich. Pah! Das passt mir gar nicht. Nach dem aktuellen Stand der Dinge würde ich sagen, die 111 Gründe dieses Buches wurden wertungsfrei zusammengetragen. Ob ich persönlich einen Grund, zu heiraten, toll oder doof finde, interessiert nicht und soll nicht interessieren. Über Emotionalitäten lässt sich nicht diskutieren, kein Gut oder Schlecht finden und den Weg in die Ehe (oder auch nicht) muss sowieso jedes Paar für sich aussuchen. Aber heiraten, aus Gewohnheit? Da geh ich nicht mit. So nach dem Motto: Das gehört sich so. Nope, wie meine kleine Schwester jetzt sagen würde. Für Dinge, die »sich so gehören«, bin ich sowieso nur selten zu haben, beziehungsweise: Ich bin schon auch spießig und habe gerne Dinge, die sich gehören, und ich mag mich auch gerne benehmen. Aber nur im Rahmen der Dinge, bei denen ein Rebellieren sinnlose Zeitverschwendung wäre.

Ich kratze mich am Kopf und nehme noch einen Schluck vom Schlummertrunk. Manchmal muss man sich auch selbst hinterfragen. Was, wenn andere Leute aus Gepflogenheit heiraten, weil es sich für sie so gehört? Weil es für sie zum Leben dazugehört und ihnen von Urgroßeltern, Oma, Opa, Mama und Papa nicht anders überliefert wurde? Nicht, weil sie gezwungen oder belehrt wurden, was vielleicht gerade noch mein Verständnis von Tradition war, sondern weil sie es schön und wertvoll finden, einen Gedanken, den Gedanken ihres Zusammenlebens, unter dem Begriff »Ehe« in die Welt zu tragen. Nach außen zu leben und Position zu beziehen. Weil es sich so gehört.

Dann, ja dann ist es eben auch ein Grund, um zu heiraten. Ganz wertungsfrei schalte ich den Ventilator noch etwas stärker und fächele mir Luft zu.

69. GRUND

Weil der Name es wert war

Es gibt bestimmte Namen, die sprechen in gewissen Communities für sich. Da gibt es etwa Kreise, in denen Namen wie Goldenblatt,

Rosenzweig, Gutman, Roth oder Reich mehr aussagen als eine ganze Biografie. Ähnliches gilt für Namen, denen ein adeliges von, de oder zu vorangeht. Nicht umsonst lassen sich D-Promis gerne von adligen Urenkeln oder Stiefkindern adoptieren, nur um selbst solche oder ähnliche Titel tragen zu dürfen.

Die Gesellschaft dürfte wohl eher Frauen nachsagen, dass diese sich hochheiraten, nur um einen bestimmten Namen annehmen zu können. Aber dieses Hochheiraten wird längst geschlechterübergreifend praktiziert, wie ich selbst erfahren durfte. In diesem Falle ging es nicht um einen der oben stehenden Namen oder einen Adelstitel. Es ging um den Nachnamen einer Promidame, die irgendwo zwischen F-Z-Prominenz einzuordnen sein dürfte. Ein Playmate, die irgendwann auch schon einmal den Big-Brother-Container bewohnt hat. Oder war sie doch bei *DSDS*? Man weiß es so genau nicht mehr. Ich wunderte mich nur, als ich den jungen Mann, den ich noch aus Schulzeiten kannte, kurz vor einem Geschäftsessen zufällig in einem Restaurant traf und erstaunt darüber war, dass seine männliche Begleitung ihn mit einem anderen Nachnamen ansprach, als mit dem, den er noch zu Schulzeiten getragen hat.

»Ach, du hast geheiratet?«, fragte ich geradeheraus nach, wir waren eh gerade so nett in ein kurzes Pläuschchen verwickelt. Er nickte verlegen und zog eine Augenbraue hoch. Er hatte einen Dreitagebart, blasslila Augenschatten und wirkte irgendwie aufgequollen und bei Weitem nicht mehr so adrett und dynamisch wie noch zu Schulzeiten.

»Ja, eine lange Geschichte. Wir sind auch nicht mehr zusammen«, erklärte er, und ich stutzte, wollte jedoch nicht weiter nachbohren. Musste ich auch nicht, denn es sprudelte plötzlich nur so aus ihm heraus.

»Na ja, wir dachten damals, die Hochzeit könnte ihre Karriere noch mal pushen und ich hätte für sie als Manager mehr Aufträge heranziehen können. Du weißt ja bestimmt, von wem ich spreche?

Meine Frau? Mein Nachname?«, druckste er unbeholfen herum. Ich brauchte einen Augenblick, eh der Groschen gefallen war, aber dann wurde mir alles klar. Besondere Bewunderung konnte er dennoch nicht von mir erwarten, ich habe mir noch nie viel aus Freundschaften mit irgendwelchen Promis gemacht, wer auch immer sich gerne so bezeichnet.

»Wie außergewöhnlich, dass du ihren Namen angenommen hast. Du wirst ihn jetzt erst mal behalten?«, hakte ich nach. Er nickte mehrmals bestätigend.

»Jajajaja, absolut. Der Name an sich ist doch wunderbar, ich komme in jeden Club, gehe zu jeder Filmpremiere, und ich versuche ja auch immer noch, mir im Bereich People Management etwas aufzubauen. Das macht sich ganz gut. Du, ich muss los. Wir sind noch verabredet!« Er stürmte davon, verpasste mir vorher noch links und rechts einen feuchten Bussi und ich hatte wieder Zeit, mich dem Businesslunch im Diekmanns zu widmen.

Irgendwie wurde ich das Gefühl nicht los, dass er sie auch damals schon nur wegen ihres Namens geheiratet hatte. Dieser glänzende Nadelstreifenanzug, das zurückgegelte Haar, die aufgedunsene Haut. Frisch manikürte Hände hatte er gehabt und perfekt gezupfte Augenbrauen. »Das macht sich ganz gut«, äffte ich ihn nach und schüttelte den Kopf, während der Kellner noch etwas Wasser einschenkte.

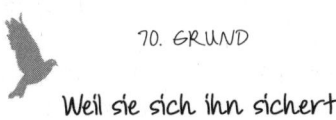

70. GRUND

Weil sie sich ihn sichert

Wenn Frauen sich Männer »krallen«, bedeutet das, sie setzen alles ein, um zumindest, aber nicht zwingend für immer und ewig, ihn an ihrer Seite zu haben. Da wird mit harten Bandagen gekämpft und meist geht es um den Mann Typ »ewiger Junggeselle«.

Er, Mitte 30, in der Medienbranche tätig, künstlerisch ange-
haucht, dennoch mit ordentlichem Einkommen. Wohnt im Prenz-
lauer Berg in einer Drei-Zimmer-Dachgeschosswohnung und ist
gerne und viel unter Menschen. Sein Aussehen spricht für sich:
leicht gebräunt, nicht zu sehr, doch gerade genug, um seine perfekten Zähne noch weißer erscheinen zu lassen. Die Augen, grün-
braun funkelnd, das Haar wellig, am Oberkopf jugendlich lang und
locker zurückgelegt. Am liebsten trägt er eine Jeans, ein weißes
T-Shirt (immer perfekt gebügelt) und seine Lederjacke. Man ahnt,
dass er etwas für seinen Körper tut, der Bauch ist flach, die Ober-
arme sportlich muskulös, aber natürlich ist er kein Pumper-Typ,
das passt nicht zu ihm. Er ist der Typ Mann, der unverschämt viel
flirtet, sei es mit Kolleginnen, Geschäftspartnerinnen, der Ehefrau
des besten Freundes oder seiner Kosmetikerin. Der Flirt bleibt jedoch stets und ständig locker-leicht, unverbindlich, erinnert eher
an eine charmant flüssige Konversation. Darauf ist er spezialisiert.
Er hat nie eine wirklich feste Partnerin. Er geht hin und wieder aus,
hat ein, zwei beste Freundinnen, mit denen er gelegentlich auch se-
xuell übereinkommt. Sex mit Kolleginnen hingegen geht gar nicht,
das bringt ihm nur Ärger. An Familie, Kinderkriegen, Heiraten, das
Haus, das Auto, den Cluburlaub – daran denkt er nicht. Auf eine
höflich ignorante Weise werden solche Themen auch nicht zum
Gesprächsthema gemacht, sobald er mit am Tisch sitzt. So geht
das jahrelang, bis man meinen könnte, er sei tatsächlich der ewige
Junggeselle, geht er doch mittlerweile schon auf die 40. zu.
    Und dann kommt sie. Und niemand war darauf vorbereitet. Er
hat sie bei einer Geschäftsreise kennengelernt, beide besuchten am
Nachmittag im Anschluss an einen Kongress ein Seminar. Sie saßen währenddessen nebeneinander und fanden, man könne doch
nach dem Seminar etwas zusammen trinken gehen. Und schwupps
– zwei Wochen später wohnt sie praktisch schon bei ihm. Die Frau
an seiner Seite hätte man sich irgendwie anders vorgestellt. Vielleicht attraktiver? Sie ist eher durchschnittlich. Circa 1,68 Meter

groß, nussbraunes Haar, kein hervorstechend schöner Busen, kein besonders praller Po, keine ewig langen Beine. Ihr Gesicht ist makellos, dennoch ohne irgendeinen Reizpunkt. Sie lächelt höflich, weiß sich zu unterhalten, nimmt jedoch nicht den Raum ein, wenn sie ihn betritt. Und obwohl sie so normal rüberkommt, sieht man ihr an, dass sie ihn unbedingt will. Es ist das Funkeln in ihren Augen, dieser stechende Blick, wenn sie forsch nach seiner Hand greift. Dieses milde Lächeln zu den Kommentaren, dass es ja nun doch alles ziemlich schnell ging, mit dem Einzug bei ihm. Er scheint wie geblendet. Ist völlig begeistert von dieser »normalen« Frau. Und es vergehen keine weiteren drei Monate und sie ist schwanger. Man munkelt und hört davon, dass eine Hochzeit für sie nun zwingend erforderlich sei. Es soll sogar richtig Streit deswegen gegeben haben. Dass sie die Krallen ausfahren kann, hatten ja alle schon vermutet. Aber dass sie so weit geht, mit Trennung zu drohen, sollte er sie nicht noch während der Schwangerschaft heiraten, damit hat wohl niemand gerechnet. Er tut es. Es ist eine kleine, standesamtliche Hochzeit. Ihre Eltern, seine Eltern, der beste Freund, ihre beste Freundin. Er glänzt in seinem maßgeschneiderten, tiefblauen Anzug und dem perfekten weißen Hemd. Das Haar liegt locker zurück, seine Haut ist von dem vergangenen Sommer noch immer sonnendurchtränkt. Um seine Augen haben sich Lachfalten gebildet. Sie trägt ein geradliniges, knielanges weißes Kleid, schulterfrei, ohne viel Aufsehen darin zu erregen. Ihr braunes Haar liegt in zarten Wellen auf ihren Schultern, dazu trägt sie weiße Ballerinas und eine zierliche Handtasche. Sie strahlt über das ganze Gesicht, schiebt stolz ihren Babybauch in die Mitte des Hochzeitsfotos und hält ihren Ehering direkt vor die Linse. Er trägt auch einen. Obwohl er noch nie Schmuck getragen hat, hat er doch die zwanghafte Angewohnheit, sich mehrmals die Stunde die Hände waschen zu müssen. Ihr ist das völlig egal. Ein Ehering gehört für sie mit dazu. Punkt. Er möchte ihre Ehe ja wohl nicht verheimlichen.

Völliger Irrsinn, denkt er nach einiger Zeit, als er nachts alleine im Büro sitzt und Überstunden macht. In letzter Zeit kommt er immer später nach Hause. Tagsüber schaffe er einfach nichts, erklärt er seiner Frau, die am Telefon nach dem gemeinsamen Abendessen fragt. Am Abend seien schließlich keine Mitarbeiter da, die ihn ständig nerven, keine Kunden, die nur mit ihm telefonieren wollen. Keine Sekretärinnen, die wegen der warmen Sommertemperaturen durchsichtige Blusen und kurze Röcke tragen. Und was wartet denn schon zu Hause auf ihn? Eine Frau, die nur am Meckern ist. Er würde zu viel arbeiten und sich zu wenig um das Kind kümmern. Eine Frau, die ihren Schwangerschaftsspeck nach der Geburt des Kindes nicht nur behalten hat, sondern in den letzten Monaten fast verdoppeln konnte. Wie ist es zu alledem nur gekommen?, fragt er sich immer und immer wieder. Ja, er war unfassbar verknallt in sie. Und der Sex war am Anfang der Wahnsinn, die Frau hat Sachen mit ihm gemacht Aber nun, knapp drei Jahre später? Drei Jahre später sorgt er dafür, immer eine Zahnbürste und eine Batterie perfekt gebügelter T-Shirts im Büro zu haben.

 71. GRUND

Weil er sich sie sichert

Es gibt Sommertage in Berlin, die genießt man am besten in einem Biergarten am Wasser. Und ohne es geplant zu haben, trifft das Ehepaar, das eigentlich nur schnell eine Grillwurst am Wannsee essen wollte, auf Arbeitskollegen und deren Familien. Mein Liebster und ich, wir sitzen also an solch einem Sommertag im Biergarten zwischen Wannsee und Potsdam, als wir zufällig auf seinen Arbeitskollegen Karl und dessen Frau Roxy treffen. Beide kannte ich schon von anderen Treffen, und so entwickelt sich ein heiteres Gespräch über alles Mögliche. Dabei entgeht mir nicht, wie verträumt Karl die ganze Zeit zum Wasser schaut. Er ist Anfang 50 und nun schon seit rund 20 Jahren mit seiner fünf Jahre jüngeren Frau verheiratet.

Sein graues Haar ist ordentlich geschnitten, er trägt beigefarbene Bermudajeans und ein lachsfarbenes Poloshirt. Seine Haut hat eine leichte Bräune, und wäre er etwas ausgeschlafener, hätte er auch keine dunklen Ringe unter den Augen. Er beobachtet die Kanus, die an uns Restaurantgästen vorbeiziehen. Hin und wieder nippt er an seiner Berliner Weißen und nickt unserem Gespräch zu, als ob er diesem folgen würde. In Wirklichkeit entspannt er und genießt das Wochenende. Als das Handy seiner Frau klingelt und sich diese kurz entschuldigt, um in der Firma für Ordnung zu sorgen, nutze ich die Gelegenheit und berichte von meinem Buchprojekt. Einem Buch über die Heirat und die Ehe. Karl lauscht auf, als er hört, dass es um die Ehe geht. Er wendet sich nun unserer lustigen Runde im Biergarten zu.

»Wie war das bei dir und Roxy? Warum hast du ihr einen Antrag gemacht, vor 20 Jahren?«, frage ich ihn und nutze seine Aufmerksamkeit. Er lächelt verschmitzt.

»Weil ich wusste, dass ich eine Frau wie sie nie wieder finden würde. Eine Frau wie sie hätte normalerweise nie Interesse an mir gezeigt. Aber wir haben uns verliebt. Da musste ich zuschnappen. Sie hat gesagt, wenn ich mit ihr zusammen sein möchte, muss ich sie heiraten. Sie wollte abgesichert sein, vor 20 Jahren hatte sie ja nix.« Ich versuche, über diese kurze, ehrliche und auf den Punkt gebrachte Zusammenfassung der Ehe von Roxy und Karl nicht zu überrascht zu wirken. Trotz dieser Ehrlichkeit, die ich durchaus zu schätzen weiß, hätte ich mir doch auch etwas mehr Romantik in dieser Geschichte gewünscht. Natürlich sieht jeder auf den ersten Blick, dass Roxy, die rassige Griechin, und Karl, der durchschnittliche Deutsche, wie Feuer und Wasser sind. Roxy entscheidet, Karl fügt sich. So war es wohl schon immer. Er liest ihr jeden Wunsch von den Lippen ab. Sie neckt ihn damit liebevoll und gibt ihm die Gewissheit, an seiner Seite zu sein. Seine Familie zu sein. Würde Roxy sich von Karl trennen, würde er den Rest seines Lebens sicher alleine verbringen. Er würde tagein, tagaus bis zur Rente in das

Büro der Krankenversicherung fahren, für die er als Sachbearbeiter tätig ist. Er hat keine eigenen Kinder, die von Roxy sind schon lange erwachsen. Sie lieben ihren Ziehvater, widmen sich jedoch dem mütterlichen Teil der Familie mehr. Karl würde sich vermutlich ein neues Hobby suchen, würde die Ehe scheitern. Vielleicht würde er sich eine Katze zulegen oder wandern gehen, wer weiß. Es war gut, dass er sich mit Roxy das Feuer in seinem Leben gesichert hat. Und er weiß, wie er sie bei Laune zu halten hat. Eine Frau wie Roxy sagt ziemlich deutlich, was sie erwartet. Das macht es Karl einfach, eine durchaus glückliche Ehe mit ihr zu führen.

Roxy kehrt von ihrem Telefonat zurück an unseren Tisch. Ich nippe an meiner Weißen und versuche mich selbst daran zu erinnern, dass ich Roxy unbedingt noch fragen muss, ob auch sie eine glückliche Ehe führt.

72. GRUND

Weil sein Bankkonto so verlockte, Part I

Cynthia, 35, über ihre Ehe mit Ilya: »Um ehrlich zu sein, Arbeiten war noch nie mein Ding. Ich weiß, das klingt total oberflächlich, jeder denkt jetzt natürlich, ich wäre faul und verwöhnt. Ich finde eher, das Leben ist nicht dafür gemacht, um tagein, tagaus in einem Büro zu sitzen, Papier von einer Seite auf die andere zu schieben und die ganze Zeit auf die Uhr zu schauen, wann es endlich zum Feierabend schlägt! Dann hetzt man nach Hause, schmeißt sich irgendwas in die Pfanne, saugt die Wohnung schnell durch und der Tag ist schon vorbei. Man sehnt sich nach dem Wochenende und bekommt dann am Sonntag schon Bauchschmerzen, wenn man an die Arbeit denkt. Arzttermine kann man nur schwer wahrnehmen, einkaufen gehen muss man am Wochenende. Unter der Woche existiert eigentlich kein Leben. Es existiert nur Arbeit. Das ist doch kein Leben, ich sehe das so. Und ja, natürlich weiß ich, wovon ich spreche, ich habe ja schon gearbeitet. Ich habe eine Lehre zur Hotelfachfrau gemacht, mit 21 war ich fertig. Dann habe ich bis zu meinem 26. Lebensjahr am Empfangsbereich eines Fünfsternehauses in Hamburg gearbeitet. Es war grauenhaft. Alles hat mich gelangweilt. Ich habe irgendwann nichts mehr dazugelernt und die Kollegen sind auch auf einem Niveau stehen geblieben, mit dem ich mich nicht mehr identifizieren konnte. Jeden Tag reden alle den gleichen Mist, man sieht immer die gleichen Gesichter und die Chefs spielen sich auf, als wären sie etwas Besseres. Ich habe dann überlegt, ein Studium anzufangen. BWL oder so. Kann man ja für gehobene Positionen immer gebrauchen. Aber dann wäre mein Leben doch auch nicht besser geworden. Dann hätte ich in Vollzeit studieren und nebenbei noch arbeiten müssen, um meine Miete zu bezahlen. Und dass ich dann einen besseren Job bekommen hätte, war auch nicht gesagt.

Ich hatte Glück, denn gerade als ich 26 geworden war, lernte ich Ilya kennen. Er war damals 38 und beruflich viel unterwegs. Wenn er in Hamburg war, stieg er immer bei mir im Hotel ab. Und das war ziemlich regelmäßig, einmal im Monat blieb er für vier, fünf Tage in der Stadt. Er war mir immer schon als gut aussehender, aber zurückhaltender Typ aufgefallen. Er trägt auch heute noch Glatze, seine blauen Augen strahlen, er hat schön geschwungene Lippen und eine gut gewachsene Figur. Normalerweise ging er ohne etwas zu sagen am Abend an die Bar oder auf sein Zimmer. Nie traf er sich direkt im Hotel mit Geschäftspartnern, ich habe auch lange nicht gewusst, was er beruflich macht. Aber eines Abends trafen wir uns zufällig hinter dem Hotel. Meine Schicht war gerade beendet, ich war schon umgezogen und wollte über den Hinterausgang verschwinden. Ich war schon wieder total genervt von diesem faden Arbeitsalltag, eine richtige Depriwolke schien sich über mir aufzubauschen, als Ilya vor mir stand. Er rauchte eine Zigarette und wirkte ähnlich nebulös, geistesabwesend wie ich. Ich tauschte aus bloßer Höflichkeit Floskeln mit ihm aus, ob er mit allem zufrieden sei, und wollte ihm gerade eine gute Nacht wünschen, als er mich fragte, ob ich ihm nicht mal etwas anderes von Hamburg zeigen könne. Ich blieb stehen und nach zwei, drei weiteren Sätzen war klar: Ilya und ich würden noch an diesem Abend nach Blankenese fahren, an den Strand, wie ich immer sage. Blankenese ist mein Monaco, mein Mykonos, mein Nizza und Paris in einem. Wenn ich in Blankenese am Strand liege und ein Krabbenbrötchen esse, fühle ich mich daheim. Dann schaue ich hoch in die Berge und betrachte jede einzelne, in den Hang gebaute Villa. Ich begutachte die Vor- und Nachteile der Häuser und frage mich, welches ich kaufen würde, wenn ich die Chance dazu hätte.

Mit Ilya bekam ich ziemlich schnell die Chance, ein neues Leben anzufangen. Während der nächsten fünf Monate trafen wir uns jeden Abend, den er in der Stadt verbrachte. Ich freute mich jedes Mal auf ihn, auch wenn ich nicht verliebt war. Es war immer mehr wie ein Treffen mit dem besten Freund, dem Bruder oder Cousin. Wir gingen nachts zusammen tanzen, fuhren spontan nach Berlin, um in derselben Nacht wieder zurückzufahren, und schauten auf seinem Zimmer Fernsehen. Wir verstanden uns, auch ohne viel zu sprechen, und obwohl wir tatsächlich nicht viel sprachen, zeigte Ilya mir neue Perspektiven auf. Nach den fünf Monaten kündigte ich meinen Job und reiste mit ihm durch Europa. Ilya hatte eine App erfunden, die er verschiedenen Unternehmen in verschiedenen Varianten zur Verfügung gestellt hatte. Hier und da gab es Nachentwicklungen, Weiterentwicklungen, Wartungsarbeiten, weshalb er von einem Unternehmen zum nächsten reiste. Und nach weiteren fünf Monaten fragte er mich, ob ich ihn heiraten wolle.

Natürlich wusste ich mittlerweile, dass Ilya nie wieder in seinem Leben würde arbeiten müssen. Er hatte ausgesorgt, mit seiner App. Er war ein durch und durch anständiger Kerl und hat mich bis heute immer gut und aufrichtig behandelt. Mittlerweile haben wir eine zweijährige Tochter und haben uns in München niedergelassen. Ich würde schon sagen, dass ich Ilya wegen seines Geldes geheiratet habe. Hätte ich »Nein« zum Antrag gesagt, hätten wir uns sicher irgendwann getrennt. Und dann hätte ich ohne berufliche Höhepunkte in meinem Leben wieder in der Hotellerie anfangen müssen. Mit einem Leben, das sich nur um den Job dreht. Davor hat es mir echt gegraut. Und ich bin glücklich mit meiner Familie. Und Ilya ist es auch. Ich mache mir keine Vorwürfe. Wenn Ilya unser Leben nicht gefallen würde, hätte er sich schon von mir getrennt. Und natürlich liebe ich ihn. Er ist der Vater meiner Tochter, die beiden sind meine Familie, ich lebe für sie. Nur ist die Liebe, die ich für Ilya empfinde, anders, als man das aus Liebesromanen oder Hollywoodfilmen kennt. Es ist eine unspektakuläre, immer gleich bleibende Liebe. Aber Liebe ist Liebe, oder?«

73. GRUND

Weil sein Bankkonto so verlockte, Part II

Anni, 49, geschieden: »Es wäre kein schöner Grund, um zu heiraten, das ist mir klar. Aber ich glaube, ich kann es mir einfach nicht aussuchen. Ich habe keine andere Möglichkeit. Ich bin jetzt 49 Jahre alt. Oder jung? Im Moment fühlt es sich eher wie alt an. Ich bin seit einem Jahr geschieden, meine Tochter wird in diesem Jahr 20 und ist schon vor zwei Jahren von zu Hause ausgezogen. Mein Mann und ich haben Gütertrennung vereinbart. Nach der Scheidung hat er mir nichts gelassen. Doch, unser Sofa und den Sekretär. Aber andererseits, ich habe ihm auch nichts gelassen. Zusammen haben wir immer gut gelebt. Ich habe als Bankangestellte immer gut verdient, dachte ich zumindest. Mit dem Gehalt meines Exmannes als Lehrer konnten wir uns immer alles leisten. Zumindest die Dinge, die wir wollten. Patrizia konnte ihren Führerschein machen und wir haben ihr eine Wohnungseinrichtung spendiert. Jedes Jahr waren wir gemeinsam im Urlaub, mal auf Teneriffa, mal in der Schweiz, in Ungarn oder in Griechenland.

Jetzt verreise ich mit Ludwig. Er lädt mich hin und wieder zu kleinen Wochenendtrips ein. Ohne ihn könnte ich mir gar keinen Urlaub leisten. Seit der Scheidung kann ich mir sowieso nichts mehr leisten. Ich arbeite ja nur halbtags, das war mir noch gar nicht so bewusst, als Patrizia und mein Exmann noch zu Hause gewohnt haben. Da ging die Arbeit nach der Arbeit ja weiter. Kochen, Putzen, Einkauf, was man halt so macht. Aber es stimmt schon. Für das, was ich derzeit verdiene, habe ich zu viel Freizeit. In der letzten Woche kam ein Schreiben von der Rentenversicherung. Meine Rente liegt momentan bei rund 600 Euro monatlich. Gut, ein paar Jahre habe ich noch, um einzuzahlen. Aber wesentlich mehr wird es wohl nicht werden. Als ich den Brief gelesen hab, traf es mich wie ein Schlag. Das ist Altersarmut, wurde mir klar. Und zwei Stunden später war ich mit Ludwig zum Abendessen verabredet.

Ludwig ist ein feiner Kerl, ich mag ihn sehr gerne. Ich kann nicht sagen, dass ich ihn lieben würde, das stimmt einfach nicht. Aber wir führen gute Gespräche und unternehmen schöne Dinge. Wir lachen auch wirklich viel. Das mag sich so pauschal anhören, wie auswendig gelernt, aber es stimmt. Wir machen miteinander viele Albereien. Ludwig geht in zwei Jahren in Rente. Dann ist er 60. Er hat sein Leben lang als Fachanwalt für Familienrecht gearbeitet, jetzt möchte er die Kanzlei an seinen jüngeren Partner verkaufen. Ludwig ist sehr bodenständig, manchmal etwas altertümlich in seinen Ansichten, aber das stört mich nicht. Was das mit uns auf Dauer werden soll, fragte mich Patrizia vor wenigen Wochen. In ihren Semesterferien kommt sie nach Hause und schläft bei mir in der Wohnung. Ich musste schlucken und konnte ihr auf die Frage zunächst gar keine Antwort geben. Ob ich mir vorstellen könnte, ihn zu heiraten, bohrte sie weiter. Ich schüttelte zunächst den Kopf. Dann fiel mir der Brief der Rentenversicherung wieder ein. Doch, ich könnte mir vorstellen, ihn zu heiraten, platzte es aus mir heraus.

Patrizia riss die Augen auf und fing an zu lachen. Ach Mutti, hat sie nur gesagt und in ihrem Salat gestochert.«

74. GRUND

Weil es ein Bleiben ermöglichen kann

Die binationale Ehe. Eine Nation heiratet eine andere. Sie glaubt, dadurch aus der Favela rauszukommen. Sie war schon einmal für drei Monate in Deutschland, mit einem ganz normalen Touristenvisum. Nachdem sich die beiden in Brasilien bei seinem Auslandsaufenthalt kennengelernt haben, war klar, sie sind ineinander verliebt. Und es war auch klar, dass er zurück nach Deutschland gehen würde. Zurück zu seiner Familie, zu seinem Job. In den drei Monaten »Urlaub«, die sie in Deutschland verbrachte, besuchte sie einen Sprachkurs, versuchte, Fuß zu fassen. Doch natürlich gab es noch keinen normalen Alltag für das Paar. Hierfür waren sie viel zu verliebt ineinander, wollten zu viel Zeit miteinander verbringen. Erst als der dritte Monat fast vorüber war und das Flugticket nach Hause in ihrer Tasche brannte, fragte sich das Paar ernsthaft, was sie tun könnten, um zusammenzubleiben. Er würde nie mit ihr in die Slums zurückgehen. Und sie allein nach Brasilien zurückzuschicken, behagte ihm auch nicht. Sie war alles, was er sich je gewünscht hatte. Sie hatte Leidenschaft, Wärme, Fürsorglichkeit und mehr Sex-Appeal, als er vertragen konnte. Sie war keine gebildete Frau, wie hätte sie das auch sein können. Aber sie war ein von Grund auf positiver, fleißiger Mensch. Sie würde eine gute Ehefrau abgeben, grübelte er eines Abends, als sie schon auf dem Sofa seiner Zweizimmerwohnung eingeschlafen war. Sie kümmerte sich doch jetzt schon um den Haushalt, sie kochte jeden Tag frisch und sorgte sich um ihn. Ja, warum eigentlich nicht? Warum sollte er sie nicht heiraten? Wenn das ein Bleiben ermöglichen könnte?

Ganz so einfach ist es leider nicht. Der eine mag heiraten, um eine ihm geliebte Person im Land zu behalten. Andere heiraten auch ihnen unbekannte Personen, um diese vor politischer Verfolgung oder Missständen in deren Heimatland zu bewahren. Die Heirat zwischen Nicht-EU-Bürgern und einem EU-Bürger begründet jedoch noch keine Staatsangehörigkeit für das Land, in dem der andere Ehegatte lebt! Auch ein unbefristeter Aufenthaltstitel wird nicht automatisch mit der Eheschließung ausgestellt. Dennoch wird gerade in Deutschland der Schutz der Ehe und Familie großgeschrieben. Das Führen einer Scheinehe hingegen wird von den Behörden eingehend geprüft, was jede junge Liebe auf eine harte Belastungsprobe stellen kann. Die Gesetze sind in diesem Bereich sehr feingliedrig, viele Paare machen sich keine Vorstellung davon, welche Hürden es zu überwinden gilt, ehe eine Eheschließung in Deutschland tatsächlich zu einem dauerhaften, ungestörten Zusammenleben führen kann.

Die beiden haben es probiert, zu verlieren hatten sie schließlich nichts. Ihr Visum wurde einmalig auf sechs Monate verlängert. Ab dem Zeitpunkt der Verlängerung war das Paar ganz mit seinen Hochzeitsvorbereitungen beschäftigt. Sie erhielten beim Standesamt Steglitz-Zehlendorf einen kurzfristigen Hochzeitstermin in sechs Wochen, den ein anderes Paar abgesagt hatte. Sie organisierten ihr einen Job bei einer Sprachenschule als Aushilfe am Empfangsbereich. Zusätzlich konnte sie sich als Babysitterin bei einer Agentur bewerben. Die Hochzeit fand an einem grauen Novembertag statt. Ihre Familie konnte nicht anreisen, hierfür hatte weder ihre Familie noch der Bräutigam das Geld. Aber seine Familie war mit den Schwiegereltern und seiner Schwester nebst Anhang vertreten. Die Braut war aufgeregt, auch wenn sie sich nicht wirklich als Braut fühlte. Schließlich war ihre Familie nicht da. Sie trug deshalb auch nicht das Kleid, das sie sich eigentlich gewünscht hätte. Sie trug einen dunkelroten Hosenanzug, die dunkelbraunen Haare hatte sie sich selbst hochgesteckt. Ihre Schwägerin in spe hatte einen Brautstrauß aus roten Rosen organisiert, für ihren Bruder eine Ansteckrose im gleichen Stil. Der Bräutigam war edel in einem dunkelgrauen Anzug unterwegs, strahlend trat er seiner Braut vor dem Standesamt entgegen. Für sie ging es um mehr als um die Begründung der Ehe. Es ging um die Begründung einer Perspektive. Einer echten Zukunft. Einer Möglichkeit, Geld nach Hause schicken zu können. Dafür nahm sie in Kauf, nicht das Kleid ihrer Träume tragen zu können. Auch, dass sie mit ihrem Vater keinen Hochzeitstanz tanzen konnte, ein Segen, den sie sich für ihre Ehe gewünscht hätte. Doch hier ging es nicht um Träume. Hier ging es um Realität. Um ihre Realität. Einen Scheck nach Hause zu schicken war wichtiger als ein traumhaftes Brautkleid und ein Tanz mit dem geliebten Vater.

75. GRUND

Weil sie sich nicht getraut hat, Nein zu sagen

»Ich weiß, dass du mal verheiratet warst. Wann warst du verheiratet?«, frage ich und lege mein Handy ab. Das Diktiergerät zeichnet unser Interview wie besprochen auf. »Ich habe 2005 geheiratet«, sagt sie und dreht ihre Augen dabei hoch zur Decke, als würde sie dort nach der richtigen Jahreszahl suchen. Sie stützt sich mit ihren zarten Ärmchen auf dem Bett auf, die langen, schlanken Beine übergeschlagen, das dunkle Haar hinter die Ohren gelegt.

»Wen hast du geheiratet?«

»Meine damalige Partnerin M.«

»Wie war die Konstellation mit dir und M. damals, wie lange wart ihr zum Zeitpunkt der Heirat zusammen?«

»Wir waren damals seit vier Monaten ein Paar und haben auch schon zusammengewohnt. Im Februar 2005 haben wir dann geheiratet.«

»Warum?«, frage ich ganz direkt, denn ich weiß, dass diese junge Ehe mehr als nur turbulent war, und das nicht etwa, weil es sich um eine lesbische Eheschließung handelte.

»Ich weiß es nicht!«, lacht sie und versucht zu erklären. »Ich weiß nicht, warum es mich so hingerissen hat. Dazu muss man vielleicht sagen, ich war erst 20 und M. war meine erste Lebensgefährtin. Vielleicht war ich auch jung und naiv?«

»Oder jung und verliebt?«, wende ich ein.

»Auch das. Aber wenn ich das jetzt im Nachhinein betrachte, war ich einfach zu feige, um Nein zu sagen«, gesteht sie.

»Sie hat dich gefragt, ob du sie heiraten möchtest?«

»Ja, sie hat mich sogar zweimal gefragt. Und beim zweiten Mal bin ich ihr entgegengekommen. Ich glaube, um einen Streit zu schlichten.«

»Oder hattest du Angst, diese für dich neu entdeckte Liebe gleich wieder zu verlieren?«, fasse ich nach. Ich frage vorsichtig genug, um meine Interviewpartnerin nicht zu kränken. Dennoch meine ich, direkt genug zu sein, um sie zum Nachdenken zu bewegen. Es gelingt mir ganz gut. Wieder dreht sie ihre großen, braunen Augen zur Decke, sie wippt mit dem linken Fuß, um dessen Knöchel sich ein Tattoo schlängelt. Sie schnalzt mit der Zunge und antwortet zaghaft:

»Nein, daran lag es nicht. Ich meine, M. war schon immer sehr sensibel und auf ihre Art sehr anstrengend. Ich wollte sie einfach nicht vor den Kopf stoßen«, erklärt sie.

»War es ihr Herzenswunsch, dich zu heiraten?«, versuche ich zu erfahren.

»Ja. Wir waren vier Jahre verheiratet und haben zusammengelebt. Das Zusammenleben ist dann auseinandergegangen, aber es hat vier weitere Jahre gedauert, ehe wir uns haben scheiden lassen.«

»Wie habt ihr geheiratet?«, möchte ich wissen.

»Allein. Wir waren erst seit vier Monaten zusammen und wollten das Ding nur für uns durchziehen.« Ich muss grinsen. Das kenne ich irgendwoher. Den Gedanken, diesen besonders intimen Moment, in dem man sich als Paar das Versprechen einer lebenslangen Bindung gibt, für sich allein behalten zu wollen. Ich kann mich gut in jedes Paar hineinversetzen, das hierbei ohne Publikum jenes gegenseitige Versprechen genießen möchte.

»Wie war der Tag? Was hattest du an?«

»Ich trug einen Hosenanzug und ein gelbes, seidiges Top. Der Tag war richtungsweisend für den Rest der Ehe. Wir haben uns tatsächlich vor dem Standesbeamten um die Wahl des Ehenamens gestritten. Für mich war klar, dass ich meinen Nachnamen behalte. Meine Partnerin ging von ihrem Namen als Ehenamen für uns beide aus. Ich habe mir von dem Standesbeamten die Optionen erklären lassen. Letztlich habe ich meinen Namen behalten.« Stolz schwingt in ihrer Stimme mit, als sie von ihrem Nachnamen erzählt, den sie trotz Eheschließung behalten hat.

76. GRUND

Weil wir Rechte aneinander haben möchten

Konsequent, finde ich. Sie hat den Schritt gewagt, relativ jung und in einer sehr frischen Beziehung die Ehe einzugehen. Das war mutig und sicher hatte sie insgeheim auch Lust, dieses Abenteuer anzugehen. Doch ihren Namen musste sie hierfür nicht ablegen. Warum hätte sie das tun sollen?

»Wenn du über die Ehe allgemein nachdenkst, was denkst du über die Ehe? Würdest du noch mal heiraten?«

»Ja, ich würde noch mal heiraten. Meine jetzige Partnerin ist der Mensch, mit dem ich gerne alt werden möchte. Und man möchte sich natürlich auch absichern«, erklärt sie mir. Ich weiß, dass sie seit einigen Jahren in einer stabilen, glücklichen Beziehung lebt. Die beiden sind ein modernes lesbisches Paar. Sie reisen viel, sind gesellig, glauben an ihre eigene Familie, an ihre Werte und auch an

Sicherheit. Aber was genau versteht sie unter Absicherung? Finanzielle Sicherheiten, oder emotionale? Ich frage nach.

»Was meinst du mit Absicherung?«

»Der Liebe wegen würde ich eher weniger heiraten. Die Liebe braucht die Ehe nicht. Aber wenn mal etwas passieren sollte, wir haben doch gar keine Rechte aneinander. Wir haben das vor einiger Zeit im Bekanntenkreis erlebt, bei einem anderen lesbischen Paar. Die beiden waren nicht verheiratet, die eine Partnerin kam ins Krankenhaus und musste operiert werden. Ihre Freundin hatte keinerlei Rechte, die Ärzte haben ihr keine Informationen gegeben. Wie viele Menschen nehmen dich denn ernst, wenn du sagst, die Frau, die da liegt, ist deine Partnerin? Deine Frau! Viele Menschen können heutzutage mit der gleichgeschlechtlichen Lebensgemeinschaft nichts anfangen. Der Begriff allein ist ja auch schon affig. Aber der Gedanke der Absicherung ist auch für mich und meine jetzige Freundin sehr wichtig.« Ich nicke bestätigend und danke ihr für ihre Aufrichtigkeit. Ich kenne D. schon seit vielen Jahren, rund acht müssten es mittlerweile sein. D. hat mir während des Studiums zu Hause bei mir die Haare geschnitten und gefärbt. Nachdem wir bei mir in der Küche gesessen haben und D. sich um meine Haare gekümmert hat, waren wir gemeinsam auf einigen Partys, haben gefeiert, gelacht, Mädchenkram besprochen und hierbei auch das ein oder andere ernsthaftere Gespräch geführt. Aber so antastbar wie heute habe ich sie noch nie erlebt. Die Ehe, Liebe und Familie sind zerbrechliche Geschöpfe. Nicht viele Menschen mögen darüber sprechen und sich tief in Herz und Seele schauen lassen. Wir lernen sie kennen, diese sensiblen Gebilde, lernen mit ihnen zu leben, sie zu lieben, oder auch nicht. Manchmal ändert sich die Perspektive. Es ändern sich Beweggründe und Motive. Das Schöne ist, dass die Ehe nicht nach Motiven fragt. Ein jeder hat sein eigenes Motiv. Der eine offenbart es, der andere nicht.

Weil es gerade total »vintage« ist

Vier Hochzeiten und eine Traumreise. Danielas Hochzeitsgeheimnis. Die perfekte Hochzeit. Shopping Queen – Braut Spezial. Hochzeit auf den ersten Blick. Heiraten liegt voll im Trend. Das wissen nicht nur TV-Sender und Zeitungsverlage. Auch in Berlin, der Stadt, in der vieles hip und modern, trendy und angesagt ist, steht das Heiraten aktuell hoch im Kurs. Nur in dieser Stadt wird es nicht als »Trend« bezeichnet. Heiraten in Berlin ist *vintage*. Das hat noch nichts zu heißen, denn in Berlin ist aktuell alles vintage. Dafür liebe ich diese Stadt so sehr. Berlin kann sich immer so schön in Dinge hineinsteigern. Es werden die kuriosesten Dinge gehyped, manchmal jahrelang, und dann, mir nichts, dir nichts, lässt Berlin den Hype wieder fallen, wie eine heiße Kartoffel.

Aber anders als in Städten wie New York oder London heißt das nicht, dass der Trend dann tot ist, nein. Wenn Berlin Lust hat, lässt es den Trend nach einer kleinen Ruhephase wieder aufleben und alle feiern sich drauf. Das ist irgendwie so erfrischend überraschend. Da weint man Monate um die Schließung des Kater Holzig oder der Bar25, die Location wird geschlossen, aber dann, wie Dornröschen aus dem Tiefschlaf, wacht das Ding wieder auf. Nur eben auf der anderen Straßenseite. Oder am anderen Flussufer. Wie dem auch sei, in Berlin ist alles vintage. Klamotten sind es, Cafés und Bars auch. Das Mobiliar muss vintage sein, das selbst angestrichene Fahrrad eh und die braunen Ankleboots bitte sowieso. Vintage sind auch Hairstylings, Schmuck und Accessoires, ebenso wie Großmütter und selbst gestrickte Strickjacken mit großen, braunen Knöpfen. Die Knöpfe müssen bitte schön extra-vintage sein, am besten vom Vintage-Markt (ehemals Trödelmarkt) und auch Cupcakes und Sonntagskuchen werden im Vintage-Style gebacken. Eine Altbauwohnung ist erst mit Bediensteteneingang und

Klo hinter der Küche richtig vintage. Kleingärtnern ist nicht mehr spießig, sondern der Urban-Vintage-Trend des Jahres!

Ich könnte ewig so weitermachen. Aber wir haben ja hier ein Thema, an das wir uns gerne halten möchten, und klar, auch Hochzeiten haben neuerdings vintage zu sein. Wer was auf sich hält, feiert entweder total vintage oder wenigstens mit Vintage-Einflüssen.

Total vintage sieht so aus:

Das Paar gibt zunächst seine Verlobung im Drachenhaus im Park des Schloss Sanssouci bekannt. Bei schwarzem Tee und sandigem Gebäck feiert die Familie und freut sich über die anstehenden Monate der Planung. Die Junggesellenfeiern werden für Sie auf einem Stadtfloß gefeiert, die Ladys schlürfen Roséchampagner, tragen große Hüte, ihre Halstücher wehen im Wind. Sie winken den Touristen am Ufer der Spree zu. Die Männer fahren auf Rädern mit einem Bollerwagen voll Bier raus aufs Land und üben sich im Bogenschießen, Baumfällen und Kühefangen.

Natürlich wird es einen sehr klassischen Polterabend geben. Es ist mittlerweile total vintage, die Scherben in dem Karton vor der Location immer und immer wieder auszukippen, damit das angehende Ehepaar diese immer und immer wieder zusammenfegen darf. Gefeiert wird natürlich in Clärchens Ballhaus in Berlin-Mitte. Seit über 100 Jahren wird in dieser ehrwürdigen Location getanzt und gefeiert. Das Traditionshaus verfügt über mehrere Räume, den Spiegelsaal und den unteren Saal als Hauptattraktionen. Tatsächlich bedeutet Saal hier noch: Holzvertäfelte Wände, Kerzenhalter an der Decke, Kronleuchter und riesige Spiegel lassen den Glanz von vor 100 Jahren aufleben. Heute wird in der Location außerdem ein Restaurant betrieben, die Säle werden für Veranstaltungen vermietet.

Geheiratet wird dann vintage im Gartenglück Wegendorf, einer wundervoll festlichen, ländlichen Location unweit von Berlin. Der hergerichtete Bauerngarten wirkt romantisch, rustikal, die alten Gemäuer stehen intakt, in der großen Scheune wird später gefeiert. Kinder naschen Beeren und die Zeremonie findet im Freien unter einem uralten Walnussbaum statt. Die Wege sind mit wilden Blumen angelegt, weiß gekalkte Stühle, Holztruhen und Hocker stehen für die Gäste als Sitzgelegenheit während der Trauung im wilden Garten bereit. Getanzt und getafelt wird anschließend in der mit Holzboden ausgelegten Feldsteinscheune. Ein ausgefeiltes Lichtkonzept sorgt für Stimmung, ebenso die passenden Dekoelemente wie Plattenspieler, zartrosa Blumen mit Perlenbesatz, Blumenkränze in den Haaren der Frauen, Schuhe mit Spitze und die Herren mit Hosenträgern und aufgekrempelten Hemdsärmeln. Cakepops dürfen nicht fehlen, ebenso wenig wie zuckerbestreute Cupcakes und selbst gemachte Obsttorten, die auf einem alten Holztisch mitten im Garten serviert werden. Die Blumendeko ist in Grün, Altrosa, Weiß und Pink gehalten, auf den Tischen in der Scheune stehen wild gesteckte Sträuße in weiß gelackten Blechdosen und alten Teekannen herum, so wie zufällig stehen gelassen.

Es spielt ein Streichquartett und es gibt ein ungezwungenes Bio-Buffet mit Köstlichkeiten aus der Region. Sobald es dunkel geworden ist, strahlt die alte Scheune und bunte Lampen im Hof weisen den Weg zur Feuerstelle. Die Braut hat ihren Blumenkranz mittlerweile aus dem Haar genommen und die Spitzenschuhe ausgezogen. Auf einem ausrangierten Stoffsofa, das über und über mit Blumen bestickt ist, sitzt das Paar mit seinen Gästen am Lagerfeuer.

Zum Abschied wird für das Brautpaar Konfetti geschmissen, was gar nicht hipster-like, sondern überaus vintage ist.

Nur ein bisschen vintage geht so: Hier wird zwar in klassischen Locations wie dem Hotel de Rome oder dem Ritz-Carlton geheiratet, dennoch lassen insbesondere das gewählte Farbkonzept (Altrosa, Lindgrün, Weiß, Beige), Ornamente auf den Einladungen und Tischkarten eine Reise in alte Zeiten erahnen. Natürlich fährt das Paar in einem alten Rolls-Royce vor und die Braut trägt ein enges Kleid mit Spitzenärmeln und Wasserfallausschnitt am Rücken.

Ich gebe zu, sollten mein Liebster und ich unser Gelübde irgendwann auffrischen wollen (was ja total trendy ist), dann im Rahmen einer bäuerlichen Vintagehochzeit. Unter einem alten Walnussbaum. Ach so, dann muss ich mir das mit der Vollmondhochzeit in Thailand doch noch einmal überlegen.

78. GRUND

Weil der EX sie nicht wollte

Es gibt ihn wohl immer. Irgendwo. Von irgendwann. Und irgendwie war der eine so sehr der eine, dass sie ihn niemals vergessen wird. Es kann eine junge Liebe gewesen sein. Ein erster zarter Kuss bei Nacht während der Klassenfahrt im Bayrischen Wald. Das junge Paar hält über Monate hinweg einander an den Händen, wagt es nicht, einander aus den Augen zu lassen. Kann nicht atmen ohne einander. Möchte nicht sein ohne einander. Die Familie schmunzelt, misst dieser jungen Liebe vielleicht noch nicht so viel Bedeutung bei, wie sie es verdienen würde. Doch es ist wohl jene erste, besonders junge Liebe, die ihn zu dem einen macht. Das junge Paar weiß, dass die Realität, das Erwachsenwerden sie einholen wird. Dass nichts so bleiben kann wie in diesem Sommer. Das Leben hält doch noch etliche Nächte, Partner, andere Küsse und andere Berührungen bereit. Und man fragt sich: Werden wir später noch einmal zueinanderfinden? Vielleicht, wenn wir andere Küsse geschmeckt, verschiedene Nächte durchlebt, ein anderes Leben gelebt haben?

Irgendwann kam sie an den Punkt, an dem sie darüber nicht mehr nachdenken wollte. Die Gedanken an diesen einen müssen doch irgendwann ein Ende finden, oder? Vielleicht ist der jetzige einer derjenigen, der sie von ihren nostalgischen Gedanken befreien kann, so dachte sie. Natürlich liebt sie ihn, wie könnte sie nicht. Sie leben nun seit über vier Jahren zusammen und es ist ein harmonisches Zusammenleben. Die gemeinsame Freizeit verbringen sie gerne zu zweit beim Shopping oder mit Freunden im Park, beim Sport oder in einer Bar. Er hilft ihr im Haushalt, was sie besonders begeistert. Und sie hat sich für ihn ihre Haare lang wachsen lassen. Die Familien haben sich mittlerweile kennengelernt, und auch hier scheint alles rundzulaufen.

Es war absehbar, dass er sie zum fünften Jahrestag, während des Wochenendausfluges nach Rügen, um ihre Hand bitten würde. Beide stehen fest im Job, er ist verbeamtet, in Sachen Sicherheit hätte sie es gar nicht besser treffen können. Und da sie wusste, dass er sie an diesem Wochenende um ihre Hand bitten würde, machte sie sich im Vorhinein umso mehr Gedanken darüber, wie ihre Antwort ausfallen könnte. Wollte sie mit ihm den Rest ihres Lebens verbringen? Könnte sie sich vorstellen, Kinder mit ihm in die Welt zu setzen? Es war jene letzte Frage, die ausschlaggebend für ihre gesamte Antwort werden würde. Denn irgendwann, so erklärte sie mir, ist Frau Mitte 30 an dem Punkt, an dem sie sich fragt, ob sie mit dem Partner, den sie aktuell an ihrer Seite hat, gerne Kinder in die Welt setzen würde. Wenn die Antwort »Nein« lautet, dann gibt es ab einem gewissen Zeitpunkt, so ihre Theorie, keinen Grund mehr, weiterhin ein Bett und das Leben miteinander zu teilen.

Aber ja, sie könnte sich vorstellen, mit ihm Kinder in die Welt zu setzen. Er wäre sicher ein großartiger Vater. Auch dieser Punkt sprach folglich für ein »Ja«. Viel wichtiger war jedoch, dass sie es satthatte, dem einen hinterherzutrauern. Na ja, es sei ja kein richtiges Trauern. Nur irgendwie habe sie über Jahre hinweg immer wieder gedacht, sie fänden doch noch einmal zueinander. Denn immerhin hatten sie sich auch nie wirklich aus den Augen verloren. Wenn sie sich heute auf der Straße träfen, wäre es wie immer. Ganz normal. Sie würden zusammen eine Runde Sushi essen gehen, über ihre Jobs, Liebeleien, die Familie und auch ein bisschen über die Vergangenheit sprechen. Sie trafen sich ja schon mal hier auf einer Party, mal da auf einem Flohmarkt. Und immer war da dieses gewisse Etwas, oder nicht? Hatte sie sich das über all die Jahre hinweg eingebildet? Vielleicht war es ja auch nur ihr so ergangen? Sie hatte sich da wohl in etwas hineingesteigert, nachdem er und sie über Monate hinweg nur Augen füreinander gehabt hatten. Nachdem es eine Zeit gegeben hatte, in der sie ohne einander nicht sein konnten. Nicht atmen wollten, nicht fühlen, riechen, schmecken, erleben wollten, ohne dies miteinander zu teilen.

Aber nun, wie gesagt. Vermutlich hatte sie diese erste, junge Liebe mehr ergriffen, als sie je vermutet hätte. Und ihm ging es anscheinend nicht so, sonst hätte er doch mal was gesagt, oder nicht? Jedenfalls, das sagte sie schon, oder? Jedenfalls? Sie lacht und ich meine, sie streicht sich eine winzig kleine Träne aus dem rechten Augenwinkel. Ich höre aufmerksam zu, aufmerksamer als ich eigentlich sein kann. Ich versuche, keinerlei Regung in meinem Gesicht zu zeigen. Weder Skepsis, noch Verwunderung, Mitgefühl oder Verständnis. Für Therapeuten muss es schwer sein, immer ein neutrales Gesicht zu wahren. Ich möchte sie in ihren Ausführungen nicht behindern oder verängstigen, deswegen versuche ich, ein absolutes Neutrum abzugeben. In meinem Kopf drehen sich ihre Worte. Sie liebt ihren jetzigen Freund ganz sicher, daran zweifele ich nicht im Geringsten. Aber ich bin mir ebenso sicher, dass sie ihren Ex auch von ganzem Herzen liebt. Nur, dieser Ex scheint nicht der Mann ihrer Zukunft zu sein. Heißt das, sie heiratet ihren jetzigen Freund, weil sie ihren Ex nicht haben kann? Ich hake nach. Ganz neutral natürlich. Sie schmunzelt und gießt sich noch etwas Honig aus der kleinen Plastikpackung in ihren Chai Latte. Es ist einer der letzten Sommertage in Berlin. Die Blätter an den Bäumen haben ihr saftiges Grün längst eingetauscht gegen braune Ränder und gelbe Adern. Wir blicken von der Terrasse des Bikini Berlin hinunter in ein Affengehege des Berliner Zoos. Ein großer Affe jagt einen kleinen Affen um einen Baum herum. Runde um Runde um Runde. Bis der kleine Affe irgendwann ausbricht und auf einen Steinfelsen hopst. Der große Affe schreit kurz auf, wühlt mit seinen Händen etwas Sand auf und lässt von dem kleinen Affen ab. Wir haben das Szenario beide beobachtet und müssen lachen.

»Ja, so ungefähr habe ich mich viele Jahre gefühlt. Ich habe mich im Kreis gedreht, und ich weiß, wenn ich heirate, wird es endlich aufhören.« Ich nicke andächtig mit dem Kopf und trinke mein Glas leer. Was, wenn nicht?, frage ich mich. Was, wenn sie ihren Freund heiratet und weiterhin an ihren Ex denken wird? Dann ist es vielleicht einfach so, dass sie zwei Menschen gleich dolle liebt. Und dann wiederum ist es doch bewundernswert, dass sie sich von dieser ersten, jungen Liebe nicht hat abhalten lassen, einen anderen Weg einzuschlagen. Sie gibt ihrer jetzigen Liebe eine Chance. Sie gibt ihr ein Zuhause. Einen Grund, um zu heiraten.

 79. GRUND

Weil sie die Erste sein wollte

Sie weiß nicht mehr genau weshalb, aber irgendwie wollte sie die Erste in ihrem Bekannten- und Freundeskreis sein, die sich »Ehefrau« nennen darf. Sie nennt sich *Mara Mond* und schreibt mir in einer E-Mail, dass es ein gefühlter Wettkampf darum war, wer im Freundinnenkreis als Erste unter die Haube käme.

»Wie geheuchelt. Wir fünf Mädels sind seit Jahren beste Freundinnen. Schon während des Abiturs waren wir unzertrennlich, sind gemeinsam durch dick und dünn gegangen. Nach dem Abi sind zwei von uns in andere Städte gezogen, zum Studieren. Wir haben uns allerdings nie aus den Augen verloren. Wir sind immer noch eine eingeschworene Gruppe, gehen zusammen feiern. Wenn wir es organisiert bekommen, verreisen wir zusammen. Wir nehmen teil am Leben der anderen, meine ich. Wir trauern gemeinsam um Verluste in den Familien, freuen uns über die Karriereerfolge der anderen. Aber es gibt ein Thema, bei dem sprühen wir uns gegenseitig das Gift entgegen, auch wenn es nie eines der anderen Mädels zugeben würde. Es ist das Thema Heirat. Wir sind alle fünf vergeben. Eine meiner Freundinnen hat mit ihrem Freund sogar schon ein Baby. Es ist jetzt zwei. Aber bis zum letzten Jahr waren wir alle unverheiratet.

Ich weiß, Kinder stehen bei mir und Luca noch nicht an. Wir brauchen noch etwas Zeit für uns und zum Sparen. Und ich kann es auch gar nicht richtig erklären, aber es war mir total wichtig, als Erste zu heiraten. Bekloppt, oder? Ich hätte es nicht ertragen, als zweite oder dritte meiner Freundinnen die fette Sause zu schmeißen. Bei der ersten Hochzeit im Freundeskreis sind doch alle noch total aufgeregt, geben sich Mühe mit den Geschenken und der Junggesellinnenparty, niemand kann einem vorwerfen, man hätte sich bei den anderen Hochzeiten etwas abgeschaut. Oh Gott, total kindisch! Aber wie gesagt, ich habe mich gefühlt wie bei einem inoffiziellen Wettbewerb. Letzten Sommer haben Luca und ich geheiratet. Als erstes Paar in unserem Freundeskreis. Es war eine mittelgroße Hochzeit im Umland von Berlin. Wir wurden in einer Dorfkirche getraut, auf einem Gutshof bei strahlendem Sonnenschein, umgeben von riesigen Sonnenblumenfeldern haben wir bis tief in die Nacht gefeiert. Um Mitternacht ließen wir mit unseren 50 Gästen Wunschlaternen in den Himmel steigen, es gab ein Spanferkel, unsere Hochzeitstorte war dreistöckig, ein Traum aus heller Creme und Himbeermousse. Mein Kleid, ich könnte schon wieder heulen, wenn ich an mein Kleid denke. Elfenbeinfarben, schulterfrei, riesige Stoffrosen aus Seide säumten meine Taille, der Rock fiel gerade, weich, wie ein Wasserfall bis zum Boden. Ich ließ es extra für mich schneidern, kein Kleid von der Stange, hallo! Im Haar trug ich einen Blütenkranz aus weißen Rosen. Jetzt heule ich wirklich fast, ich war echt eine tolle Braut.

Ich weiß nicht, ob sich wirklich alle meiner Freundinnen bedingungslos für mich mitgefreut haben, keine Ahnung. Es könnte schon sein, dass sich die eine oder andere dachte, auch sie wäre gern die Erste gewesen. So etwas spürt man als Frau ja, finde ich. Trotzdem war es einfach traumhaft. Die nächste Hochzeit im

Freundeskreis steht schon an. Gefeiert wird auf einem Boot (Kein Kommentar dazu. Was, wenn die Gäste seekrank werden?). Hochzeit Nummer zwei. Mal schauen, wann die anderen nachziehen. Will ja auch niemand die Letzte sein, oder?«

Wohl eine rhetorische Frage, die doch getrost unbeantwortet bleiben darf, oder?

KAPITEL 9

WEIL WIR HOCHZEITSTAGE FEIERN DÜRFEN

»In der Ehe wird viel gelitten. Ohne die Ehe
aber waere noch weit mehr Leid zu ertragen.«

Dr. Th. H. Van De Velde, Die vollkommene Ehe, 1926

80. GRUND

Weil wir unser Zusammenleben feiern

Die Hochzeitstage ersetzen nach der Trauung in der Regel den Kennenlern- und/oder Verlobungstag, darüber hatten wir bereits gesprochen. In der Regel heißt, es gibt auch Ausnahmen. Manche Frauen bestehen eben darauf, sowohl den Kennenlerntag als auch den Jahrestag (Tag des Zusammenkommens als Paar) als auch den Verlobungs- und Hochzeitstag zu feiern. Liebe Männer, erfragt die Vorlieben eurer Frau/Freundin/Verlobten vielleicht am besten genau jetzt! Ihr könnt gerne einen Gesprächsvermerk auf dieser Seite notieren, als Beweis dafür, dass über das Feiern bestimmter Tage schon einmal gesprochen und (im besten Falle) auch Einigkeit erzielt wurde.

Gesprächsnotiz

Wir ....

.... (Namen des Paares)

feiern den ....- Tag

am ....

den ....-Tag

am ....

den ....-Tag

am ....

und den ....-Tag

am ....

Sie bevorzugt ....

....

(hier zum Beispiel Schmuck, Blumen, einen Abend im Restaurant, Kurzurlaub an die Ostsee, einen lustigen Abend im Kino, Sex im Ehebett etc. einsetzen).

Er bevorzugt ....
....
Er möchte circa einen Monat im Voraus an den nächstanstehen-
den Feiertag erinnert werden: ja / nein.
Gelesen und besiegelt

....
& ....
(Weibchen & Männchen)

Nachdem das geklärt ist, können wir uns dem einen Tag im Jahr widmen, dessen Datum und Feierart tatsächlich zwischen den meisten Paaren unstrittig ist. Der Hochzeitstag ist bestens geeignet, um sich Jahr für Jahr an ein besonderes Versprechen zu erinnern. Dabei kommt besonderen Hochzeitstagen auch besondere Bedeutung zu, etwa der Silberhochzeit (25 Jahre), der Goldenen Hochzeit (50 Jahre) und der Diamantenen Hochzeit (60 Jahre). Je nach Region und Tradition werden jedoch auch die anderen Hochzeitstage mit teilweise unterschiedlichen Bezeichnungen belegt. Auch werden diese Bezeichnungen doppelt vergeben, etwa bei der Eisernen Hochzeit, die für sechs, 41, 60, 65 oder auch 70 Ehejahre stehen kann.

Besonders hervorgehoben sei hier natürlich der erste Hochzeitstag, der gemeinhin als Papierne oder Baumwollene Hochzeit bezeichnet wird. Putzig ist aber auch die Bezeichnung Klatschmohnhochzeit für das achte Hochzeitsjahr, beziehungsweise die Leinwandhochzeit nach 35 Jahren Ehe. Egal, ob sich nun an ein Motto gehalten wird oder nicht, feierbar ist der Tag allemal, und bei all den vielen gemeinsamen Jahren, die das Paar nun vor sich hat, kann der Tag ideen- und variantenreich Jahr für Jahr aufs Neue gestaltet werden.

Der erste Hochzeitstag

Der erste Hochzeitstag wird Papierne Hochzeit genannt, denn die junge Ehe ist zu diesem Zeitpunkt noch so unbeschrieben und zart wie ein Blatt Papier. Der erste Hochzeitstag wird von vielen Paaren sehr gerne alleine gefeiert. Die Eheschließung ist noch sehr erinnerlich, traditionell kann dieser Tag an dem Ort der Eheschließung gefeiert werden, etwa in dem Restaurant, wo die Feier nach der Trauung stattfand, oder in dem Dorf, in dem die Kirche stand, in der das Paar sich das Jawort gegeben hat. Wenn dieser Ort zu weit weg liegt, weil das Paar vielleicht im Ausland geheiratet hat, dann ist es auch möglich, einfach etwas ganz anderes zu unternehmen. Sich etwa für eine Nacht in ein Wellnesshotel im Umland einzuquartieren, den Schampus und die Handschellen im Gepäck, reizende Unterwäsche unter der Alltagskleidung, ein liebes Wort auf den Lippen – an solch einem Tag sicher selbstverständlich. Wundervoll rekapitulieren kann das Ehepaar an solch einem Tag oder Abend, wie denn das erste Ehejahr so gelaufen ist. Waren die Eheleute auch wirklich lieb zueinander? Haben sie ihr Ehegelübde leben können, oder sind etwa schon Herausforderungen ersichtlich, die es besser schnell zu umschiffen gilt?

Eine wundervolle Möglichkeit, das erste Ehejahr im Stillen und dennoch sehr eindrucksvoll abzuschließen, gibt so genanntes Wunschpapier, auch *Flying Wish Paper* genannt. Es ist ja immerhin die Papierne Hochzeit. Auf das Wunschpapier kann das Ehepaar, etwa nachdem es den Schampus gekillt hat, doch noch bevor es sich mit den Handschellen fesselt, Wünsche, Anregungen, allgemeine Gedanken für das nächste Ehejahr notieren. Das Wunschpapier wird gerollt und in gerollter Form auf eine feuerfeste Unterlage gestellt. Sodann zündet das Paar das Wunschpapier an. Mit der kleinen Flamme, die sich bildet, steigt das Wunschpapier hoch in die Luft und verglüht dort. Danach kann gefesselt und geknebelt werden. Denn wenn nicht zum ersten Hochzeitstag, wann dann?

Der zweite Hochzeitstag

Ja, es gibt typische Hochzeitstagstädte. Heißt: Das Feiern eines Hochzeitstages lässt sich wunderbar mit einer Reise in eine romantische Stadt verbinden. Solch eine überaus romantische Hochzeitstagstadt ist Venedig. Ich meine, Venedig muss man gesehen haben. Nicht nur, weil es absehbar ist, dass diese ganz besondere Stadt irgendwann nicht mehr existieren wird, ähnlich wie die Malediven. Auch, weil Venedig einen einzigartigen Charme versprüht und wunderbar einlädt, um Arm in Arm über winzig kleine Brücken zu spazieren, den Fischmarkt zu besuchen und am Lido einen Espresso zu trinken. In Venedig scheint die Zeit stillzustehen, sobald man das Wassertaxi verlassen und sich zu Fuß auf die Suche nach seinem Hotel gemacht hat. Es gibt keinen lärmenden Straßenverkehr, keine U-Bahn, die man unbedingt noch erwischen muss. Ein verlängertes Wochenende in Venedig nutzten auch Marco und Cynthia (32 und 28), um ihren zweiten Hochzeitstag zu feiern. Sie hatten ein kleines Designhotel gebucht, drei Schritte vom Markusplatz entfernt. Schon vor ihrer Anreise hatte Cynthia mit dem Hotel telefoniert und um Reservierung eines Zimmers mit Kanalblick gebeten, sowie um eine Flasche Champagner, die bei Ankunft des Paares auf dem Zimmer warten sollte. Die Mühe hatte sich gelohnt, das Paar genoss einen exzellenten Blick auf einen türkisblauen Kanal. Den ersten Tag nutzten sie, um die Standard-Sehenswürdigkeiten abzuklappern. Am zweiten Tag hatten sie ein Fotoshooting mit einem deutschen Fotografen gebucht, der romantische Bilder von den beiden mitten in Venedig machen sollte. Und hierfür schmissen

sich die beiden richtig in Schale: Sie, in einem königsblauen, boden-
langen Chiffonkleid, die blonden Haare hatte sie selbst zu leichten
Locken gedreht, das Make-up in Blau-Schwarz gehalten, die Lippen
knallrot. Er, in einem cremefarbenen Sommeranzug, mit weißem
Hemd und hellbraunen Lederschuhen sowie passendem Gürtel.
Als Überraschung hatte er ihr noch einen Strauß cremefarbener
Rosen organisiert, der kurzerhand für das Shooting zum zweiten
Brautstrauß ihres Lebens umfunktioniert wurde. Egal, ob auf dem
Markusplatz inmitten von Tauben und Touristen oder etwas ab-
geschieden am ewig langen Sandstrand am Lido, das Paar genoss
die Aufmerksamkeit des Fotografen und der umherstehenden Touristen. Die Fotos von ihrem zweiten Hochzeitstag wurden ebenso
bezaubernd wie die Hochzeitsfotos, sodass Cynthia und Marco beschlossen, auch in Zukunft an ihren Hochzeitstagen an besonderen
Orten einen Fotografen zu engagieren. Vielleicht nicht zu jedem
Hochzeitstag, meinte Cynthia noch. Das könnte dem Ganzen seinen Reiz nehmen. Aber vielleicht alle fünf Jahre?

83. GRUND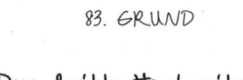

Der dritte Hochzeitstag

Ich sehe uns im 60. Stock eines High-Class-Hotels. Wir blicken über
Bangkok, die quirlige Stadt liegt ganz weit unter uns. Feucht, mod-
rig, wild, gleichzeitig kultiviert, immer lächelnd, immer optimistisch
und geschäftstüchtig. Wir haben einen Tag voller Kultur und Erlebnisse hinter uns, haben Tempel besichtigt und fremde Götter um
Segen für unser Leben gebeten. Zum Abschluss dieses Tages wartet
ein Dinner auf uns, auf der Dachterrasse unseres Luxushotels. Ich
trage ein kurzes, rotes Kleid aus Chiffon, meine Lippen sind in der
gleichen Farbe geschminkt, meine schwarzen Yves-Saint-Laurent-
Heels klicken elegant auf den glänzenden Steinplatten im 60. Stock.

Du trägst ein strahlend weißes Hemd, an den Schläfen zeigen sich noch mehr graue Haare als vor drei Jahren. Das steht dir unglaublich gut. Wir setzen uns an einen der Tische auf der Terrasse und bewundern das Glitzern der Stadt. Ich greife nach deiner Hand. Wir atmen beide tief ein, gespannt, was die nächsten zwei Wochen bringen werden. Zwei Wochen Thailand, auf die ich mich seit meinem 18. Lebensjahr schon gefreut habe, doch irgendwie wollte es nie klappen mit dieser Reise. Jetzt haben wir es geschafft und sind überwältigt von der Schönheit der Stadt. Der Kellner bringt für dich ein Glas Weißwein, für mich eine kleine Flasche Wasser. Wir stoßen an, auf unsere Reise in eine unbekannte Welt, die zu unserem dritten Hochzeitstag ihren Anfang finden wird.

84. GRUND

Der vierte Hochzeitstag*

Jana Förster, Autorin, Mutter und Ehefrau, über ihren vierten Hochzeitstag. Jana ist seit 2005 verheiratet: »Hochzeitstage sind was Tolles«, sagte ich an einem schönen Frühlingsmorgen zu meinem Mann, als ich mich zum langsamen Wachwerden noch einmal ganz besonders dicht an ihn kuschelte. »Und das schon zum vierten Mal«, antwortete er nach einer kurzen Pause und streichelte meinen Oberarm.

Wir lagen im Bett eines Kreuzfahrtschiffes und hörten, dass wir gerade am Ziel des Tages ankamen: auf Santorin. Die traumhafte weiße Insel, mit dem ganz besonderen griechischen Flair. Nach einer gemeinsamen Dusche nahmen wir ein leichtes Frühstück und gingen an Land. Dort angekommen, waren wir erstaunt, dass die schöne, kleine Stadt doch so hoch über uns lag. Uns blieben

---

* *Mit liebem Dank an meine Kollegin Jana Förster für diesen ehelichen Beitrag!*

nur drei Möglichkeiten, um dort hinaufzukommen. Erstens: Wir könnten die gefühlt 1000 Stufen zu Fuß hinaufsteigen. »Fällt aus!«, entschieden wir beide in einem Tenor. Wir sind zwar alles andere als unsportlich, aber wir hatten am Tag zuvor einen mehrstündigen Ausflug mit dem Rad in die griechischen Berge veranstaltet. Leichtsinnig hatten wir uns für den Fortgeschrittenen-Ausflug zu Rad angemeldet, ohne zu wissen, dass dieser eigentlich nur für die Teilnehmer der Tour de France zu schaffen war. Und das spürten wir an diesem nächsten Tag sehr deutlich in unseren Beinen. Und im Po.

Die zweite Möglichkeit wäre gewesen, uns einfach zurück ins Bett zu legen und dort den ganzen Tag aufeinander zu liegen. Aber dafür wäre dieser Tag definitiv zu schade gewesen, dafür wäre ein kalter Wintertag wohl besser geeignet. Also entschieden wir uns für die dritte Variante: Hoch zu Ross sollte es hoch in die Stadt gehen.

Wir stellten uns an der Stelle bereit, an der wir für ein paar Euro ein Pferd bekommen würden. Ein Einheimischer ließ mich auf ein stolzes Pferd steigen, welches einen kräftigen Eindruck auf mich machte. Ich saß ebenso stolz auf diesem Pferd und konnte mich vor Lachen kaum halten, als ich die folgenden Szenen beobachtete: Mein Mann – sehr groß und muskulös – bekam einen kleinen Esel, der ihm gerade mal bis zur Brust ging. Bei der Menge an Kreuzfahrtpassagieren waren wohl die Pferde ausgegangen, dachte ich. Oder sie wollten sich einen Scherz mit meinem Mann erlauben, wie auch immer. Lustig fand ich es allemal. Ich bekam einen richtigen Lachkrampf, während mein Pferd sich in Gang setzte. Denn da saß mein Mann schon auf dem Esel und wirkte wie Hulk auf einem Kinderfahrrad.

»Ob der dich überhaupt tragen kann?«, rief ich von Lachanfällen geschüttelt. Er sah mich einfach nur verzweifelt an und konnte nicht anders, als ebenfalls loszulachen. Genauso erging es allen anderen Leuten, die diese Szenerie mit mir beobachteten.

Nach etwa 20 Minuten kamen wir oben an und ich wartete auf meinen Mann, der mit dem Esel seine große Mühe hatte. Während mein Pferd mich zügig und ohne Pause nach oben brachte, konnte ich immer wieder meinen Mann von unten fluchen hören. Sein Esel streikte immer wieder und blieb einfach stehen.

Irgendwann kam ein hechelnder Esel (ich hatte bis dahin gar nicht gewusst, dass diese Tiere überhaupt hecheln können!) mit meinem abgekämpften Mann oben an. Und ich hielt diesen Spaß für unser Urlaubsalbum fest. »Das fängt ja schon gut an«, sagte er und stieg von dem kleinen Esel ab, als würde er von einem Kinderstuhl aufstehen. Herrlich!

Den Tag verbrachten wir mit einem blauen Strandbuggy, den wir uns gemietet hatten. Wir erkundeten die schöne Insel, fuhren an abgelegene Buchten, bewunderten die Architektur und genossen die wärmende Sonne.

Am Abend waren wir am anderen Ende der Insel angekommen und landeten in einem kleinen Fischerdorf, welches einfach in die felsige Wand eingemeißelt zu sein schien. Ein kleiner Weg führte zu einem niedlichen Restaurant. Davor stand ein großes Aquarium mit frischem Fisch und großen Hummern. Die kleine Terrasse bot gerade Platz für fünf Tische, die kleinen Fischerboote lagen in der ganzen Bucht verteilt. Es war einfach der perfekte Ausblick für einen perfekte- Tag – einen perfekten Hochzeitstag.

Wir bestellten uns Rotwein, Brot, Zaziki, Schafskäse und Oliven, genossen den Blick in die weite Ferne und die Ruhe.

»Ich bin dankbar für jeden Tag, den wir bisher gemeinsam verbracht haben«, sagte er leise mit dem Rotweinglas an den Lippen. Da hatte ich nichts hinzuzufügen und küsste ihn einfach für die schönen Worte.

Dieser Hochzeitstag liegt schon einige Jahre zurück, wir feiern 2015 unseren Zehnten, kurz nach meinem 32. Geburtstag. Sie rechnen gerade richtig, ich war gerade mal 22 Jahre alt, als ich »Ja« gesagt habe.

Warum so früh, fragen Sie sich? Weil ich mir sicher war, dass es für mich erstrebenswerter ist, mit jemandem später »Weißt du noch, als wir damals …« sagen zu können, als viele Eroberungen und Abenteuer zu haben. Wobei eine Ehe Abenteuer ja nicht ausschließt.

Ich denke, dass viel zu viele Menschen eine Liebe zu schnell aufgeben, wenn mal ein Problem daherkommt. Sie trennen sich viel zu voreilig, anstatt einfach an einem Problem zu arbeiten. Gemeinsam schwierige Zeiten überstanden zu haben, schweißt doch intensiver zusammen, als es sonnige Zeiten jemals könnten. Ja, es ist der schwierigere Weg, aber auch der, der am Ende wirklich glücklich macht.

Viele Leute, die damals übrigens gesagt haben, dass wir viel zu jung zum Heiraten wären, unüberlegt und voreilig handeln würden, sind dieselben Leute, die heute zu uns sagen: »Wir wussten es schon immer! Ihr zwei gehört einfach zusammen, und wir fanden es damals toll, dass ihr jung geheiratet habt.« Ja ne, ist klar …

Wichtig ist, was das Herz zu einem sagt. Und sonst keiner!

85. GRUND

Der fünfte Hochzeitstag

Daniel und Steffi (beide 35) luden zu ihrem fünften Hochzeitstag die gesamte Familie zu sich ein. Da waren auf seiner Seite seine Eltern, seine Schwester, seine Oma, eine Tante, ein Cousin und dessen Frau. Auf ihrer Seite ihre Eltern, zwei Brüder, ebenfalls eine Oma und zwei kleine Neffen. Das Ehepaar hatte im Garten gedeckt, ganz ungezwungen war zu diesem besonderen Tag eine kleine Grillparty geplant. Steffi trug ihr dunkles Haar offen, es wellte sich an den Schultern leicht, dazu ein Shirt, Jeansshorts und Gartenlatschen. Daniel stand in kurzen Hosen und Shirt am Grill, nach und nach trudelte die Familie ein, bewunderte Steffis Gemüsebeet, diskutierte über das Wetter, die kleinen Neffen spielten Fußball. Die

Omas tauschten sich über Schüßler-Salze aus, bis irgendwann die ersten Grillwürstchen auf dem Tisch standen. Nach und nach nahm die Familie Platz, das muntere Geplapper wurde gegen genüssliches Kauen und Schmatzen eingetauscht. Steffi und Daniel warfen sich über die Bierbank hinweg fragende Blicke zu, war der Groschen denn immer noch bei keinem gefallen? Den ganzen Tag über hatte Steffi das Offensichtliche doch nun schon mit sich herumgetragen, aber niemandem war es aufgefallen. Die beiden mussten sich etwas einfallen lassen.

»Schatz, öffne mir doch mal eine Bionade!«, zwitscherte Steffi zu ihrem Liebsten herüber. Der griff hinter sich in eine Kühltruhe, beugte sich über den Tisch und öffnete die Flasche vor Steffi. Die Limonade sprudelte aus der Flasche, Steffi war eingesaut und sprang von der Bank auf.

»Ach, Daniel! Jetzt schaut euch das mal an, mein Shirt ist total eingesaut!«, rief Steffi aus und zog ihr Shirt nach vorne, sodass jeder einen Blick darauf werfen konnte. Dann passierten mehrere Dinge gleichzeitig: Steffis Mutter schrie laut auf und verschluckte sich dabei an einem Stück Würstchen. Daniels Oma empfahl Gallseife für den Fleck, auch wenn sie ihn ohne Brille angeblich nicht sehen konnte. Daniels Vater sprang auf und schlug sich gegen die Stirn und las laut vor, was den ganzen Tag schon auf Steffis Shirt stand:

»*Baby Loading!* Ist das euer Ernst?« Er umarmte das Paar und nun waren sich auch die anderen Familienmitglieder im Klaren darüber, dass es an diesem Tag nicht nur um den fünften Hochzeitstag der beiden ging.

Der 25. Hochzeitstag

Es muss der 25. Hochzeitstag gewesen sein. Die Kinder waren schon aus dem Haus, kamen mit den die Enkelchen aber regelmäßig zu Besuch, das Ehepaar hatte sich alles erfüllt, was es sich immer gewünscht hatte. Ein Bauernhaus im Grünen, gesunde Kinder und Enkel, die Erwachsenen standen fest und sicher im Berufsleben. Das Paar feierte den 25. Hochzeitstag daher in Dankbarkeit. Sie waren dankbar für das, was sie gemeinsam geschaffen hatten. Der Ehemann reservierte für diesen Abend einen Tisch in einem Chinesischen Restaurant. Als Symbol für ihre immerwährende Einheit und ihre gemeinsam verbrachten Ehejahre schenkte er seiner Frau einen Memory-Ring. Der Memory-Ring, auch bekannt als Memoire-Ring, kennzeichnet sich durch eine rundum mit Edelsteinen besetzte Ringschiene, in der Regel sind die Steine alle gleich groß und von der gleichen Farbe, klassischerweise Diamanten. Memory-Ringe stehen für besondere Ereignisse im Leben und sollen die Erinnerung hieran aufrechterhalten.

Der 30. Hochzeitstag

Ich war 27 Jahre jung, als ich heiratete, du warst 32. Wie ich mir unseren 30. Hochzeitstag vorstelle, fragst du? Lass mich mal rechnen – du weißt, mit Zahlen habe ich es nicht so. Also in rund 28 Jahren sehe ich uns … oh Gott, dann bist du ja schon richtig alt. Okay, Spaß beiseite. Ich sehe uns irgendwo, wo es warm ist. Oder die Erde hat sich weiter erwärmt, ich weiß es nicht. Ich sehe mich in einer großen Küche, auf der Mittelkonsole stehen frisches Obst und Gemüse. Ich schaue aus dem Fenster und sehe das Meer. Meine blonden Haare sind lang, länger als sie je waren. Ich habe sie zu einem lockeren Zopf hochgebunden. Meine Haut ist von der Sonne geküsst, leicht faltig, ich müsste sie mal eincremen. Ich trage ein weißes Häkelkleid. Es reicht mir bis zu den Knien, die Ärmel habe ich hochgeschlagen. Ich stehe an der Spüle und schnippel Kartoffeln. Ich bereite unser Festmahl vor, dein Leibgericht zu Ehren dieses Tages: Dorade im Salzmantel, mit Rosmarinkartoffeln und Gemüse. Das Telefon klingelt, du hörst es nicht oder willst es nicht hören, wie eh und je.

»Telefon annehmen«, sage ich laut und höre sogleich die glockenhelle Stimme unserer bezaubernden Tochter.

»Ma, dove sei?«, fragt sie mich und ich lache. Ihr Italienisch ist perfekt und ich bin froh, dass sie nach der Schule ein Jahr in deiner Heimat verbracht hat, um ihre Wurzeln kennenzulernen.

»Zu Hause, Schatz. Und wo seid ihr?«

»Auf der Autobahn, gleich bei euch. Ist mein Bruderherz schon da?«

»Nein, macht euch keinen Stress. Ciao amore!«

»Ciao Ma, baccio!«, sagt sie und legt auf, als unsere Enkelin im Hintergrund zu schreien beginnt.

»Sag mal, essen wir heute oder morgen?«, fragst du, nachdem du dich heimlich in die Küche geschlichen hast. Ich grinse, du bist frech wie immer schon. Dein Alter sieht man dir kaum an, du hast dich gut gehalten. Dein Haar schneeweiß und füllig, deine Haut braun, um deine grünen Augen haben sich tiefe Lachfalten gebildet. Du riechst nach Meer und Salz, als du mich von hinten umarmst und meinen Hals küsst.

»Alles Gute zum Hochzeitstag, geliebte Ehefrau!«

»Alles Gute zum Hochzeitstag, geliebter Ehemann!« Du gibst mir einen Klaps auf den Hintern und verschwindest auf der Terrasse, um den Tisch und die Stühle richtig anzuordnen.

»Der Fisch darf nicht trocken werden!«, rufst du mir noch zu. So wie all die Jahre zuvor schon.

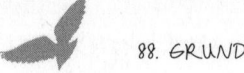

Weil wir unserer Ehe damit Respekt zollen

Nein, es braucht nicht zwingend besonderer Tage, um besondere Ereignisse zu feiern. Nicht unbedingt müssen wir Geburtstage, den Muttertag, den Valentinstag oder den Tag des Kusses feiern, um diesem oder jenem Respekt zu zollen. Und wir machen es trotzdem. Manchmal ist es einfacher, mit einem festen Datum vor Augen Jahr für Jahr bestimmte Ereignisse im Leben zu ehren. Und so erfreuen wir uns Jahr für Jahr an unserer Ehe und an dem, was wir gemeinsam geschaffen haben. Ein Zusammenleben, gar eine Familie? Wir feiern unsere Entscheidungen, die wir gemeinsam getroffen haben. Wir feiern unser Versprechen, nie mehr voneinander zu verlangen, als der andere geben kann. Erinnerst du dich? Vor all den Jahren?

KAPITEL 10

GEDANKEN ÜBER UNS UND UNSERE ZUKUNFT

»Als Single fällt es einem leichter, die Illusion aufrechtzuerhalten,
dass man ein perfektes, menschliches Wesen ist.
Langjährige Beziehungen zwingen einen dagegen,
sich mit manchem an sich selbst zu konfrontieren,
mit dem man lieber nichts zu tun hätte.«

Paul Joannides, Wild Thing, Manhattan Bücher

89. GRUND

Weil die Ehe immer nur uns gehört

Die Ehe gehört nur uns. Sie ist für uns zwei bestimmt, dazu gemacht, einen Rückzugsort zu bilden, egal, wo auf der Welt wir beide uns gerade befinden. Die Ehe kann nicht mit anderen geteilt werden, wie etwa das Familienleben oder ein Freundeskreis. Die Ehe ist das emotional Intimste, was sich zwischen uns beiden entwickeln kann. In unserer Ehe dürfen wir ehrlich sein, bis auf die Knochen. Wir dürfen lieben, streiten, weinen, singen und lachen. Nur wir zwei. Allein, zu zweit. Die Ehe ist unser Gebilde, an dem wir arbeiten, daran werkeln und klopfen, Lücken füllen und es zum Wachsen bringen. Niemand dringt von außen hinein, niemand verlässt unser Gebilde, solange es intakt ist. Wir müssen nichts teilen, uns nicht öffnen, mit anderen über unsere Ehe diskutieren oder uns rechtfertigen. Das ist selten in der heutigen Zeit, denn irgendwie lassen wir doch jeden an allem teilhaben. Aber die Ehe gehört nur uns. Sie zu schützen ist daher auch nur unsere Aufgabe.

 ## 90. GRUND

Weil wir die Zeugen unseres Lebens sind

Es sind die Bilder des Lebens, die uns lehren, zum Lachen, Weinen oder Nachdenken bringen. Die uns eine Vergangenheit schenken und der Zukunft entspannt entgegenschauen lassen. Fragen wie »Weißt du noch, damals? Hatten wir die Situation nicht so gelöst?« oder »Weißt du noch, damals? Du hast gerade den Job gewechselt und ich war so stolz auf dich!«. Wir finden Bestätigung, indem uns unser Zeuge erinnert, an Erfahrungen, an Schmerz, Liebe, Freude und Vergangenes. Wir bestärken unseren Zeugen, indem wir ihm den Spiegel seines Lebens vor die Nase halten und sagen: »Schau nur! Das bist du! Was du schon alles in deinem Leben geleistet hast! Sei stolz und schreite mit erhobenem Haupte der nächsten Herausforderung entgegen!«

Gemeinsam Zeugen unseres Lebens zu sein, macht das Erinnern leichter. Und Erinnerungen sind so wichtig, um sich weiterzuentwickeln, um die kleinen und großen Hürden des Lebens mit Leichtigkeit nehmen zu können. Wir bestärken und bezeugen einander gegenseitig, die Dinge in unserem Leben richtig anzugehen. So richtig, wie es eben zu uns passt. Füreinander Zeugen zu sein bedeutet auch, die positiven Erlebnisse in den Vordergrund zu stellen und nicht nachtragend zu sein. Wir bedanken uns über unsere Zeugenposition für jedes Glücksgefühl, jede Freudenträne, jedes Erfolgserlebnis, das wir miteinander erleben durften. Einander das Jawort zu geben bedeutet auch, die Bilder unseres Lebens gemeinsam zu genießen, einander zu erinnern und emotional füreinander in den Zeugenstand zu treten, mit einem klaren: Ja, ich will. Ich will der Zeuge deines Lebens sein, und wenn du es selbst nicht mehr weißt, so werde ich dich Tag für Tag daran erinnern, wie wundervoll du bist.

91. GRUND

Weil gemeinsame Erinnerungen der Klebstoff des Zusammenlebens sind

Wenn ich als junges Mädchen meine Mutter oder meine Oma nach ihrer Jugend fragte, erhielt ich als Antwort oft ein »Ach, das weiß ich nicht mehr genau. Es könnte so gewesen sein.« Schon damals fand ich es schade um all die Erlebnisse, Erfahrungen und Gefühle, die das Erwachsenwerden so mit sich bringt, sollte ich mich an all das irgendwann nicht mehr erinnern können. Als ich ungefähr acht oder neun Jahre alt war, fing ich deshalb an, Tagebuch zu schreiben. Würde mein Kind mich irgendwann fragen, ob ich in der fünften Klasse gut in Mathe oder welcher der schönste Sommer meines Lebens gewesen war, so könnte ich auch 20 oder 40 Jahre später noch nachlesen und Antwort geben. So mein Plan. Das Tagebuchschreiben begleitete mich rund 15 Jahre lang. Während des Studiums verlor ich dann leider die Muse und die Zeit.

Für meine Ehe habe ich einen neuen Weg gefunden, Erinnerungen zu konservieren. Am Ende eines jeden Jahres fasse ich die Highlights der vergangenen zwölf Monate in einem Fotobuch zusammen. Zum einen finde ich es schade, all die tollen Digitalfotos, die dank Handykameras und Co. mal eben so zwischendurch entstehen, nur auf dem Handy oder dem Laptop zu belassen. Zum anderen sind diese Jahrbücher eine wundervolle Möglichkeit, den Zeugen seines Lebens auch bildlich an die wundervollen Augenblicke des Alltags zu erinnern. Zum Beispiel hatte mein Liebster erst in dieser Woche die Idee, sich in seine wundervollen, dunklen Locken blonde Strähnen setzen zu lassen. Er wolle mal wissen, wie das aussieht, sagte er.

»Einen Moment bitte!«, sagte ich. »Ich zeige dir, wie das aussieht!«

Ich zückte das Fotobuch aus dem Jahre 2009, schlug die Bilderreihe »Parisurlaub« auf und siehe da: Mein Liebster hatte schon einmal blonde Strähnen. Es stand ihm nicht sonderlich gut, wir lachten uns schlapp und gingen bei einem Glas Wein dieses und alle anderen Jahrbücher durch, die sich bislang angesammelt hatten. Draußen tobte der erste Sturm, der deutlich nach Herbst roch, dünne Regenstrippen klatschten gegen unsere Fenster im fünften Stock. Bald ist es wieder an der Zeit, abends Kerzen anzuzünden, grübelte ich und seufzte: »Was wir beide schon miteinander erlebt haben«, und lehnte mich an seine Schulter, als er die letzte Seite des letzten Jahrbuches zuklappte.

»Daran erinnert man sich im Alltag viel zu wenig«, fand mein Liebster und küsste mich auf die Stirn. Jetzt, da mein Zeuge meines

Lebens und ich, die Zeugin seines Lebens, uns über dieses kleine Hilfsmittel unser Eheleben vor Augen geführt hatten, waren wir umso stolzer, einander zur Seite zu stehen. Ich fühlte mich in diesem Augenblick verwickelt und verbunden, mit meinem Ehemann irgendwie ganz fest zusammengeklebt. So fest zusammengeklebt fühlt man sich im Alltag nur selten. Irgendwas ist immer, ob Arzttermine, die Suche nach einer neuen Wohnung, Geburtstage von Familienmitgliedern oder der wöchentliche Putzmarathon. Im Alltag einander zu halten und den Moment als Ehepaar zu genießen ist schwer. Ich versuche, diesen Augenblick in Gedanken ganz festzuhalten, mich zu erinnern, dass ich uns diese Momente in Zukunft regelmäßig schenken möchte.

92. GRUND

Weil wir bereit sind, Kompromisse einzugehen

Es ist ein Abend, an dem ich schmollend von der Arbeit nach Hause komme. Ich streife meine Pumps ab, hänge den Trenchcoat an der Garderobe auf und werfe mich und meine bestrumpften Beine auf die Coach. Ich atme tief durch, natürlich weiß ich ganz genau, weshalb ich so mies drauf bin. Ich hatte heute Vormittag eine Verhandlung vor dem Arbeitsgericht. Mein Mandant, der Arbeitgeber, wurde von seinem ehemaligen Arbeitnehmer auf eine satte Abfindung und weitere Kleinigkeiten wie ein wohlwollendes, qualifiziertes Arbeitszeugnis verklagt, aber das nur als Extra am Rande. Die Situation war verzwickt, beide Seiten hatten sich nicht sauber verhalten. Es standen Abmahnungen im Raum, die nur teilweise berechtigt ausgesprochen worden waren, und unentschuldigte Fehltage des Arbeitnehmers. Wir beendeten den Rechtsstreit mit einem Vergleich, wir trafen uns irgendwo in der Mitte. Nachdem ich das Gericht verlassen hatte, telefonierte ich mit dem Mandanten, der mit dem Ausgang zufrieden war. Ich war es aber nicht. Als ich das Ganze hatte sacken lassen, fand ich, ich hätte mehr rausholen können. Ich hätte hartnäckig sein können. »Aber darum ging es ja nicht«, tadele ich mich selbst und rappel mich auf, um in der Küche etwas Essbares zu suchen. Nein, es ging meinem Mandanten darum, die Sache so schnell wie möglich vom Tisch zu kriegen. Die paar Gehälter, die er seinem ehemaligen Arbeitnehmer nun fortzahlen musste, die interessierten ihn nicht. Wichtig war ihm, Ruhe im Betrieb zu haben. Um mich abzulenken und meinen Zorn nicht auch noch daheim allzu lange mit mir herumzutragen, fülle ich schon mal Wasser in einen Topf.

Privat bin ich ein friedliebender Mensch und gut darin, Kompromisse auszuhandeln. Schimpfe mag ich gar nicht, Streiten schlägt mir auf den Magen. Hin und wieder sind reinigende Gewitter aber nötig, danach ist die Luft, gerade in einer Ehe, wieder um einiges klarer. Nur übertreiben sollte man es natürlich nie. Deswegen wird es irgendwann wichtig, Kompromisse einzugehen. Gerade bei langen Partnerschaften hat sich herausgestellt, dass das Erkennen der Bedürfnisse des Partners ebenso wichtig ist, wie die Fähigkeit, seinen eigenen Standpunkt vertreten zu können. Doch was ist ein Kompromiss eigentlich? Viele Menschen schrecken schon vor dem Begriff zurück, weil sie glauben, ihre Seele zu verkaufen, bloß weil sie dazu angehalten werden, einen Kompromiss einzugehen.

Ein Kompromiss ist nichts anderes als ein Vergleich. Er kennzeichnet das Ende einer Diskussion, gar eines Streites, im Wege des gegenseitigen Nachgebens. Dabei kann ein Kompromiss beinhalten, dass beide Parteien von ihrem Standpunkt gänzlich abrücken, um den Streit beizulegen. Dies führt jedoch, nicht nur im Rahmen rechtlicher Streitigkeiten, oft zu keinem wirklich befriedigenden Ergebnis. Zum einen konnte man seine eigene Forderung nicht durchsetzen, nicht mal ein bisschen. Zum anderen weiß man, dass auch der andere seine Meinung nicht durchgesetzt hat und darüber eventuell ebenso enttäuscht ist wie man selbst. Vielleicht konnte man ja in Wirklichkeit, wenn man ganz tief in sich hineinhorcht, den ein oder anderen Standpunkt des Gegenübers ja auch nachvollziehen. Dann kommt auch noch ein schlechtes Gewissen hinzu!

Wesentlich realistischer ist ein Kompromiss im Eheleben in der Form, dass man sich in der Mitte trifft. Schließlich sind einem die Bedürfnisse des Partners wichtig, ebenso wie die eigenen. Deshalb ist ein gegenseitiges Entgegenkommen das A und O, um verhärtete Fronten zu vermeiden. Es ist ein Aushandeln von Positionen, ein Diskutieren über die Weiterentwicklung der eigenen Person, des Lebens, des Lebens der Familie. Und sei es, dass es »nur« um das Ziel des nächsten Sommerurlaubs geht. Oder wer in den nächsten fünf Jahren vorhat, den Hund morgens um sechs Uhr Gassi zu führen. Oder wer sich bereit erklärt, Oma Ernas 80. Geburtstag zu organisieren. Es kommt nicht auf den Inhalt des Themas an, denn viele Paare streiten genauso verbittert um die Frage nach dem Aufräumen der Wohnung wie andere Paare um die Frage nach einem weiteren Kinderwunsch. Wenn man weiß, wofür man den Schritt des Entgegengehens tut, fällt es einem wesentlich leichter, den Kompromiss einzugehen. Man tut es für den Familienfrieden. Oder weil man weiß, wie wichtig es dem Partner ist und man ihn abgöttisch liebt. Oder weil man weiß, dass es einem irgendwann gedankt wird. In Form eines Entgegenkommens.

93. GRUND

Weil wir zu Seelenverwandten werden

Paare, die lange zusammenleben, kleiden sich irgendwann ähnlich. Der bekannte Partnerlook ist in den meisten Fällen ein Phänomen und eher selten die bewusste Entscheidung eines Paares, am gleichen Tag in einem ähnlichen Outfit auf die Straße zu gehen. Forscher haben unlängst festgestellt, dass bei langjährigen

Partnerschaften dem Motto »Gleich und Gleich gesellt sich gern« eher Bestand und Daseinsberechtigung zukommt als dem Motto »Unterschiede ziehen sich an«. Dieses macht kurzfristige Partnerschaften dafür umso spannender und erlebnisreicher. Dem Gleich-und-Gleich-Paar kommt sicher zugute, dass sich Männlein und Weiblein schon zu Beginn ihrer Beziehung ähnlich sind, etwa ähnliche Charakterzüge aufweisen, sich über die grundliegenden Fragen im Leben einig sind. Im Laufe der Jahre wird aus solch einem ähnlichen Paar eines, das mental auf der gleichen Ebene schwingt. Da passieren dann unheimliche Dinge, wie sich in der gleichen Sekunde SMS zu schicken, am Abend genau das Gleiche essen zu wollen, tagsüber unter Bauchschmerzen zu leiden, ohne Grund, nur um am Abend zu erfahren, dass den Partner den ganzen Tag Sorgen plagten. Das Paar spiegelt sich. Irgendwann stellt sich einfach nicht mehr die Frage, was es am Abend zu essen gibt, wie: Pasta oder Pizza. Da ist dann schon klar, es wird Pasta. Einig werden muss sich das langjährige Ehepaar nur noch über die Soßenwahl und weitere Zutaten. Ob nun Tomaten- oder Käsesoße, die Frage kann einem das schwingende Miteinander auch nicht abnehmen. Da heißt es wiederum, den Partner gut zu kennen. Mein Mann etwa isst Tortellini ausschließlich mit Käsesoße. Das weiß ich nach zwölf Jahren mittlerweile. Ich frag mich nur warum?

94. GRUND

Weil die Ehe die Schule des Lebens ist

Was bedeutet mir das Leben?
Du bist mein Leben.
Meine Liebe.
Zeitzeuge.
Seelenverwandter.

Was lerne ich von dir?

Zu sein, zu lassen, dich zu erkennen. Ich lerne mit dir, das Leben zu nehmen, mit all seinen Facetten, Bildern, Farben und Formen, in denen es sich zeigt. Ich lerne von dir zu atmen, nicht nur zu sein, sondern zu sehen.

Prozesse im Leben kann ich leichter verstehen, weil du mir in unserem Zusammensein die Möglichkeit gibst, mich mit ihnen auseinanderzusetzen. Ich setze mich mit dir auseinander, mit der Liebe, die uns trägt, und mit deinem Charakter, der wahrlich sehr besonders ist. Mit dir zu leben, ist, wie ein junges Pferd zu lehren, auch mal still zu stehen. Eine Ehe mit dir zu führen, erfordert sehr viel Geschick, Einfühlungsvermögen und innere Ruhe. Egal welche Situation im Leben sich mir stellt, durch dich habe ich gelernt, mein Gegenüber zu erfassen. Ich versuche nicht, dich zu verbiegen, das könnte ich auch nie. So habe ich gelernt, die Menschen zu nehmen, wie sie sind. Ich hole das Leben dort ab, wo es gerade steht und wo es mit mir hin möchte. Und unsere Ehe folgt, wie ein warmer Mantel, der mich umhüllt. Ich fühle mich nie allein, immer daheim. Ich glaube, das ist Liebe.

95. GRUND

Weil wir uns küssen dürfen, wann wir wollen

»Warum willst du mich denn heiraten?« – »Damit ich dich küssen kann, wann ich will«, lautet eines der schönsten Filmzitate auf dieser Erde. Ich kann mich nicht an viele Filmzitate erinnern, aber diesen Spruch habe ich nicht mehr vergessen, seit ich vor vielen Jahren, es muss 2002 gewesen sein, den Film *Sweet Home Alabama – Liebe auf Umwegen* mit Reese Witherspoon, Patrick Dempsey und Josh Lucas in den Hauptrollen gesehen habe. Und dabei ist die gesamte Handlung ebenso anrührend und ein Mädchentraum wie eben erwähntes Zitat.

Melanie Carmichael ist erfolgreich im Big Apple als Modedesignerin unterwegs. Nicht nur beruflich liegt ihr die Stadt zu Füßen, auch privat läuft alles nach Plan. Der Sohn der Bürgermeisterin, Andrew, möchte Melanie heiraten und macht ihr dafür an keinem anderen Ort als bei Tiffany einen Heiratsantrag – bei Nacht, wohlgemerkt. Der Nobeljuwelier öffnete seine Pforten nur für die zwei zu diesem besonderen Anlass. Melanie ist überglücklich, gäbe es da nicht eine kleine Herausforderung: Sie ist bereits verheiratet. Oder müsste man sagen »noch«? Vor Melanies großem Erfolg in Manhattan existierte natürlich auch eine Vergangenheit. Sie stammt aus einer Kleinstadt in Alabama und hat dort vor Jahren und vor ihrer großen Karriere ihre Jugendliebe Jake geheiratet. Der weigert sich jedoch nach wie vor, die bereits eingereichten Scheidungspapiere zu unterzeichnen. Melanie verschweigt ihrem zukünftigen Traummann diese kleine Herausforderung und reist nach Hause, nach Alabama, um ihren Ehemann endlich zur Scheidung zu bewegen.

Melanie reist mit gemischten Gefühlen in die Kleinstadt, die sie verpönt, und zurück zu ihrem Mann, den sie als Versager im Kopf hat. Doch zu Hause hat sich einiges geändert, was Melanie zu hören und zu spüren bekommt. Ihre coole Fassade beginnt zu bröckeln, als sie merkt, dass sich ihr (Ex-)Mann ein erfolgreiches Geschäft aufgebaut hat. Die Situation spitzt sich immer mehr zu, als unerwartet Melanies Verlobter und dessen Mutter nach Alabama gereist kommen. Kurzerhand wird beschlossen, die Hochzeit vor Ort auszurichten, was Melanie nicht wirklich zusagt. Sie kann die Fassade der perfekten Familie nicht ewig aufrechterhalten und auch mit ihrem Ex findet sie sich in Situationen wieder, die sie nachdenklich machen. Wie kann ein Mensch im Alter von nur zehn Jahren beschließen, für den Rest seines Lebens mit ein und demselben Menschen zusammen sein zu wollen?

Jake konnte es, als er in so frühen Jahren zu Melanie sagte: »Damit ich dich küssen kann, wann ich will.«

Der Film ist sicher nicht oscarreif, aber dafür wahnsinnig romantisch und vermittelt auf unterhaltsame Weise ein wohlig-warmes Gefühl von der wahren Liebe und dem Zusammenhalt der Familie.

KAPITEL 11

WEIL WIR TYPISCHE EHELICHE ANSCHAFFUNGEN TÄTIGEN WOLLEN!

»If I get married, I want to be very married.«

Audrey Hepburn

96. GRUND

Weil wir ein Haus mit Garten möchten (alternativ die Eigentumswohnung mit Sonnenterrasse)

Ein klarer Herbstregen, wie wundervoll! Die Sonne blitzt hin und wieder durch das Wolkendach, das Laub tanzt sorglos im Wind, Zeit, endlich etwas Luft in die Wohnung zu bringen, beschließe ich und reiße die Balkontür auf. Im gleichen Moment saust unten eine Feuerwehrkolonne durch den Regen, Autos hupen ungeduldig, im dritten Stock bellt ein Hund auf dem Balkon kläglich nach seinen Besitzern. Angewidert rümpfe ich die Nase und schließe die Balkontür wieder. Ich bin verheiratet, so viel steht fest. Und derzeit gibt es für mich nichts Erstrebenswerteres als ein Haus mit Garten. Oder eine Wohnung mit Garten. Oder eine Wohnung mit Terrasse. Es ist mir egal, ob Haus oder Wohnung, nur eines ist klar: Zum Ende diesen Jahres werde ich umziehen. Mit meinem Mann. Wir teilen nun seit geraumer Zeit seine Wohnung und an der ist an sich auch nichts auszusetzen. Sie ist sehr hell, schön möbliert, toller Fußboden, EBK, Wannenbad, mit Keller und Balkon. Aber: Sie liegt in günstiger Verkehrslage. Zentral. Mitten in der Stadt. Anders ausgedrückt: Wir wohnen an einer sehr viel befahrenen Straße. Wenn ich auch nur ein Fenster öffne, dann fühle ich mich, als würde ich in der Mitte des Times Square stehen. Der Lärmpegel ist so unfassbar hoch, dass wir nur bei geschlossenem Fenster Fernsehen schauen können. Ich bin so viel Lärm nicht gewohnt und ich möchte mich auch nicht daran gewöhnen. Ich bin es gewohnt, im Sommer bei geöffnetem Fenster zu schlafen und morgens von dem Kreischen der Vögel geweckt zu werden. Nicht von dem nächsten Ehestreit der Nachbarn. Ich bin es gewohnt, mit dem Fahrrad zur nächsten S-Bahn-Station fahren zu müssen und es dort ohne Gewissensbisse stehen lassen zu können. Jetzt erlebe ich ganze Sommermonate in Sorge um mein Fahrrad. Es wurde im letzten Sommer mehrmals beschädigt, mein

Fahrradkorb wurde geklaut und meine Klingel zerstört. Und nein, wir wohnen nicht im Wedding oder am Kottbusser Tor. Das ist mir zu blöd. Ich bin es gewohnt, auch mal vor die Tür treten zu können. Mal im Freien zu frühstücken. Muttern und Vatern beim Rasenmähen zu helfen. In der Erde zu wühlen und im Winter selber Schnee zu schippen. Derzeit überleben meine Balkonpflanzen keine zwei Wochen. Es liegt einfach zu viel Smog in der Luft. Ich bin im letzten Sommer schon auf Plastikpflanzen umgestiegen, was natürlich kein Zustand auf Dauer sein kann. Plastikpflanzen! Pft! Ich möchte wieder nach Hause. Und zu Hause bedeutet für mich als verheiratete Frau: Wir suchen eine Bleibe für dich, mich und eventuell irgendwann anstehenden Nachwuchs im grünen Südwesten Berlins. Mein Mann ist ganz bei mir (er nimmt sich lediglich noch nicht die Zeit, selbst nach einer Wohnung Ausschau zu halten, das überlässt er bisher mir), und jetzt, da wir verheiratet sind, ist die Suche nach einer verbindlichen Bleibe doch naheliegend. Mit einem »Freund« an meiner Seite würde ich sicher nicht nach einem Eigenheim schauen. Aber mit meinem Mann? Natürlich! Mittlerweile hat mich der klassische Nestbautrieb erfasst. Auf Kinder kann ich gerne noch verzichten, aber nicht auf ein rundum perfektes Nest für mich und meinen Liebsten.

Aber wer den Berliner Immobilienmarkt kennt, der weiß, dass dieses Unterfangen viel Zeit und Nerven kostet. Ohne Vitamin B oder einen Tipp sind gute Immobilien kaum noch zu bekommen. Grüne Bezirke wie Kleinmachnow oder Frohnau, einst als Rentnerdörfer verspottet, gehören mittlerweile zu den Hotspots für Familien und Grünliebhaber. Aber haben wir eine andere Wahl, als uns in das Haifischbecken zu stürzen? Jetzt, da wir verheiratet sind? Wir können nicht auf ewig in der ehemaligen Singlewohnung meines Liebsten verweilen. Und die Lage auf dem Markt wird nicht besser. Wir werden sehen, wohin es uns treibt.

Es treibt uns an einem Sonntagnachmittag nach Schlachtensee zu unserer ersten Wohnungsbesichtigung. Schlachtensee ist eine feine Gegend, irgendwie zwischen Wannsee und Zehlendorf, schön grün, mittlerweile haben sich gute Einkaufsmöglichkeiten etabliert und mit der S-Bahn ist man in 15 Minuten mitten in der Stadt. Mein Liebster und ich joggen gerne um den Schlachtensee, im Sommer ist hier allerdings wegen der super Wasserqualität der Teufel los. Inseriert war eine 120 Quadratmeter große, loftartige Wohnung im Dachgeschoss eines Altbaus. Erstbezug nach Sanierung mit Marmorbad und Keller. Doch schon als wir das Treppenhaus emporschreiten, ist meine Entscheidung gefallen. Unter der angepriesenen Wohnung befinden sich eine Kinderarztpraxis sowie eine Psychotherapeutenpraxis. Meine Mutter meint am Abend, keine allzu schlechte Arztwahl an Arztpraxen direkt im Hause.

Ich habe meine Mutter daraufhin angestachelt, sich für uns in Sachen Wohnung umzuhören. Meine Mutter übernimmt diese Aufgabe sehr gerne, denn für sie ist die Schlussfolgerung ganz klar: Erst kommt die neue Wohnung, dann das Baby. Oma in spe ist also mit der Immobiliensuche beschäftigt, und ich frage mich, ob ich den Balkon für diesen Herbst mit weiteren Plastikpflanzen ausstatten soll, bis es anfängt, zu schneien.

97. GRUND

Weil es ein Gästezimmer geben soll

Ein Ehepaar braucht ein Gästezimmer, und die Ehe ist optimal geeignet, um ein solches einzurichten. Zum einen ziehen viele Paare nach der Eheschließung um, weil sie sich eh vergrößern möchten. Oftmals steht der Kinderwunsch schon im Raum, oder es werden zwei Haushalte nach der Hochzeit zusammengelegt. Ein Gästezimmer ermöglicht der Familie, auch nach der Hochzeit enger zusammenzurücken. Viele Verwandte und Freunde sieht das Paar entschieden zu selten und nur zu ausgewählten Anlässen. Mit einem

Gästezimmer hat man die Möglichkeit, öfter Besuch zu sich einzuladen. Etwa den kleinen Bruder aus Italien, die Tante aus Polen, den besten Kumpel aus Bayern, oder es übernachtet die kleine Schwester im Gästezimmer, die nach dem gemeinsamen DVD-Gucken einfach zu müde ist, um zu sich in die eigene Wohnung am anderen Ende der Stadt zu fahren.

Das Paar hat so die Gelegenheit, sich darin zu üben, Gäste zu bewirten und auch einmal aus der Zweisamkeit auszubrechen. Soziale Kontakte machen glücklich, das ist wissenschaftlich erwiesen. Wer sich regelmäßig mit Freunden und der Familie trifft, leidet weniger unter traurigen Phasen, gar Depressionen. Ein Gästezimmer wirkt demnach wie Antidepressiva. Es darf nur nicht zu exzessiv genutzt werden, das kann auch wieder für das Ehepaar ungemütlich werden.

98. GRUND

Weil wir Kinder möchten

Für viele Paare und auch Singles ist die Ehe nicht mehr Voraussetzung, um Kinder in die Welt zu setzen. Die Gründung einer Familie setzt aufgrund zahlreicher alternativer Lebensmodelle keine Eheschließung mehr voraus. Es gibt jedoch nach wie vor Menschen, die sehen ebenjene Eheschließung als Grundvoraussetzung dafür an, um Kinder zu zeugen.

Es ist ein alljährliches get2gether bei meiner liebsten Freundin Ana. Sie fühlt sich einmal im Jahr dafür verantwortlich, ein Sitzgelage zu schmeißen. Mal an Weihnachten, mal zu Silvester, mal an ihrem Geburtstag. Eingeladen sind die üblichen Verdächtigen: Mein Liebster und ich (wer meine anderen Bücher gelesen hat, der weiß, dass Ana im Jahr 2003 mit dabei war, als ich im Alter von zarten 17 Jahren meinen jetzigen Ehemann kennengelernt habe),

Anas Bruder, Anas Liebster, ein befreundetes homosexuelles Pärchen und Vince und Emilie. Vince und Emilie kennen sich auch seit gefühlten 1000 Jahren, sie sind bereits seit der Oberschule ein Paar und auch ich kenne die beiden nur im Doppelpack.

Ich war sogar dabei, als Vince seiner Emilie ihren ersten Ring geschenkt hat. Es war in einem verqualmten Club in der Pariser Straße, Madow hieß der Laden. Wir tauschten damals gegenseitig Stempel an unseren Handgelenken, um in den Club zu kommen, und ich hatte meine blonden Haare in ein sattes Rot gefärbt. Es schüttelt mich immer noch, wenn ich daran denke. Nun, den Männern hat es offensichtlich gefallen und wir waren alle gerne im Madow. Jedenfalls schenkte Vince seiner Liebsten dort ihren ersten Ring und heute … tatatatataa: Das Paar ist mittlerweile verheiratet! Wir sitzen also bei unserem jährlichen Treffen zusammen, schwelgen in alten Erinnerungen an damals, ich esse Honigmelone mit Schinken, und Vince erzählt mir, warum er schon mit 16 Jahren wusste, dass Emilie die Frau seines Lebens ist. Ich höre ihm bedächtig zu, denn ich finde es unfassbar, dass Vince schon mit 16 gewusst haben will, dass er schon genau die Frau an seiner Seite hat, mit der er Stabilität in seinem Leben finden kann. Vince und Emilie sind seit über zwei Jahren verheiratet, haben allerdings noch keine Kinder. Ich erinnere mich auch, dass Vince schon vor einigen Jahren bereit war, Vater zu werden. Er hätte am liebsten noch während des Studiums ein Baby bekommen, gab er vor einiger Zeit freimütig zu. Aber bis heute ist noch kein Nachwuchs in Sicht. Das wundert mich, also fasse ich nach. Und da ich Vince seit ebenjenen 1000 Jahren kenne, weiß ich, dass ich offen fragen darf.

»Warum habt ihr noch kein Baby?«, frage ich Vince und lege meine abgekaute Honigmelone beiseite.

»Wir mussten erst heiraten. Bald machen wir bestimmt ein Kind«, lacht er. Er legt eine Reihe gerader, weißer Zähne frei. Ganz sicher hätte es Emilie schlimmer mit ihrem Mann treffen können. Vince ist ein smarter, charmanter, südländischer Typ. Besonders mag ich seine Art, wie er sich ausdrückt und seine Worte wählt. Trotz Migrationshintergrund und einer Jugend in Berlin spricht er ein absolut slangfreies Deutsch. Das gelingt hin und wieder nicht einmal mir. Er hat einen unfassbar breiten Wortschatz und es bereitet mir immer wieder Freude, mit ihm zu quatschen. So viele Gespräche sind heutzutage abgedroschen, sinnentleertes Blabla, ohne viel Verstand oder Bedeutung für das eigene Leben. Mit Vince sind die Gespräche freundlich, dennoch häufig von besonderer Bedeutung. So wie heute. Ich bin jetzt schon froh, ihn zu dem Thema Ehe, Gesellschaft, Familienbildung befragen zu können.

»Warum musstet ihr erst heiraten? Bist du so traditionell?«, hake ich nach und wische meine Finger an meiner Hose ab. Vince nickt und strahlt über das ganze Gesicht.

»Ja, für mich war klar, dass ich Emilie erst heiraten muss, bevor wir an Kinder denken können. Auch wenn ich schon gerne viel, viel früher Kinder gehabt hätte, dass weißt du ja. Ich hätte jetzt am liebsten schon drei!« Er lacht und ich lache mit.

»Für dich stand immer fest, erst die Heirat, dann Kinder? Obwohl ihr ein sehr modernes Paar seid, oder? Oder bist du gläubig?«

»Nein, ich wurde nicht vor Gott mit Emilie getraut und der Glaube spielt dabei keine Rolle. Es war mehr eine Entscheidung aus der Bauchmitte. Mir ist es wirklich wichtig, Stabilität um mich zu haben und diese Stabilität an meine Kinder weiterzugeben. Ich glaube, das funktioniert nur, wenn das Paar verheiratet ist. Das ist verbindlicher. Ich finde, die Ehe gehört zu einem Familienleben mit dazu«, erklärt er in seiner bedachten, wohlüberlegten Art und Weise.

Ich nicke und weiß nun, dass Vince mit Emilie keine Kinder zeugen würde, wenn sie nicht verheiratet wären. Obwohl sie seit so vielen Jahren ein Paar sind, das sich bereits in unterschiedlichsten, schwierigen Lebenssituationen bewiesen hat. Ein lautes Lachen reißt uns aus unserem Gespräch, Ana möchte ein Gruppenfoto machen. Vince und ich möchten keine Spielverderber sein, also brechen wir unser Gespräch an dieser Stelle ab. Am Abend denke ich noch länger über seine Worte nach. Ich dachte immer, ich allein wäre der letzte Spießer auf diesem Planeten. Hier, im bunten Berlin mit seinen 12er-Wohnkommunen, homosexuellen Ehepaaren und Eltern, alleinerziehenden Müttern, Vätern, Scheidungskindern und Patchwork-Großfamilien. Ich dachte tatsächlich, die Spießigkeit und der Wunsch nach Tradition sei nur an mir und höchstens noch an meinem Liebsten haften geblieben. Denn auch ich würde kein Baby ohne Trauschein zeugen. Ja, mir ist bewusst, dass eine Ehe mit Kindern genauso zerbrechen kann wie eine Beziehung mit Kindern. Ich bin doppeltes Scheidungskind, es ist nicht so, als wüsste ich nicht um die Nachteile einer Ehe und die Auswirkungen einer Scheidungsschlacht auf die Kinder. Und dennoch sagt mir mein Gefühl, meine Bauchmitte, dass sich alle Familienmitglieder irgendwie gefestigter fühlen, wenn und solange Mama und Papa verheiratet sind. Jedenfalls empfinde ich das so. Vince offensichtlich auch, sowie im Übrigen zahlreiche andere, auch junge Paare, die ich zu diesem Thema befragen durfte. Der Klang des Gedankens Ehe lautet bei vielen, die sich Stabilität wünschen: Ehe–Familie–Stabilität–Verbindlichkeit. Es sind pure Emotionen, die hier den Wunsch nach einer Ehe begleiten. Und über Empfindungen lässt sich nur schwer streiten. Das eigene Fühlen und Forschen nach der Bauchmitte muss jeder mit sich selbst ausmachen.

99. GRUND

Weil die Kinder einen Hund wollen (und die Ehefrau vermutlich auch)

Kinder wollen Haustiere. Und meist möchte auch einer der Ehepartner ein Haustier. Sobald das Eigenheim angeschafft wurde und auch die Kinder lernen sollen, Verantwortung zu übernehmen, liegt die Überlegung nahe, sich einen Hund zuzulegen. Irgendwie gehört ein Hund doch zum Familien- und Eheleben mit dazu. Auch legen sich Ehepaare gerne dann Hunde zu, wenn die Kinder schon aus dem Haus sind. Um sich wieder mehr zu bewegen und um mit anderen Menschen in Kontakt zu kommen. Dabei, so stelle ich mir vor, ist die Entscheidung, sich einen Hund anzuschaffen, mindestens genauso gründlich zu durchdenken wie die Anschaffung von Kindern. Hunde müssen erzogen werden. Kinder auch. Hunde müssen essen, sonst verhungern sie. Ähnlich verhält es sich bei Kindern. Hunde brauchen ein stabiles Rudel, in dem sie einen Platz einnehmen können. Auch für Kinder lebt es sich gemeinhin angenehmer, wenn die Familienverhältnisse geordnet sind. Hunde brauchen Zeit, Fürsorge und Pflege. Auch danach verlangt ein Kind in der Regel. Hunde begleiten die Familie über Jahre hinweg und werden ein fester Bestandteil des Alltages. Im Normalfall können Hunde zwischen zehn und 13 Jahre leben.[14] Kinder verlassen das Elternhaus in Deutschland zwischen der Ausbildung und dem Abschluss des Studiums und ziehen damit, im Vergleich zum restlichen Europa, zeitig von zu Hause aus. Ob Kind oder Hund oder Hund mit Kindern, eines bleibt für das Ehepaar am Ende übrig: die Verantwortung. Das Schöne an der Hundehaltung im Rahmen einer Ehe ist jedoch: Hat der eine mal keine Zeit für den Hund, so kann sich der andere um ihn kümmern. Der Hund ist doch schließlich wie ein Kind für das Ehepaar. Er ist folglich nie alleine. Singles haben diese Flexibilität nicht. Sie können zu ihrem letzten One-Night-Stand nicht einfach sagen: »Du, die letzte Nacht war super. Übrigens müsstest du Snookie heute mal zum Tierarzt bringen. Der hat schon wieder so schlimmen Zahnstein.« Das geht nur in einer Ehe.

Weil ein neues Hobby Quality time bedeutet

Viele Paare, insbesondere zusammenlebende Ehepaare, sehen sich irgendwann nur noch zum Schlafengehen. Also sie putzen sich noch zusammen die Zähne, tauschen zwischen Aronal und Elmex die neuesten Infos aus und verschwinden dann zur Arbeit oder ins Bett. Die Ehe ist gemeinhin auf die Dauer des Lebens der Ehepartner angelegt, sprich, bis dass der Tod die Ehe scheidet. Es bietet sich in Anbetracht dieser doch langfristig gemeinsamen Lebensgestaltung an, sich ein gemeinsames Hobby anzuschaffen, um aus dem Aronal-und-Elmex-Kreislauf auszubrechen. Manchmal gelingt es einem Paar, dass der eine in das Hobby von dem anderen mit einsteigt. Meine Schwiegereltern etwa sind seit vielen, vielen Jahren, es müssen über 25 sein, miteinander verheiratet und fahren seit rund sechs Jahren leidenschaftlich gerne Harley Davidson. Zunächst ist meine Schwiegermutter auf den Harley-Zug aufgesprungen. Sie hat einen Führerschein gemacht und sich eine Maschine zugelegt. Mein Schwiegervater hat dann festgestellt, dass er (vereinfacht dargestellt) dieses neue Hobby supergut auch zu seinem, sprich zum neuen Hobby der Ehe machen kann. Er hat also ebenfalls einen Führerschein gemacht und sich ein bescheidenes Maschinchen zugelegt. Die Motorradsaison nutzen meine Schwiegereltern, um gemeinsam neue Wege zu fahren. Ich bin mir sehr sicher, dass dieses neue Hobby nach all den gemeinsamen Jahren ihrer Ehe eine ganz neue Qualität verliehen hat.

Es kann aber auch vorkommen, dass das Paar gemeinsam ein neues Hobby für sich entdeckt. Ein befreundetes Ehepaar litt viele Jahre, immer nach einem gemeinsam verbrachten Urlaub, unter chronischem Streitausbruch. Dieser Streit brach immer dann aus, wenn sich das Paar, wieder daheim, gemeinsam die Urlaubsfotos angeschaut hat. Sie durfte Jahr für Jahr feststellen, dass er auf jedem

Foto von ihr ihren Kopf abgeschnitten hatte. So ging das über Jahre. Kein Urlaubsfoto von meiner Freundin zeigte sie komplett. Egal, ob am Strand von Dubai oder in einer Altstadt von Kreta – irgendein Körperteil fehlte immer. Irgendwann wurde ihr das Streiten zu mühsam und sie buchte für sich und ihren Mann kurzum einen Fotokurs. Heute verbringt dieses Paar Tage über Tage damit, zu fotografieren. Ob privat oder beruflich, die beiden sind immer mit einer Kamera ausgerüstet und bearbeiten ihre Fotos nach einer Session gemeinsam. Das verschafft ihnen viel gemeinsame Zeit und sie streiten nicht mehr über abgeschnittene Köpfe.

101. GRUND

Weil wir uns gute Matratzen und Teppiche mit Wert zulegen

Es gibt bestimmte Anschaffungen, die tätigt man nur als Ehepaar. Den Kauf von wirklich guten Matratzen etwa. Oder von qualitativ hochwertigen Teppichen.

Es gibt eine Phase im Leben, da hat das Bettgestell, auf dem man schläft, entweder 120 Euro gekostet und die Matratze kam gerollt wie ein Rollmops nach Hause geliefert, oder man hat noch auf seinem Jugendbett geschlafen, das irgendwann einmal das Kinderbett abgelöst hat. In diesem Jugendbett hat man im Zweifel auch sein erstes Mal erlebt, und daher schadet es ja nicht, dieses Bett auch in die erste eigene Wohnung mitzunehmen. Auch der erste, zweite und dritte richtige feste Freund durfte noch in diesem Bett schlafen. Oder das Paar schlief hin und wieder bei ihm in seiner Wohnung. Je nachdem, welche Matratze noch besser in Schuss war und die am wenigsten störenden Rückenschmerzen verursachte. Mit Teppichen verhält es sich ähnlich unkompliziert. Jeder heranwachsende Mensch muss einmal die Erfahrung machen, wie es sich zu Hause so mit einem Flokatiteppich lebt. Der sieht lustig aus und zu saugen braucht man den auch nicht allzu oft, der Dreck verschwindet ja irgendwie zwischen den langen Haaren im Nirwana. Irgendwann staubt und fusselt der Flokati dann doch zu sehr, er wird gegen das aktuell preiswerteste IKEA-Modell ausgetauscht. Der Teppich ist dann schon gefühlt mittelpreisig, in Wirklichkeit kann aber auch ein mittelpreisiger Trendteppich nicht wirklich lange leben. Aber er macht brav den Zusammenzug des Paares mit und dokumentiert artig jedes verschüttete Weinglas und jede intensive Homeparty.

Doch auch die Zeiten sind irgendwann vorbei. Die Matratzen sind mittlerweile komplett durchgelegen, der Teppich weist Brandlöcher auf, es schickt sich einfach nicht für ein Ehepaar, das fortan in eine gemeinsame Zukunft blickt, so studentenhaft daherzukommen. Und da das Paar verheiratet ist und so schnell nicht vorhat, sich zu trennen, kann man nun auch anfangen, sich erste gemeinsame Werte zuzulegen. Den Wert einer wirklich guten Matratze spürt das Paar spätestens in der ersten Nacht, in der es auf dem Wert verschläft, der in der Vergangenheit für einen Kurztrip nach Lissabon oder Kopenhagen draufgegangen wäre. Und der neue, frische Teppich ohne Brandlöcher und Rotweinflecken fügt sich ganz wunderbar in das junge, unbefleckte Eheleben ein.

102. GRUND

Weil manche Dinge nur zu zweit gehen

Es gibt Dinge im Leben, die funktionieren nur zu zweit. Das allein ist kein Grund, um zu heiraten, stimmt. Aber es macht das Leben einfacher, wenn man die Dinge, die nur zu zweit funktionieren, nicht alle fünf, zehn oder alle zwei Jahre neu erklären muss. Das haben wechselnde Partnerschaften nämlich so an sich. Das ständige Erklären. Zum Beispiel, wie man gerne massiert wird. Man kann sich nicht alleine massieren, es entspannt einfach bei Weitem nicht so gut. Selbst eine Fußmassage, die man sich anatomisch betrachtet in aller Regel selbst verabreichen könnte, prickelt einfach nicht so soft wie eine Fußmassage, die von anderen Händen am eigenen Fuß durchgeführt wird. Ich mag es zum Beispiel total gerne, wenn nur Nacken und Schultergürtel massiert werden. Alles andere ist wurst. Und »Massage« bedeutet auch nicht »streicheln«. Massage bedeutet, verspannte Muskulatur so lange zu bearbeiten, bis sie weich ist.

Man kann sich auch nicht alleine kitzeln. Es funktioniert nicht. Und man kann sich nicht selbst überraschen. Zum Geburtstag etwa. Ich kann nicht losgehen und mir das Geschenk meiner Träume holen, es verpacken, im Schrank vergessen und es dann an meinem Geburtstag mir selbst voller Vorfreude auf den Geburtstagstisch legen. Was könnte da wohl drin sein? Den Überraschungseffekt haben nur spontane Sale-Einkäufe, die samt Etikett einfach in den Schrank geschmissen werden und die man dann im nächsten Sommer zufällig wiederfindet. Das ist dann aber Zufall, keine Überraschung. Ich kann mich auch nicht selbst zu einem Überraschungswochenende an die Ostsee einladen. Und ich würde nie alleine Valentinstag feiern. Da bin ich schon wirklich froh, einen Ehemann zu haben. Der weiß genau, was ich mir zum Geburtstag wünsche, und schafft es immer, mich zu überraschen. Er weiß auch, dass ich ein Überraschungswochenende in London einem Wellnesshotel in Brandenburg vorziehen würde, und am Valentinstag brauche ich keine Rosen oder Diamanten. Eine Einladung ins beste Steakhaus der Stadt reicht völlig. Wenn ich mir vorstelle, ich müsste das ständig aufs Neue erklären und beibringen, nicht auszudenken, wie viel Zeit dabei verloren ginge.

Weil wir uns permanente Kosenamen zulegen dürfen

Mausi. Bärchen. Schatzi. Pupser. Dicker. Dicki. Dino. Schatz. Schnuffelhase. Schnuffi. Hase. Stinker. Süßer. Mopsi. Weib. Alte. Alter. Hasi. Baby. Bebi. Tierchen. Stinki. Hübsche. Liebste. Liebster. Darling. Geliebter. Süßer. Äffchen. Adonis. Bienchen. Nasenbär. Herzblatt. Lämmchen. Rehlein. Sonne. Täubchen. Zuckerschneckchen. Zicklein. Hasebär. Venusveilchen. Augenweide. Teufel(chen). Prinzessin. Goldmarie. Allerschönste. Motti. Mausezahn. Tigerlein. Entchen. Knutschi. Süßi. Süßilein. Kröti.

Bummelchen. Tanzmaus. Nachtfee. Bärentatzi. Casanova. Chef. Frechdachs. Edelstein. Gilftzwerg. Hexi(lein). Krümelchen. Muckel. Mucki. Männi. Pfläumchen. Nudel. Quakus. Raubtier. Schnuppi. Köppi. Sweety. Schnuffi. Würmchen. Vogel. Vögelchen. Kacki. Auge. Sternlein. Seerose. Hasenschmatz. Tatze. Woodie. Wunderkuss. Luder. Kleene. Kleiner Raubfisch.

Verwandte und Freunde müssen teilweise sehr viel an namentlichem Variantenreichtum vertragen, wenn Paare anfangen, sich Kosenamen zu geben. Selbstverständlich geben sich nicht nur Ehepaare Kosenamen. Auch frisch geschlüpfte Paare, die sich gerade einmal 72 Stunden lang kennen, sprechen sich gern mit dem einen oder anderen Augensternchen an. Der Unterschied ist nur: Ein junges Paar, das sich noch keine wirklich lange Zeit miteinander beschäftigt hat, sich dann jedoch mit Kacki, Hase oder Schmatzi anspricht, ist einfach nur peinlich. Ein Ehepaar jedoch, das sich auch nach 48 Ehejahren noch mit Liebste, Augenstern oder Zicklein anspricht, ist einfach nur zum Niederknien. Man möchte das erfahrene Ehepaar fragen, woher der ein oder andere Kosename stammt. Verbindet das Ehepaar damit etwa eine besondere Erfahrung? Ist es die Erinnerung an einen großen Streit oder an eine sternenklare Nacht? An einen besonderen Urlaub, eine Zwangsneurose oder ein gemeinsames Lieblingsritual? Das sind doch Fragen von Interesse! Ich möchte hingegen weniger gern wissen, weshalb meine kleine Schwester ihren neuesten Freund am Telefon mit »mein kleiner Liebeszar« betitelt. Ich höre auch ganz gerne weg, wenn die wesentlich jüngere Freundin meines Vaters diesen gestandenen Mann mit »Hasebär« anspricht.

Ehepaare müssen sich Kosenamen zulegen. Frisch geschlüpfte Paare sollten darauf verzichten oder aber auf geschmackvolle Klassiker (Liebste/Liebster) zurückgreifen. Und Eltern, die nach der Scheidung neue Partnerschaften eingegangen sind und sich dann Kosenamen geben, sind sowieso einfach nur recht merkwürdig.

DIE AUFLÖSUNG DER EHE UND ANDERE GEDANKEN

»Und es ist nicht vorbei, bis es vorbei ist,
Du hast mein Versprechen.«

Max Herre, Nicht vorbei (bis es vorbei ist),
Hallo Welt! 2012 Nesola GmbH, Universal Music GmbH

Weil wir es besser machen wollen

»Jede zweite oder dritte Ehe wird heute wieder geschieden. Wäre das für dich ein Grund, gar nicht erst zu heiraten?«, frage ich und nippe an meinem Wasser. Leo und ich sitzen zusammen beim Japaner und warten auf die dritte Person in unserem Bunde. Wir waren so frei, schon einmal Getränke und eine Vorspeise zu bestellen, und Leo erkundigt sich nach meinen Forschungsergebnissen in Sachen Ehe, noch bevor ich nach den Fortschritten bei seiner Doktorarbeit fragen kann, an der er mittlerweile schon fast zwei Jahre schreibt. Ich bin mir sicher, Fragen zu seinen Gedanken rund um die Ehe beantwortet er zurzeit lieber als Fragen zum römischen Wegerecht und dem Arbeitsklima in der Bibliothek.

»Man sollte schon so viel Selbstvertrauen haben, es selbst besser zu machen. Wirkliche Liebe ist eine Fähigkeit, die nicht jeder hat, aber ich selbst natürlich schon«, sagt er und beißt von seinem Hähnchenspieß ab. Ich muss lachen. Es ist seine selbstbewusst-ironische, kindliche Art, mit der er äußerst trockene, unerwartete Witze reißt, über die man aber auch erst lachen kann, wenn man ihn schon etwas besser kennt. Ohne diese Kenntnis um seine ganz besondere Art würde man ihn vielleicht für arrogant oder realitätsfern halten. Auch ich beiße von solch einem Spieß ab. Dieses Mal sind wir japanisch essen, meine ehemalige Lerngruppe und ich. Ich finde es schön, dass wir den Kontakt auch nach den bestandenen Examensprüfungen noch halten können, auch wenn wir uns nur wenige Male im Jahr sehen. Ich finde, es ist dennoch eine Verbundenheit zwischen uns, eine ganz entspannte, und wir verstehen den jeweiligen Witz, den unsere Charaktere so mit sich bringen. Das ist sehr besonders. Leo erzählt weiter: »Außerdem ist das eine feige Einstellung, die einen generell im Leben nicht weiterbringt. Und da ich allgemein Herausforderungen liebe, kommt diese doch sehr gerufen.«

»Du meinst die Herausforderung Ehe?«, hake ich noch mal nach. Er nickt, so nach dem Motto: »Wovon haben wir denn bitte gerade gesprochen?« Ich merke, er ist heute gut drauf. Und da ich die Meinung dieses schonungslosen Zynikers schon seit Jahren in unterschiedlichsten Situationen des Lebens zu schätzen weiß, beschließe ich, ein kleines Interview mit ihm zu führen.

»Was bedeutet Ehe für dich und für dein Leben? Ich meine, du bist doch jetzt auch schon das ein oder andere Jährchen mit deiner Kleinen zusammen?« Er nickt und streicht sich sein dunkles Haar nach hinten, einige Strähnen fallen zurück auf die Stirn. Er blickt hinunter auf seinen Hähnchenspieß, und ich finde, er sah Keanu Reeves noch nie ähnlicher als in diesem Moment. Er räuspert sich vielsagend, ehe er antwortet.

»Es ist nicht das Erste, woran ich denke, wenn ich über mein Leben nachdenke und was ich in diesem vorhabe. Aber mir ist unterschwellig bewusst, dass die Ehe zu meinem Leben dazugehört, weil ich mich anderenfalls nicht komplett fühlen würde. Ich habe auch eine extrem konservative Ader, die nicht selten ihren Tribut fordert. Außerdem möchte ich viele Kinderchen haben, und es gibt für mich kaum Traurigeres, als wenn die Eltern nicht verheiratet sind. Am besten nennen dann die Kinder ihre Eltern noch beim Vornamen, dann ist das Trauerbild der ›modernen‹ Gesellschaft komplett, igitt.« Er schüttelt sich und gießt sich noch etwas Jasmintee nach. Es soll, laut Leo, der beste Japaner Berlins sein, in dem wir an diesem Abend essen. Ich meine, ich gehe sehr gerne Sushi essen, aber Leo sagt, japanisch essen zu gehen, sei etwas anderes, als Sushi zu essen. Deswegen auch der Jasmintee und der Entschluss, kein Sushi zu bestellen.

»Wie stellst du dir als Mann eigentlich eine perfekte Hochzeit vor? Ich meine, wir Frauen haben nur selten Gelegenheit, mit einem Mann so ausführlich über dieses Thema zu sprechen, deswegen nehme ich diese Gelegenheit jetzt einfach mal wahr.«

»Also«, setzt er an, und ich weiß, seine Ausführungen kommen geballt und überdacht, langatmig und vielleicht auch zu kompliziert für mich, eine Einschränkung muss her: »Könntest du das in fünf Wörtern zusammenfassen?«, platze ich dazwischen und er lacht.

»Linde, Feld, Leichtwolkensonne, paar Leute, keine Religion.«

»Super. Das war doch mal schnittig«, finde ich. »Was wäre denn für dich der ultimative Grund, um zu heiraten? Und Liebe zählt nicht!«

»Das stillschweigende, sich nur in einem gegenseitigen Blick und einem Lächeln äußernde Wissen beider, zueinanderzugehören und auch gar nichts anderes zu wollen, weil man sich durch die Zwei-samkeit mit dem anderen ›angekommen‹ fühlt«, führt er aus, wobei er seine rechte Hand in kreisenden Bewegungen vor seinem Gesicht bewegt, als würde er sich ganz sanft Luft zufächeln.

»Wow. Das hast du schön gesagt. Was essen wir eigentlich zum Hauptgang?«, versuche ich abzulenken, ich habe etwas Pipi in den Augen und klappe schnell die klebrige Faltkarte auf. Leicht gräuliche Fotos von Suppen, Fleischgerichten und Sushitellern springen mir entgegen. Leo lacht und greift auch nach seiner Karte.

»Weißt du, ich finde einfach, die Ehe sollte diesen Hauch des Festgefahrenen, der leichten Einzwängung zweier Menschen in eine schier übergroße, fast einschüchternde Institution und ihre Forderungen und Implikationen überwinden. In Gedanken tut sich oft immer noch die Assoziation ›Holzkelle, Putzlappen, Auto, Besuch der Eltern‹ auf – das kann schon abschrecken! Vielleicht sollte man das Wort ›Ehe‹ abschaffen und die Sache nach dem benennen, wo-rauf es ankommt: Zwei Menschen sind sich einig, sie wollen Zeit miteinander verbringen, am besten immer«, sagt er mit seinem Handfächer vor dem Gesicht, die letzten Worte kriegt er nur noch lachend heraus. Ich wische mir die Tränen aus den Augenwinkeln.

»Ist ja gut, ist ja gut, du Poet. Habe verstanden. Wann gedenkst du, all das deiner Freundin einmal zu sagen, das hört sich ja schon fast nach einem Eheversprechen an«, frage ich nach, denn ich weiß, seine Kleine wäre schon bereit, den nächsten Schritt zu gehen. Er zieht scharf die Luft zwischen seinen Lippen ein und schaut bedächtig in die Speisekarte.

»Sie kann ja erst mal dein Buch lesen«, antwortet er. Ich nicke und entscheide mich für Udon-Suppe mit Sprossen, als auch schon Silke zu uns stößt und völlig außer Atem mit einem »Sorry« neben uns Platz nimmt. Gegen 23 Uhr verabschiedet sich unser lustiges Trüppchen voneinander und ich fahre mit dem Fahrrad nach Hause.

»Es besser zu machen«, nuschele ich vor mich hin, während ich an einem dunklen Park vorbeifahre. Es besser als die eigenen Eltern machen zu wollen, ist zum Beispiel ein nachvollziehbarer Grund, um zu heiraten. Es ist ein gewisser Ansporn, ein Ansatz, in dem sicher auch etwas Wut mitschwingen kann. Zum Beispiel Wut auf die eigenen Eltern, die es nicht besser hingekriegt haben? Der Ansatz »es besser machen zu wollen« findet sich im Leben nicht nur in Gedanken an die Ehe wieder. Vor wenigen Tagen erst erzählte mir ein Kollege, er wolle beruflich kürzertreten, nur noch halbtags arbeiten. Seine Kinder würden jetzt eingeschult und er möchte sich mehr Zeit für die beiden nehmen. Mehr Zeit, als sein eigener Vater für ihn während seiner Kindheit aufgebracht hat. Er möchte es besser machen, hat er zu mir gesagt.

Ich werde es auch besser machen, nehme ich mir fest vor, während ich auf den hell erleuchteten Kurfürstendamm einbiege und mir die feuchte Herbstluft um die Nase streicht. Ich werde nicht von meinem Mann lassen. Ich werde immer respektvoll zu ihm sein, ihn nie beschimpfen, keinen Schmierkäse durch die Küche feuern, keinen Kurschatten haben, ihn nicht um Geld betrügen und schon gar nicht um unser gemeinsames Leben. Ich werde ihn immer durch das Fenster meiner Seele blicken lassen, unsere Zukunft mit ihm abstimmen und nicht mit Kollegen fremdvögeln. Und während ich durch die Nacht radel, betrunkene Fußballfans grölend »Schlaaaand, Schlaaaaand!« singen und Mädchen in knappen Hotpants hart und ausgelassen die Herbstferien feiern und Becks trinken, beschließe ich, meine Ehe niemals an mir vorbeiziehen zu lassen. Nicht kampflos, nicht wie im Rausch und erst recht nicht, bis sie nicht wirklich vorbei ist.

Weil wir schweigen dürfen

Es ist ein Sonntagabend in der Friedrichstraße. Meine Schwiegereltern, mein Mann und ich feiern einen beruflichen Erfolg im Unternehmen meiner Schwiegermutter. Sie lädt uns ein und wir alle freuen uns auf ein lockeres Dinner mit bester Küche im Grill Royal. Das Grill Royal ist nicht nur bekannt für feinste Steaks, Meeresfrüchte und eine wundervoll stylish-warme Location direkt am Wasser, nein. Das Restaurant ist auch bekannt dafür, von A- bis D-Promis besucht zu werden. Nun, uns kümmert an diesem Abend weniger Berlins Schickeria, wir interessieren uns mehr für die sorgfältige Auswahl feinster Fleischsorten. Ich entscheide mich für einen Fenchelsalat an Birne und Parmesan, dazu wähle ich ein Biofilet, 180 Gramm, medium rare. Ich mag es gerne besonders saftig. Dazu trinke ich einen Kir Royal und irgendeinen Wein, den mein Schwiegervater bestellt hat. Wir stoßen an. Meine Schwiegermutter findet, der Wein enthalte zu viel Säure. Mein Schwiegervater meint, es sei ein leichter Wein. Ich schalte mich zu dieser Diskussion nicht hinzu, denn ich verstehe nichts von Wein. Von Wein versteht man wohl erst etwas, wenn man von seinem liebsten Ehegatten zum 40., 45. oder 50. Geburtstag ein Weinseminar geschenkt bekommen hat. Irgendwann, so viel weiß ich durch meine Recherchen zum Thema Ehe bisher, schenkt der eine dem anderen immer ein Weinseminar. Das hat durchaus Vorteile, denn meine Schwiegereltern sind somit in der Lage, sich hier im Grill Royal über die Qualität des Weines zu unterhalten. Anders etwa als das Paar am Nebentisch. Dieses Paar spricht nämlich kein Wort miteinander. Und das seit rund zehn Minuten. Ich schätze die beiden auf Mitte 50. Sein weißes, gut geschnittenes Haar, die weichen Gesichtszüge und die glatt rasierte Haut passen perfekt zu seinem weißen Hemd mit Stehkragen. Rote Nähte zieren den Kragen wie auch die Manschetten.

Er hat eine offene, sympathische Ausstrahlung. Sie hat blond-braun gesträhntes Haar, das mittellang in sanften Föhnwellen ihr Gesicht umrahmt. Ihre Augen sind mit Kajal stark umrandet, ihre Fingernägel mit Nailart verziert. Trotz der bunten Nägel macht sie einen klassischen, wenn auch leicht überholten Eindruck. Und während meine Schwiegereltern über den Wein und das Olivenöl diskutieren, stelle ich fest, dass das Paar am Nebentisch nach wie vor kein Wort miteinander spricht. Sie faltet die Hände vor ihrem Gesicht, stützt sich auf den Ellenbogen ab und blickt durch die Fensterfront zur Friedrichstraße hoch. Er legt seine Unterarme auf der weißen Tischdecke ab, blickt mal seine Frau an, mal aus dem Fenster, mal schweift sein Blick über den Tisch. Ich meine nicht, dass die beiden mir den Eindruck machten, als hätten sie sich soeben gestritten. Sie sehen fit und aufmerksam aus, strahlen eine gewisse Ruhe aus. Sie schweigen eben nur. Meiner Schwiegermutter entgehen meine Beobachtungen nicht. Sie zieht mein Gesicht zu sich heran, um mir ins Ohr zu flüstern:

»So ist das dann nach 25 Jahren. Da bleibt nicht mehr viel zu sagen«, flüstert sie verschwörerisch und nimmt lachend einen Schluck Wein. Sie wirft sich eine schwarze Locke über die Schulter und blickt auffordernd zu ihrem eigenen Mann hinüber.

»Aber immerhin sitzen sie an einem Sonntagabend hier und nicht vor dem Fernseher«, finde ich. Ja, die beiden haben sich in Schale geschmissen und eines der schicksten Restaurants in ganz Berlin ausgewählt, um hier den Abend zu verbringen. Ist das nichts wert?

»Das kommt aufs Gleiche hinaus«, meint meine Schwiegermutter. Ich stutze und beobachte auch andere Paare im Restaurant. Es gibt noch ein weiteres Paar, das nebeneinandersitzt, ihnen gegenüber ihr Sohn, und auch dieses Paar blickt minutenlang schweigend in Richtung Sohnemann, der unter dem Tisch auf seinem Handy tippt. Auch sie sprechen nicht miteinander. Ich stutze. Doch bevor ich mich in meinen Gedanken zu der beunruhigenden These meiner Schwiegermutter vertiefen kann, werden die Vorspeisen serviert. Unser Essen ist exzellent und auch der Nachtisch (pochierte Rotweinbirne mit Torrone-Eis) befriedigt meinen Gaumen ungemein. Wir sind erst spät zu Hause, und während ich mir die Zähne putze, frage ich mich, ob das Schweigen eines Paares zwangsläufig als negativ erachtet werden muss. Könnte man es nicht als Luxus verstehen, sich auch ohne viele Worte gegenseitig einen schönen Abend bereiten zu können? Kann nicht die bloße Anwesenheit des anderen derart beruhigend und zufriedenstellend sein, dass es vieler Worte nicht bedarf? Ich meine, über Belanglosigkeiten wie das Wetter, den gestrigen Boxkampf, neue Kinofilme oder die Anschaffung einer neuen Waschmaschine, über solche Belanglosigkeiten zu reden ist jedes Paar in der Lage, dessen bin ich mir sicher. Aber eine Situation zu genießen, ohne sprechen zu müssen, vielleicht ist das der Luxus einer tief verwurzelten Beziehung? Sicher, wenn das Schweigen zum Unbehagen wird und sich Frustration darüber ausbreitet, dass keine Kommunikation mehr stattfindet, dann kann wohl nicht mehr von einer Luxussituation gesprochen werden. Wie mit den meisten Dingen im Leben ist es sicher am besten, einen Mittelweg zu finden. Wenn ein Paar in der Lage ist, stundenlange Gespräche zu führen, zu lachen und albern zu sein, ernsthafte Situationen miteinander zu diskutieren und das Für und Wider des Lebens gegeneinander abzuwiegen, ich finde, dann soll sich ein Paar auch Abende des Schweigens gönnen dürfen.

»Einander zu genießen, ohne viele Worte zu verlieren, dürfte wohl die höchste Kunst des langjährigen Zusammenlebens sein!«, finde ich, den Mund voll schäumender Zahnpasta, und blicke meinen Liebsten an, der sich neben mir die Zähne putzt. Er schüttelt den Kopf und spuckt ins Waschbecken.

»Ich erinnere dich daran«, nuschelt er, küsst mich auf die Wange und verschwindet gähnend im Schlafzimmer.

Weil man sich wieder scheiden lassen könnte

»(...) eine jede Ehe solle nur auf fünf Jahre geschlossen werden. Es sei, sagte er, dies eine schöne, ungerade heilige Zahl und ein solcher Zeitraum eben hinreichend, um sich kennen zu lernen, einige Kinder heranzubringen, sich zu entzweien und, was das Schönste sei, sich wieder zu versöhnen.«[15] Dieses Ehe-Modell wurde tatsächlich einige Zeit in Deutschland diskutiert. Unter der »Ehe auf Zeit« wird verstanden, dass die Ehe zeitlich, meist auf fünf Jahre, begrenzt wird.[16] Dieser Vorschlag wurde sogar von der ehemaligen Kandidatin für den CSU-Vorsitz, Gabriele Pauli, bei der Vorstellung ihres damaligen Wahlprogramms unterbreitet.[17] Auch in der islamischen Lehre des Korans[18] ist die Ehe auf Zeit angepriesen und somit toleriert; seit Jahrhunderten wird sie von schiitischen Muslimen praktiziert.[19] Hier kann ein Mann eine Frau für eine Zeitdauer von einer Stunde bis zu 99 Jahren zur Ehefrau nehmen.[20] In Deutschland ist dieser Vorschlag nicht »futuristisch«, denn schon zu Beginn des 19. Jahrhunderts[21] beschrieb eben Johann Wolfgang Goethe in seinem Roman *Die Wahlverwandtschaften*[22] das Angebot der Ehe auf fünf Jahre.[23] Die Protagonisten seines Romans diskutieren das Für und Wider eines solchen Ehemodells durch. Der Grund: Das Ehepaar des Romans verliebt sich in die Gäste, die es sich selbst ins Haus geholt hat, und meint, als Ehepaar eigentlich nicht mehr zueinanderzupassen.

Frau Pauli führte damals für ihren Vorschlag der Ehe auf Zeit das Argument an, durch dieses System könnten unnötige Scheidungskosten vermieden werden, und da nach dem Ablauf der sieben Jahre die Ehe mit einem erneuten Bekenntnis weitergeführt werden kann, sei diese somit auch auf Lebenszeit möglich. Die Ehe auf Zeit unterscheidet sich von dem Modell »Ehe auf Probe«, bei der zunächst die Hoffnung auf eine dauerhafte Verbindung überwiegt.[24] Um sicherzugehen, dass die zukünftigen Partner zueinanderpassen werden, hat man früher, vor allem in ländlichen Gebieten, den Jugendlichen die Erfahrung sexueller Nähe gestattet.[25] In Deutschland lief dieser Gebrauch unter der Bezeichnung »Fensterln«[26], in der Schweiz wurde »Kiltgang«[27] dazu gesagt. Das Mädchen durfte einen ernsthaften Bewerber bei sich empfangen, und erschien dieser häufiger, so war das Ziel der Besuche stets das Eingehen eines Verlöbnisses oder der Ehe.[28]

Auch heute noch heiraten einige wenige mit dem beruhigenden Gedanken, die Ehe könne ja, im Fall der Fälle, eben wieder geschieden werden. Einen Versuch sei das Eingehen dieser althergebrachten Institution zumindest wert. Und wer weiß, vielleicht klappt es ja bis zur natürlichen Scheidung von Todes wegen? Die Ehe auf Probe findet sich wohl heute eher unter dem Begriff »Beziehung« oder »Lebenspartnerschaft« oder »feste Partnerschaft« wieder. In solch einem Konstrukt probiert der junge Mensch sich darin aus, (zumeist) monogam zu leben, auf den Partner oder die Partnerin einzugehen, zu streiten, zu lieben, gemeinsam in den Urlaub zu fahren und gemeinsam die Küche aufzuräumen.

Die Ehe auf Zeit hingegen konnte sich auch nicht unter einem heute gängigeren Begriff durchsetzen. Entweder es wird geheiratet und wieder geschieden oder es wird nur geheiratet. Die Scheidung der Ehe ist sittlich und moralisch voll anerkannt und das ein oder andere Ehepaar mag sich heute vermutlich denken: Lieber ein Ende mit Schrecken als ein Schrecken ohne Ende. Es gehört zum Leben dazu, Dinge beenden zu können und beenden zu dürfen.

107. GRUND

Weil man allerdings weiß, dass man die alten Probleme in die nächste Beziehung mitnehmen würde

Und trotz der Möglichkeit der Beendigung der Ehe stellt diese doch ein Mehr an Verbindlichkeit dar als eine Lebenspartnerschaft oder eine Beziehung. Denn eigentlich hatte sich das Paar doch ein Versprechen gegeben. Und eigentlich sollten es doch die großen Herausforderungen des Lebens sein, die das Paar zusammenschweißen und immer stärker werden lassen sollten. Eine Trennung sollte eben nicht einfach so möglich sein. So simpel und profan, wie das Verlieren eines Stockes oder eines Hutes. Das Paar hatte sich versprochen, ein Leben miteinander zu teilen. Und das Paar weiß in der Regel sehr genau, dass die alten Geister einer Beziehung gerne mit in eine neue Partnerschaft genommen werden, wurde das Problem nicht strukturiert gelöst, sondern lediglich durch Trennung zu umgehen versucht. Ein Mann, der sich etwa von seiner Frau trennt, weil diese maßlos das gemeinsame Geld mit beiden Händen ausgegeben hat, dieser Mann wird mit Sicherheit wieder an eine Frau gelangen, die, vielleicht etwas geschickter, ebenso konsumgüterorientiert lebt. Und eine Frau, die sich von ihrem Mann trennt, weil sie sich mit diesem im Bett langweilt, und die meint, ihr eigener Mann wisse nicht, seine Frau zu befriedigen, solch eine Frau wird sich mit dem nächsten Partner ebenso schnell langweilen wie mit dem Exmann. Die Geister der Vergangenheit schweben so lange über einem, bis man diese ganz bewusst aus dem eigenen Leben entlässt. Ein Davonlaufen ist in der Regel nicht möglich. Eine Ehe bietet die Möglichkeit, diese Geister gemeinsam, in Ruhe, mit viel Zeit und Geduld zu eliminieren. Die Ehe schenkt den nötigen Rahmen, sich an das Versprechen zu erinnern, das man sich einst gegeben hat. Gemeinsam können die Partner darüber sinnieren, welche Beweggründe und Emotionen sie einst zusammengeschweißt haben. An diesen Gedanken und Erinnerungen lässt sich auch in schweren Zeiten festhalten und durch das gemeinsame Hervorrufen jener Erinnerungen kann sich das Ehepaar schöne Gefühle bereiten. In einer Beziehung hingegen bevorzugen die Partner zumeist die simplere und vermeintlich schmerzfreiere Lösung: das Davonlaufen.

Weil man sich nicht einfach gehen lasst

Denn der Kampf um eine Beziehung währt in der Regel kürzer als der Kampf um eine Ehe. Grundsätzlich bin ich immer dafür, um einen Menschen zu kämpfen, mit dem man emotional verbunden ist. Denn die Schnelllebigkeit der heutigen Zeit verleitet uns allzu oft dazu, Dinge, Menschen und Gedanken einfach schwinden zu lassen. Wäre es nicht schöner und ausfüllender, einen Moment innezuhalten, auf Bauch, Herz und Hirn zu horchen, um zu erfahren, wie wichtig der einst geliebte Mensch für mich noch ist? Warum sollte ich diesen Menschen einfach ziehen lassen? Wäre es nicht einen Versuch wert, mit allen zur Verfügung stehenden Mitteln um meinen Partner zu kämpfen? Ein Geschäftspartner und Wegbegleiter meinte einst zu mir, er sei mit seiner Partnerin nicht verheiratet, weil die beiden befürchten, sich dann nicht mehr umeinander zu bemühen. Die Gefahr, aneinander abzustumpfen, sei zu groß. Es mag sein, dass die Ehe ein sicherer Hafen für ein Paar ist, indem die Wellen sachte an die Kaimauer klatschen, es geht alles etwas behäbiger und in geordneteren Bahnen zu als auf hoher See. Aber gleichzeitig ist die Ehe wie dafür gemacht, sich nicht einfach gehen zu lassen. Sich ab einem gewissen Punkt wieder aneinanderzureiben, sich neu zu finden und wieder zusammenzuschweißen. Sich nicht einfach voneinander zu verabschieden. Natürlich soll aus einer Ehe auch kein jahrelanger Rosenkrieg werden, unter dem alle Beteiligten, im schlimmsten Falle die Kinder des Paares, zu leiden haben. Ein altes Sprichwort sagt: »Du kannst nur halten, wen du liebst, wenn du ihn ziehen lässt.« Ich denke, man kann seinen Ehepartner durchaus mal eine Weile ziehen lassen. Freiräume und neue Entfaltungsmöglichkeiten suchen und finden lassen. Wer weiß, vielleicht landet er oder sie sogar in einem fremden Bett? Vielleicht entdeckt der Partner ein neues Hobby oder beginnt, sich zu verändern. Das mag alles sein. Aber solange eine gewisse Verbindlichkeit aneinander weiterhin besteht und der innere Kampf um eine Ehe nicht aufgegeben wurde, so lange besteht noch Hoffnung auf einen weiteren gemeinsamen Lebensweg. Denn eine Ehe ist nicht vorbei, bis sie nicht wirklich vorbei ist.

109. GRUND

Weil wir wissen, was wir aneinander haben

Ich weiß, du liebst unser Frühstück am Wochenende im Bett. Ich weiß, du magst es, wenn ich frisch koche, aber dich stören auch Dosensuppen und Tiefkühlpizzen nicht. Ich kenne dein Streben nach Perfektion. Und auch die eine oder andere Zwangsneurose schätze ich mittlerweile an dir. Ich weiß, es ist dir wichtig, die Haustür immer zweimal abzuschließen. Und du magst kein vergammeltes Essen im Kühlschrank. Ich weiß, du bringst den Müll herunter, ohne dass ich dich dazu auffordern muss, und Blumen verschenkst du ausschließlich, wenn dir der Sinn danach steht. Das finde ich sehr ehrlich, und du weißt, ich bestehe nicht darauf, Blumen geschenkt zu bekommen. Ich weiß, du naschst gerne Süßigkeiten, aber du achtest auf meine Figur. Du denkst diesbezüglich sehr langfristig, vielleicht werde ich dir eines Tages dafür danken. Ich weiß, du spürst sofort, wenn ich nachdenklich bin, und ich weiß, ich mag dich nicht mit Sorgen belasten, denn du sorgst dich in der Regel viel intensiver, als ich es letztlich tun würde. Es bringt dich durcheinander, wenn zwei geöffnete Colaflaschen im Kühlschrank stehen, und Socken müssen paarweise gewaschen werden, daran gibt es keinen Zweifel. Ich weiß, du treibst mich an, spornst mich immer wieder von Neuem an, mehr zu geben und besser zu werden, in allem, was ich tue. Und du weißt, ich danke dir für jedes Coaching, das du mir zukommen lässt, und wenn ich meine Ruhe brauche, weißt du, fordere ich sie ein. Du formst mich und bringst mir bei, geduldig und gelassen zu sein, und wir beide wissen, ich bin der Ruhepol in deinem Leben, zu dem du dich hingezogen fühlst, je temperamentvoller du wirst. Ich weiß, dass ich Grenzen ziehen darf, die du beachtest, und ich lasse dich trotzdem jeden Tag Mann sein, nicht bloß Ehemann. Ich weiß, du schaust gerne bis tief in die Nacht Fernsehen, und du weißt, ich hasse das! Wie schön, dass es in der neuen Wohnung im Schlafzimmer keinen Fernseher geben wird. Ach, hatte ich dir das noch nicht gesagt? Dafür wird der im Wohnzimmer umso größer. Ich weiß, du stellst deine eigenen Bedürfnisse oft zurück, ich weiß aber auch, du kannst beharrlich sein und ein grenzenloser Egoist. Ich weiß, dass es gut ist, einen gesunden Egoismus von dir zu erlernen. Ich weiß, du liebst meinen Körper und könntest mich auffressen, jedes Mal wenn ich auch nur leicht bekleidet an dir vorbeigehe. Ich weiß auch, du liebst meine Fröhlichkeit, wenn ich lachend durch die Wohnung tanze und dem Leben aufmerksam die Geschichten, die es zu erzählen hat, von den Lippen sauge. Und du weißt, ich atme dich ein mit Haut und Haaren, vollkommener als du kann ein Mann für mich nicht sein. Aber nicht nur dein Körper lockt mich seit Jahren und zieht mich wie eine Motte ins Licht. Deine Loyalität und Ehrlichkeit sind unbezahlbar, und du findest Lösungen für das Leben, wenn andere nicht weiterwissen. Ich weiß, was ich an dir habe, du weißt, was du an mir hast. Wir wissen, um nichts in der Welt würden wir unsere gemeinsamen Augenblicke mit jemand anderem verbringen wollen als mit uns. Sich auch nach zwölf Jahren nicht trennen zu wollen, sei es auch nur für einen Tag, ist ein großes Geschenk, das mir zeigt, es gibt noch weit mehr Gründe, um dich Tag für Tag erneut zu heiraten. Und unsere Ehe wird uns noch weitaus mehr Gründe lehren, beieinander sein zu wollen. Ich weiß auch, wir werden in der Lage sein, in den entscheidenden Momenten des Lebens auf dieses Wissen zurückzugreifen. Wüsste ich es nicht, so wäre ich nicht hier.

Weil die Ehe kompliziert – und dennoch schön ist

Viele Dinge, die wir schön finden und die wir gerne in unseren Lebensfundus aufnehmen möchten, sind grandios, aber sie brauchen viel Aufmerksamkeit und Pflege. Wie etwa das Erlernen einer neuen Sportart. Oder das Erlernen einer neuen Sprache. Manchmal dauert es auch seine Zeit, bis man gelernt hat, gesund und nahrhaft zu kochen. Das kann durchaus kompliziert werden. Und auch uns Frauen wird nachgesagt, wir seien zwar schön, aber kompliziert. Nun denn. Die Ehe braucht sicherlich ihre Zeit, um in unserem Leben gestanden auf zwei Beinen daherzukommen. Eine Ehe als gut oder turbulent, vertrauensvoll, kompliziert oder stabil zu bezeichnen, mag einem schnell über die Lippen kommen, wenn man nach nur einem Wort für die Ehe sucht. Vermutlich ist es eher so, dass die Ehe alles ist. Sie ist schön und kompliziert. Vertrauensvoll und turbulent. Anstrengend und genügsam. Und dabei werden wir nicht müde, unsere Ehe herauszufordern. Die hat schon viel zu ertragen, im Laufe der Jahre. Und das wiederum macht sie nur noch schöner.

Weil …

… wir unser Lieblingsbild neben der Stehlampe im Wohnzimmer auch in den nächsten 20 Jahren noch gemeinsam bewundern möchten.

Nachwort

»Warum hast du denn geheiratet, Nina?« Die Frage rieselt so sanft dahin wie das goldene Laub der Linden um uns herum. Tatsächlich ist nunmehr ein ganzes Jahr vergangen, seit ich angefangen habe, über 111 Gründe, zu heiraten nachzudenken. So viele Interviewpartner haben mir ihre Hochzeitsanekdoten berichtet, mich an einem der intimsten Augenblicke, die das Leben für uns bereithält, teilnehmen lassen, wofür ich unendlich dankbar bin und die Tragweite dieses Vertrauens, das mir geschenkt wurde, vermutlich noch gar nicht richtig erfassen kann. Sicher haben mich in den letzten zwölf Monaten auch andere Interviewpartner gefragt, warum ich geheiratet habe. Ganz genau kann ich mich jedoch nicht mehr daran erinnern und vermutlich habe ich die Beantwortung der Frage geschickt zu umgehen versucht. Schließlich sollte es in den Gesprächen ja nicht um mich gehen. Meine letzte Interviewpartnerin ist diejenige, die diese Frage in einer Klarheit stellt, die mich wohlig warm mitten ins Herz trifft. Sie schließt damit den Kreis, den ich geöffnet habe. Florina und ich, wir haben uns auf ein After-Hour-Gläschen am Ku'damm getroffen und uns schnell auf den neuesten Stand in unseren Leben gebracht. Wir haben vor dem Vapiano in der Joachimsthaler Straße gesessen und die untergehende Sonne genossen. Als die letzten Sonnenstrahlen irgendwo hinter dem Kranzler Eck verschwunden sind, wird es kalt. Ich begleite Florina zu ihrem Wagen, schiebe mein Fahrrad neben uns her, es ist schon fast dunkel.

»Warum hast du geheiratet?«, wiederholt sie ihre Frage und bleibt vor ihrem Auto stehen. Ich schmunzele über mich selbst. Es ist dieser lichte Augenblick im Kopf, wie zu einer mündlichen Prüfung. Man weiß die Antwort, man weiß, was zu tun ist. Doch es dauert einige Sekunden, bis die Synapsen ineinandergreifen und in der Lage sind, dem Selbstverständlichen einen Ausdruck zu verleihen.

Ich zucke die Schultern und, na ja. Weil es selbstverständlich war. Mein Mann und ich, das ist etwas ganz Natürliches. Unser Zehnjähriges war in Sicht, wir wollten endlich »Mann und Frau« sein, es war für uns völlig normal, zu heiraten. Würde sie sich mit dieser Antwort begnügen? Kann ich das nicht in schönere Worte fassen?, frage ich mich selbst und lache insgeheim in mich hinein, über mich und den lichten Augenblick in meinem Kopf. Und das ausgerechnet zu diesem Thema!

»Weil es der schönste Liebesbeweis ist, den du jemandem schenken kannst«, antwortet sie für mich, küsst mich rechts und links auf die Wange und bittet mich, vorsichtig nach Hause zu fahren.

Dank

Wie könnte ich jemand anderem an dieser Stelle zuerst danken, wenn nicht dir? Natürlich bist du die treibende Kraft hinter mir, spornst mich an und unterstützt mich in allem, was ich tue. Du verzichtest abermals auf Zeit mit mir, damit ich mich als Autorin verwirklichen kann, auch dann, wenn wir eigentlich nur einmal an uns denken sollten. Und ich danke dir dafür von ganzem Herzen. Du bist meine Liebe.

Liebster Dank und 1000 Küsse an meine kleine Schwester Lou, die mir als Rechercheassistentin grandios zur Seite stand und jedes meiner Bücher bis heute immer sehr geschmackvoll hinterfragt und bewertet. Danke, Schatz, wir schlagen uns dafür die Bäuche voll! Love you!

Großer Dank geht auch an meine Oma, die mich immer gefragt hat, wann ich denn endlich mal ein Buch schreiben würde, das auch sie von vorne bis hinten lesen könne.

Liebste Oma, hier ist es und ich habe beim Schreiben sehr viel an dich und Opa gedacht.

Darüber hinaus danke ich jedem, der sich mir geöffnet hat und das Vertrauen hatte, mir seine Gedanken und Erfahrungen rund um die Ehe anzuvertrauen. Ich denke, ihr habt einen wichtigen Teil zu vielen, vielen Eheschließungen, die auf dieses Buch folgen werden, beigetragen.

Dank gilt natürlich auch meiner verrückten Familie, die mich immer wieder aufs Neue inspiriert. Wenn wir uns kurz vor der Fertigstellung dieses Buches nicht mehr sonderlich viel gesehen haben, hoffe ich, ihr verzeiht. Dafür wird es in der neuen Wohnung endlich ein Gästezimmer aka Schwestern-Sleep-Over-Zimmer geben.

Ich weiß gar nicht mehr, ob es bei einem Caipi geschah, oder bei einem Chai Latte, ist aber auch egal. Dank geht selbstverständlich an meinen liebsten Herrn Verleger, der irgendwie fand, das Thema könnte zu mir passen. Ich danke dir ganz aufrichtig für dein Vertrauen!

An das gesamte Team des Verlages und meine Lektorin: Wie immer habt ihr eine super Arbeit gemacht, ich weiß, mit wie viel Herzblut ihr alle arbeitet. Das Cover ist grandios, ich liebe es, danke auch dafür.

Eure Nina

Anmerkungen

[1] Palandt, Bürgerliches Gesetzbuch, 67. Auflage, 2008, Einl. v § 1297, Rn.1.

[2] Ebd.

[3] Haeberle, Erwin: Die Sexualität des Menschen, 1985. S.443.

[4] Haeberle 1985, S.443.

[5] Palandt, Einf v §1297, 1298, Rn.3.

[6] Palandt, Einf v §1297, 1298, Rn.1.

[7] Vgl. Duden, das Fremdwörterbuch, 8. Auflage, S. 917.

[8] Zur Geschichte des Brautkleides: Marriage á la Mode – Three Centuries of Wedding Dresses, The National Trust, London 2003; Brautmodenschau, Hochzeitskleider und Accessoires 1755–2005, Prestel, München 2005.

[9] Quelle: www.focus.de/panorama/welt/riesige-familie-ein-inder-zeugt-mit-39-frauen-94-kinder_aid_724604.html, zugegriffen am 04.05.2014.

[10] Quelle: www.focus.de/reisen/service/tid-23333/sex-am-strand-angespannte-amerikaner-entspannte-skandinavier_aid_656518.html, zugriffen am 10.03.2014 um 17:30 Uhr.

[11] Das große Buch der Astrologie, Amalthea in der F.A.Herbig Verlagsbuchhandlung GmbH.

[12] Auszug aus dem Interview: *Die Schönböhms, Das Erfolgsrezept unserer Ehe? Kein Streit!* Veröffentlicht auf: www.bz-berlin.de/aktuell/berlin/das-erfolgsrezept-unserer-ehe-kein-streit-article1831063.html, am 19.4.2014, Ulrike Ruppel.

[13] Duden, Das Fremdwörterlexikon, Band 5, 8. Auflage, S. 1048.

[14] Quelle: www.tierchenwelt.de/tierleben/1446-wie-alt-werden-tiere.html, zugegriffen am 03.03.2014, 16:20 Uhr.

[15] Johann Wolfgang Goethe, Die Wahlverwandtschaften

[16] Haeberle 1983, S. 460.

[17] Vom 19.09.2007, Gabriele Pauli war von 1990–2008 Landrätin im Landkreis Fürth.

[18] Hier die »Mut'a«-Ehe.

[19] zur Ehe im Islam: Haeberle 1983, S. 456.

[20] ders.

[21] Genauer: 1949.

[22] Teil I, Kapitel 10.

[23] Haeberle 1983, S. 460.

[24] Haeberle 1983, S. 460.

[25] Haeberle 1983, S. 460f.

[26] vgl.:www.wissen.de/wde/generator/wissen/ressorts/unterhaltung/index, page=1098296.html, Suchbegriff »Fensterln«, zugegriffen am 05.06.14

[27] Details: G.Caduff, Die Knabenschaften Graubündens 1932; H.E.Cromberg, Die Knabenschaftsstatuten der Schweiz 1970.

[28] vgl.: www.unterseen.ch/museum/deutsch/kilt.htm; Paul Hugger im »Historischen Lexikon der Schweiz«, verfügbar über: www.hls-dhdss.ch/textes/d/D25620.php, je zugegriffen am 10.06.14.

HÖSCHENBLUES

WAS TUN, WENN MAN EIGENTLICH EIN GUTES PAAR IST, ES IM BETT ABER NICHT KLAPPT?
EIN HOCHEROTISCHER ROMAN ÜBER EINE NICHT GANZ SO EROTISCHE BEZIEHUNG

HÖSCHENBLUES
EROTISCHER ROMAN
ANAIS Band 34
Von Nina Engele
256 Seiten, Taschenbuch
ISBN 978-3-86265-239-6 | Preis 9,95 €

»Was tun, wenn's im Bett nicht funktioniert? Dieser Frage muss sich auch Lilly widmen. Und das obwohl sie eigentlich glücklich sein müsste, denn ihr Verlobter Bastian bringt alles mit, was ein Traummann braucht. Nur an den Liebhaber-Qualitäten mangelt es. Mit Robert, Lillys Ex, war es ganz anders: Er war toll im Bett – und genau das stürzt Lilly in einen inneren Konflikt. Die zentrale Frage der Geschichte: Wie wichtig ist guter Sex für die Liebe? Eine Frage, die sich sicherlich nicht nur Autorin Nina Engele schon einmal gestellt hat. Es wird also höchste Zeit für eine Antwort.«
freundin.de

»Verliebt, verlobt, gelangweilt. Lily ist glücklich mit ihrem Bastian. Wäre da nicht ihr eingeschlafenes Liebesleben. Eines Tages trifft sie ihren Ex wieder. Es kribbelt wieder da unten. Was jetzt? Liebe oder Triebe?«
B.Z.

111 GRÜNDE, AN DIE GROSSE LIEBE ZU GLAUBEN

»WIR MÜSSEN AN DIE LIEBE WEDER GLAUBEN, NOCH AUF SIE VERTRAUEN, SIE ERST RECHT NICHT ERWARTEN. DIE LIEBE FINDET UNS – AUCH IN DER TIEFSTEN HÖHLE.«

111 GRÜNDE, AN DIE GROSSE LIEBE ZU GLAUBEN
Von Mara Braun
256 Seiten, Taschenbuch
ISBN 978-3-86265-454-3 | Preis 9,99 €

Ein Buch über die Liebe: Das halten sicher nur Paare aus, denen die Herzchen noch frisch und rosa in den Augen leuchten! Das könnte man meinen, aber Mara Braun schreibt in einem Ton, der Verliebte ebenso berührt wie jene, die an Liebeskummer leiden. Natürlich nimmt die Autorin sich vor allem Partnerschaften vor, schreibt humorvoll über die erste Liebe und romantisch über klopfende Herzen. Ebenso beschäftigt sie sich mit der Frage, wie Liebe sich halten lässt, wenn der erste Reiz verflogen ist und widmet dem Kummer über ihr Ende ein bittersüßes Kapitel. Außerdem erzählen Paare von ihrer großen Liebe, Eltern von der zu ihrem Kind und beste Freunde davon, was sie am anderen lieben. Und natürlich begegnet uns die Liebe im Buch nicht nur in den Menschen, sondern auch in den vielen Kleinigkeiten, die unser Leben so liebenswert machen.

Nina Engele ist nicht nur Autorin, sondern auch Ehefrau, und das von ganzem Herzen. Die Berlinerin lebt mit ihrem Mann in ihrer Geburtsstadt, die sie immer wieder aufs Neue inspiriert, Sachgeschichten und Romane aus dem Leben zu erzählen – mal sexy, mal romantisch.

111 GRÜNDE, ZU HEIRATEN ist nunmehr ihr drittes Buch bei Schwarzkopf & Schwarzkopf – eine Hommage an die Ehe und die Liebe.

Nina Engele
111 GRÜNDE, ZU HEIRATEN

ISBN 978-3-86265-451-2
© Schwarzkopf & Schwarzkopf Verlag GmbH, Berlin 2015
Alle Rechte vorbehalten. Dieses Werk ist urheberrechtlich geschützt. Jede Verwendung, die über den Rahmen des Zitatrechtes bei korrekter und vollständiger Quellenangabe hinausgeht, ist honorarpflichtig und bedarf der schriftlichen Genehmigung des Verlages. Coverfoto: © enisaksoy/thinkstock.de

KATALOG
Wir senden Ihnen gern kostenlos unseren Katalog.
Schwarzkopf & Schwarzkopf Verlag GmbH
Kastanienallee 32, 10435 Berlin
Telefon: 030 – 44 33 63 00
Fax: 030 – 44 33 63 044

INTERNET | E-MAIL
www.schwarzkopf-schwarzkopf.de
info@schwarzkopf-schwarzkopf.de